プリント形式のリアル過去問で本番の臨場感！

広島県

AICJ中学校

2025年春受験用

解答集

本書は，実物をなるべくそのままに，プリント形式で年度ごとに収録しています。
問題用紙を教科別に分けて使うことができるので，本番さながらの演習ができます。

■ 収録内容

・解答集（この冊子です）

書籍ＩＤ番号，この問題集の使い方，最新年度実物データ，リアル過去問の活用，
解答例と解説，ご使用にあたってのお願い・ご注意，お問い合わせ

・2024（令和６）年度 ～ 2022（令和４）年度　学力検査問題

JN131749

○は収録あり	年度	'24	'23	'22		
■ 問題(本校入試1回目・2回目)		○	○	○		
■ 解答用紙		○	○	○		
■ 配点						

全教科に解説
があります

☆問題文等の非掲載はありません

教英出版

■　書籍ＩＤ番号

入試に役立つダウンロード付録や学校情報などを随時更新して掲載しています。
教英出版ウェブサイトの「ご購入者様のページ」画面で，書籍ＩＤ番号を入力してご利用ください。

書籍ＩＤ番号　123132

（有効期限：2025年9月30日まで）

【入試に役立つダウンロード付録】
「要点のまとめ(国語／算数)」
「課題作文演習」ほか

■　この問題集の使い方

年度ごとにプリント形式で収録しています。針を外して教科ごとに分けて使用します。①片側，②中央のどちらかでとじてありますので，下図を参考に，問題用紙と解答用紙に分けて準備をしましょう（解答用紙がない場合もあります）。

針を外すときは，けがをしないように十分注意してください。また，針を外すと紛失しやすくなりますので気をつけましょう。

① 片側でとじてあるもの

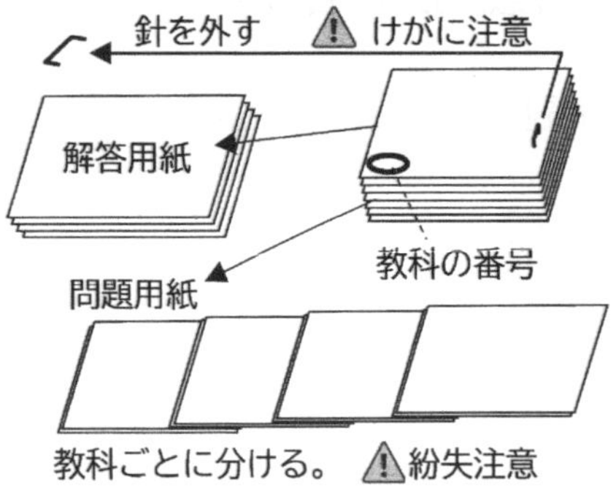

② 中央でとじてあるもの

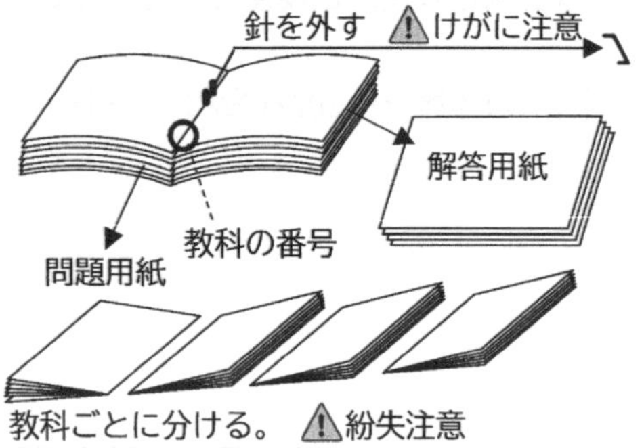

※教科数が上図と異なる場合があります。
解答用紙がない場合や，問題と一体になっている場合があります。
教科の番号は，教科ごとに分けるときの参考にしてください。

■　最新年度　実物データ

実物をなるべくそのままに編集していますが，収録の都合上，実際の試験問題とは異なる場合があります。実物のサイズ，様式は右表で確認してください。

問題用紙	Ｂ５冊子(二つ折り)
解答用紙	Ｂ４片面プリント

リアル過去問の活用

～リアル過去問なら入試本番で力を発揮することができる～

本番を体験しよう！

問題用紙の形式（縦向き / 横向き），問題の配置や余白など，実物に近い紙面構成なので本番の臨場感が味わえます。まずはパラパラとめくって眺めてみてください。「これが志望校の入試問題なんだ！」と思えば入試に向けて気持ちが高まることでしょう。

入試を知ろう！

同じ教科の過去数年分の問題紙面を並べて，見比べてみましょう。

① 問題の量

毎年同じ大問数か，年によって違うのか，また全体の問題量はどのくらいか知っておきましょう。どのくらいのスピードで解けば時間内に終わるのか，大問ひとつにかけられる時間を計算してみましょう。

② 出題分野

よく出題されている分野とそうでない分野を見つけましょう。同じような問題が過去にも出題されていることに気がつくはずです。

③ 出題順序

得意な分野が毎年同じ大問番号で出題されていると分かれば，本番で取りこぼさないように先回りして解答することができるでしょう。

④ 解答方法

記述式か選択式か（マークシートか），見ておきましょう。記述式なら，単位まで書く必要があるかどうか，文字数はどのくらいかなど，細かいところまでチェックしておきましょう。計算過程を書く必要があるかどうかも重要です。

⑤ 問題の難易度

必ず正解したい基本問題，条件や指示の読み間違いといったケアレスミスに気をつけたい問題，後回しにしたほうがいい問題などをチェックしておきましょう。

問題を解こう！

志望校の入試傾向をつかんだら，問題を何度も解いていきましょう。ほかにも問題文の独特な言いまわしや，その学校独自の答え方を発見できることもあるでしょう。オリンピックや環境問題など，話題になった出来事を毎年出題する学校だと分かれば，日頃のニュースの見かたも変わってきます。

こうして志望校の入試傾向を知り対策を立てることこそが，過去問を解く最大の理由なのです。

実力を知ろう！

過去問を解くにあたって，得点はそれほど重要ではありません。大切なのは，志望校の過去問演習を通して，苦手な教科，苦手な分野を知ることです。苦手な教科，分野が分かったら，教科書や参考書に戻って重点的に学習する時間をつくりましょう。今の自分の実力を知れば，入試本番までの勉強の道すじが見えてきます。

試験に慣れよう！

入試では時間配分も重要です。本番で時間が足りなくなってあわてないように，リアル過去問で実戦演習をして，時間配分や出題パターンに慣れておきましょう。教科ごとに気持ちを切り替える練習もしておきましょう。

心を整えよう！

入試は誰でも緊張するものです。入試前日になったら，演習をやり尽くしたリアル過去問の表紙を眺めてみましょう。問題の内容を見る必要はもうありません。どんな形式だったかな？受験番号や氏名はどこに書くのかな？…ほんの少し見ておくだけでも，志望校の入試に向けて心の準備が整うことでしょう。

そして入試本番では，見慣れた問題紙面が緊張した心を落ち着かせてくれるはずです。

※まれに入試形式を変更する学校もありますが，条件はほかの受験生も同じです。心を整えてあせらずに問題に取りかかりましょう。

ＡＩＣＪ中学校【本校１】

《国　語》

一 問一．［生物／意味］　1．［犬／ウ］　2．［馬／オ］　3．［牛／イ］　4．［鳥／エ］　5．［魚／ア］

問二．1．○　2．いただいて　3．おっしゃいます〔別解〕おっしゃる　4．○　5．ご覧になって

問三．1．郷　2．収　3．冊　4．至

二 問一．a．発揮　b．階段　c．興味　d．せりふ　e．素敵　問二．万年筆で何か書くことが目的で、何を書くかは大事ではなかったから。　問三．自分の好きな本の一節　問四．A．イ　B．ア　C．カ　D．オ　E．エ　問五．ウ，オ　問六．私の書くことに対する態度が他の大人と違うキリコさんならなんとかしてくれると思ったから。　問七．ウ

問八．〈作文のポイント〉

・最初に自分の主張、立場を明確に決め、その内容に沿って書いていく。

・わかりやすい表現を心がける。自信のない表現や漢字は使わない。

さらにくわしい作文の書き方・作文例はこちら！→https://kyoei-syuppan.net/mobile/files/sakupo.html

《算　数》

1 (1)$\frac{11}{20}$　(2)15554　(3)10　(4)$\frac{2}{9}$　(5)18　(6)256〔別解〕58　(7)120　(8)3500　(9)$\frac{1}{5}$　(10)12

2 (1)5　(2)120　(3)545

3 (1)22　(2)7　(3)28

4 (1)10.26　(2)30　(3)2：1

5 (1)600　(2)312　(3)518

《社　会》

1 問１．⑤　問２．③　問３．⑤　問４．⑥　問５．①　問６．①　問７．⑨　問８．④　問９．②　問10．①　問11．④　問12．②　問13．③　問14．①　問15．②

2 問１．①　問２．(1)③　(2)④　問３．③　問４．②　問５．(1)②　(2)③　問６．(1)④　(2)③　問７．④　問８．(1)②　(2)③　問９．(1)①　(2)②　問10．④

3 問１．先進国にかたよって食料が配分されているため，多くの食料が捨てられている一方で，世界の約１０人に１人が栄養不足となっている。配分のかたよりを解消して，発展途上国の人々にも食料が十分に行き渡るようにする。

問２．日本の食品ロスの発生量のうち約半数は事業系食品ロスであることから，スーパーや外食産業において，国の補助金で割引キャンペーンを行って事前の予約注文を促進させ，余分な食材を発注することを防ぐ。

《理　科》

1 ⑴ア．塩　イ．酸　ウ．アルカリ　エ．黄　オ．緑　カ．青　⑵①酸性　②30　③酸性　⑶ろ過
⑷ろうとの先がビーカーの内側についていないところ

2 ⑴A．腎臓／⑦　B．心臓／②　C．小腸／⑥　⑵ペンギン　⑶栄養の吸収を効率よくする　⑷21

3 ⑴ア．5　イ．10　ウ．15　エ．10　オ．10　カ．20　⑵キ．10　ク．30　⑶ケ．半分〔別解〕$\frac{1}{2}$　コ．2倍
⑷クレーン車／エレベーター　などから1つ

4 ⑴方角a…北　星B…北極星　⑵①／60　⑶星C…ベテルギウス　色…イ
⑷ア．西　イ．約30　ウ．公転　エ．21

ＡＩＣＪ中学校【本校２】

《国　語》

一　問一．１．功績　２．群　３．輸送　４．縮小　５．納得　問二．１．イ　２．ク　３．オ　４．ア　５．ケ　問三．１．往復　２．敗北　３．苦痛　４．内容〔別解〕実質　５．義務　問四．１．エ　２．イ　３．○　４．ア　５．○

二　問一．a．積　b．夢中　c．借　d．察　e．反射　f．許可　g．断　h．負担　問二．頭の中で膨～れ出ている　問三．ウ　問四．離婚や経済的な事情。〔別解〕細かい家庭の事情。　問五．薄幸〔別解〕不幸　問六．実弥子先生への全面的な信頼感。　問七．自分が母親なのに、子どもは背を向けて他の人に抱きついている。　問八．A．イ　B．エ　問九．【本校１】《国　語》二問八の〈作文のポイント〉参照。

《算　数》

1　(1)60　(2)$\frac{1}{8}$　(3)2　(4)47　(5)2.25　(6)55　(7)16　(8)80　(9)3.14　(10)4：21

2　(1)$\frac{3}{8}$　(2)55　(3)2024

3　(1)25　(2)25　(3)125

4　(1)324　(2)384　(3)984

5　(1)120　(2)24　(3)60

《社　会》

1　問１．①　問２．②　問３．④　問４．①　問５．④　問６．③　問７．①　問８．④　問９．②　問10．②　問11．②　問12．④　問13．③　問14．④　問15．②

2　問１．①　問２．③　問３．②　問４．④　問５．⑧　問６．①，②，③　問７．①　問８．③　問９．②　問10．②　問11．①，⑤　問12．①　問13．②　問14．①　問15．⑤

3　問１．イギリス人の船長や船員の裁判は，領事裁判権に基づいてイギリス領事によって行われ，船長は軽い刑罰しか与えられなかったため，国内では領事裁判権の撤廃など，不平等条約の改正を求める声がいっそう高まった。
問２．生鮮食品を除き，エネルギーを含む消費者物価指数の上昇率が高いことから，原油の値上げが１番影響し，原料や製造の燃料に原油を利用する多くの品目の価格が上昇することで，総合的な消費者物価指数も上昇する。

《理　科》

1　(1)ア．酸　イ．水　ウ．アルカリ　エ．呼吸　オ．光合成　カ．炭酸水　キ．酸　ク．ドライアイス　ケ．石灰水
(2)C，E，F　(3)触媒　(4)c　(5)A．塩素　B．硫化水素　C．水素　D．アンモニア　E．酸素
F．二酸化炭素

2　(1)エ　(2)サメ，マグロ　(3)肺胞　(4)効率よくガス交換を行うことができる
(5)血管(A)…肺動脈　血管(B)…肺静脈　(6)右心室　(7)240

3　(1)エ　(2)イ　(3)ウ　(4)A．500　B．10.0　C．14.4

4　(1)6.8　(2)39　(3)きり　(4)ア．蒸発　イ．水蒸気　ウ．上昇　エ．低　オ．氷　カ．100

《2024　本校１　国語　解説》

一　問二１　「あなた」に対する敬意を、「あなた」の動作である「読む」の尊敬語で表現しているので、〇。

２　「私」自身が「食べる」ので、へりくだる言い方にする。「食べる」の謙譲語《けんじょうご》は「いただく」。「召《め》し上がる」は尊敬語。　３　「先生」の動作なので、「言う」の尊敬語「おっしゃる」を用いる。「申し上げる」は謙譲語。

４　「先生」に対する敬意を、自分側の「母」がへりくだる形で表現しているので、〇。　５　相手の「見る」という動作を、尊敬語で表す。「見る」の尊敬語は「ご覧になる」。「拝見する」は謙譲語。

二　問二　――線部①の「そんなこと」が指す内容を読みとる。それは、直前の一文にある「自分が何を書くつもりなのか、ちっとも考えていないこと」、つまり、書く内容を考えていなかったこと。何を書くかが「大した問題とは思えなかった」のは、それよりも大事なことがあるからである。「私」にとってより大事なのは、「インクがしみ出してくる瞬間《しゅんかん》や、紙とペン先がこすれ合う音や、罫線《けいせん》の間を埋《う》めてゆく文字の連なりの方」だと書かれている。

問三　――線部②の直前の「自分が考えた言葉ではない」ものを指している。具体的には、直前の段落で取り上げた「『ファーブル昆虫記《こんちゅうき》』～『世界のお菓子《かし》』、トライフルとマカロンの作り方」といったもの。それらを十字で表現しているのは、「自分の好きな本の一節」（――線部②の３行前）。

問五　直前の段落の「手を休める」、「ただの白い紙～意味が与《あた》えられている～授《さず》けたのは自分自身なのだ」から、オの「疲労《ひろう》感」と、ウの「優越《ゆうえつ》感」が読みとれる。

問六　「やはり」とはどういう意味かを考える。母が「新しいのは買いませんからね。壊《こわ》したあなたが悪いんです」と取り合わないのと違《ちが》って、キリコさんはインクを買ってきて補充《ほじゅう》し、万年筆をよみがえらせてくれた。――線部③より前に、キリコさんが他《ほか》の大人とは違うということが書かれている部分がある。［Ｄ］の直前の二段落を参照。「〝書き物〟に対する態度が、他の大人と唯一《ゆいいつ》違っていたのがキリコさんだった」とあり、その態度が具体的に説明されている。そのように、「私」が万年筆で書き物をすることを尊重してくれているキリコさんだから、万年筆が壊れたと思って絶望しているときに救ってくれたことを、「私」は「やはり」と感じるのである。

問七　――線部④の前後のキリコさんの言動から読みとる。「大丈夫《だいじょうぶ》。インクが切れただけなんだから、補充すれば元通りよ」「街の文房具《ぶんぼうぐ》屋さんへ行けば、必ず売っています」と言い、その言葉どおりに、「新しいインクを買ってきて、補充～説明書は外国語～読めなかったけれど～インクを押《お》し込《こ》め」、万年筆をよみがえらせてくれたのである。絶対に大丈夫だから、という気持ちが表れた動作なので、ウの「自信がある」が適する。

《2024　本校１　算数　解説》

１　(1)　与式$=\frac{3}{4}-\frac{1}{4}\times\frac{2}{3}\times\frac{6}{5}=\frac{3}{4}-\frac{1}{5}=\frac{15}{20}-\frac{4}{20}=\mathbf{\frac{11}{20}}$

(2)　**【解き方】どの位にも２，３，４，５が１つずつ現れている。**

$2+3+4+5=14$ だから，与式$=14\times1000+14\times100+14\times10+14=14\times(1000+100+10+1)=14\times1111=$**15554**

(3)　握手する２人の組み合わせが全部で何通りあるかを求める。

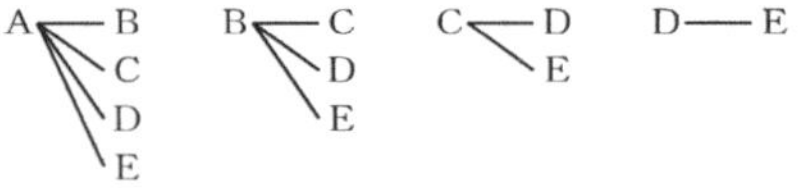

５人をＡ，Ｂ，Ｃ，Ｄ，Ｅとすると，握手する２人の組み合わせは右図の10通りある。よって，求める回数は**10**回である。

(4)　分母も分子も下２けたが４の倍数だから，４の倍数なので，$\frac{104\div4}{468\div4}=\frac{26}{117}$

分子を素数の積で表すと $26=2\times13$ だから，117を13で割ってみると割り切れる。よって，$\frac{26\div13}{117\div13}=\mathbf{\frac{2}{9}}$

(5)　**【解き方】59 を割っても 95 を割っても５余る数は，59－５＝54 と 95－５＝90 の公約数のうち５より大きい数である。このうち最も大きい数なので，54 と 90 の最大公約数を求める。**

2) 54　90
3) 27　45
3) 　9　15
　　　3　 5

54 と 90 の最大公約数は，右の筆算より２×３×３＝**18** である。これは５より大きいので条件に合う。

(6)　**【解き方】２，４，８という数の並びの規則性を考える。**

２，４，８は順に２倍ずつになっていると考えられる。したがって，４ビットから順に，８×２＝16(通り)，16×２＝32(通り)，32×２＝64(通り)，64×２＝128(通り)，128×２＝256(通り)となるから，８ビット，つまり１バイトは **256** 通りである。

なお，２，４，８という数の並びは，前後の数の差が２ずつ増えているともいえる。つまり，数が＋２され，＋４され，＋６され，＋８され，……と考えることもできる。この場合，４ビットから順に，８＋６＝14(通り)，14＋８＝22(通り)，22＋10＝32(通り)，32＋12＝44(通り)，44＋14＝58(通り)となるから，８ビット，つまり１バイトは **58** 通りである。なお，実際のコンピュータの世界では１バイトは 256 通りであるが，算数の問題として考えれば解答は 256 通りでも 58 通りでもよい。

(7)　**【解き方】トンネルの条件から，列車は 480m＋(列車の長さ)を 30 秒で進み，橋の条件から，列車は 200m＋(列車の長さ)を 16 秒で進むとわかる。これらの差を考える。**

列車は，480－200＝280(m)を 30－16＝14(秒)で進むから，列車の速さは，秒速$\frac{280}{14}$m＝秒速 20m

橋の条件から，列車の長さは，20×16－200＝**120**(m)

(8)　**【解き方】1950 円は，持っているお金の$\frac{1}{4}$を使う前に持っていたお金の，１－$\frac{1}{4}$＝$\frac{3}{4}$である。**

1950 円の前は，1950÷$\frac{3}{4}$＝2600(円)持っていた。最初に，持っているお金の$\frac{1}{5}$を使ってから 200 円使ったと考えると，200 円使う前のお金は，2600＋200＝2800(円)である。よって，最初に持っていたお金は，

2800÷(１－$\frac{1}{5}$)＝**3500**(円)

(9)　**【解き方】右のように作図し(O，Pはそれぞれ辺の真ん中の点)，図形の対称性を利用して四角形ＡＪＩＥがどのような四角形かを考える。**

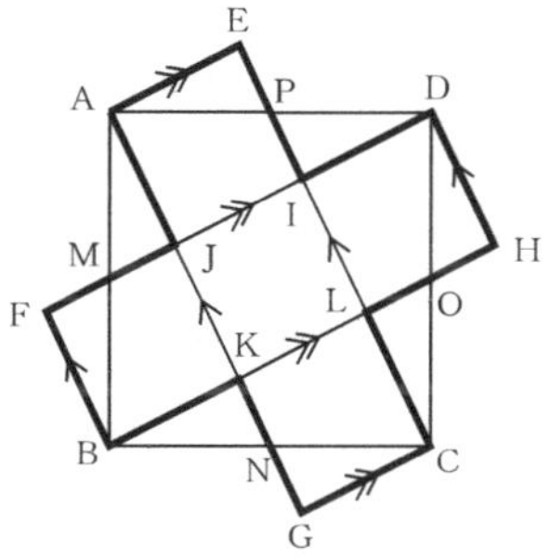

三角形ＡＤＪと三角形ＰＤＩは同じ形で，対応する辺の比がＡＤ：ＰＤ＝２：１である。したがって，ＪＩ＝ＩＤ

三角形ＡＰＥと三角形ＤＰＩは同じ形で，ＡＥ＝ＪＩ＝ＤＩだから，合同である。三角形ＢＭＦ，ＣＮＧ，ＤＯＨについても同様なので，正方形ＡＢＣＤの面積は太線で囲んだ図形の面積と等しく，斜線部分の面積は四角形ＡＪＩＥの面積と等しい。

図形の対称性より，三角形ＭＡＪと三角形ＰＤＩは合同だから，ＡＪ＝ＤＩ＝ＪＩとなる。したがって，四角形ＡＪＩＥはひし形である。また，四角形ＪＫＬＩは正方形となるから，四角形ＡＪＩＥも正方形である。

同様に考えると，太線の図形は合同な５個の正方形に分けられているとわかるから，斜線部分の面積は正方形ＡＢＣＤの面積の$\frac{1}{5}$倍である。

(10)　**【解き方】切断面では表面積の差が生じないので，それ以外の表面積の差を求める。**

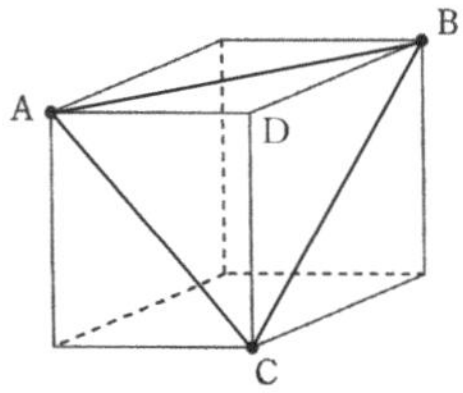

右図のように記号をおく。小さい方の立体のうち，切断面以外の表面積は，

(２×２÷２)×３＝６(㎠)　　もとの立方体の表面積は，(２×２)×６＝24(㎠)

よって，大きい方の立体の切断面以外の表面積は，24－６＝18(㎠)だから，

求める表面積の差は，18－６＝**12**(㎠)

2 **【解き方】次のようにグループ分けする。１｜２，１｜３，２，１｜４，３，２，１｜□，４，３，２，１｜……**

左からｎ番目のグループでは，ｎから１までの整数が大きい順に並ぶので，ｎ個の数がふくまれる。

(1)　□は左から５番目のグループの最初の数だから，**5**が入る。

(2)　**【解き方】１は各グループに１個ずつふくまれるから，15 回目の１は左から 15 番目のグループの最後の数である。**

左から 15 番目のグループまでに並ぶ数の個数は，１＋２＋３＋……＋15 で求められる。この式を２つ使って右のような筆算が書けるから，１＋２＋３＋……＋15＝$\frac{16\times15}{2}$＝120　　よって，15 回目の１は左から **120** 番目の数である。

　　１＋２＋３＋……＋15
＋)　15＋14＋13＋……＋１
　　16＋16＋16＋……＋16

(3)　**【解き方】(2)より，左から 14 番目のグループまでに 120－15＝105(個)の数が並ぶから，これらの和を求めてから，最後の 105－100＝５(個)の数の和を引けばよい。**

左から 14 番目のグループまでに，１は 14 個，２は 13 個，３は 12 個，４は 11 個，……，13 は２個，14 は１個ふくまれる。したがって，左から 14 番目のグループまでの数の和は，１×14＋２×13＋３×12＋４×11＋５×10＋６×９＋７×８＋<u>８×７＋９×６＋10×５＋11×４＋12×３＋13×２＋14×１</u>

下線部は式の前半にもふくまれているので，

(１×14＋２×13＋３×12＋４×11＋５×10＋６×９＋７×８)×２＝280×２＝560

左から 14 番目のグループの最後の５個の数の和は，５＋４＋３＋２＋１＝15

よって，求める数の和は，560－15＝**545**

3 (1)　**【解き方】６年後に３人の年れいの合計は６×３＝18(才)増えている。**

６年後，３人の年れいの合計は 26＋18＝44(才)になっている。このときＣさんの年れいは合計の$\frac{1}{2}$だから，44×$\frac{1}{2}$＝**22**(才)

(2)　**【解き方】６年後の年れいをもとに，和差算を利用する。**

(1)より，６年後のＡさんとＢさんの年れいの和は 22 才で，差は４才である。Ｂさんの年れいを４才増やすと，２人の年れいは同じになり，合計は 22＋４＝26(才)となる。よって，６年後のＡさんの年れいは 26÷２＝13(才)だから，現在のＡさんの年れいは，13－６＝**7**(才)

(3)　**【解き方】ＡさんとＢさんの年れいの合計は１年ごとに２才増える。Ｃさんの年れいの$\frac{3}{2}$倍は，１年ごとに$\frac{3}{2}$才増える。**

６年後，ＡさんとＢさんの年れいの合計は 22 才，Ｃさんの年れいの$\frac{3}{2}$倍は 22×$\frac{3}{2}$＝33(才)で，これらの差は 33－22＝11(才)である。この差は１年ごとに２－$\frac{3}{2}$＝$\frac{1}{2}$(才)縮まるから，さらに 11÷$\frac{1}{2}$＝22(年後)に差がなくなって同じになる。よって，求める年数は現在から，６＋22＝**28**(年後)

4 (1)　おうぎ形ＯＢＡの面積は，６×６×3.14×$\frac{1}{4}$＝９×3.14＝28.26(㎠)

三角形ＯＡＢの面積は，６×６÷２＝18(㎠)　　よって，斜線部分の面積は，28.26－18＝**10.26**(㎠)

(2)　三角形ＯＤＣはＯＤ＝ＯＣの二等辺三角形だから，角ＯＣＤ＝角ＯＤＣ＝60°なので，正三角形である。

よって，角ア＝180°－90°－60°＝**30°**

(3)　**【解き方】右のように作図する。三角形ＯＡＢと三角形ＯＢＣでは，ＯＢが共通の辺だから，ＯＢを底辺としたときの高さの比が面積比となる。**

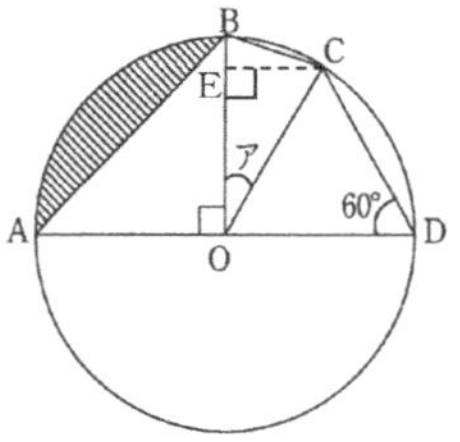

三角形ＯＥＣは，角ア＝30°，角ＯＥＣ＝90°だから，１辺がＯＣ＝６cmの正三角形を半分にしてできる直角三角形である。したがって，ＥＣ＝６÷２＝３(cm)

よって，三角形ＯＡＢと三角形ＯＢＣの面積比は，ＯＡ：ＥＣ＝６：３＝**２：１**

5　(1)　**【解き方】万の位は０が使えないことに注意する。**

大きい位から順に数を決めると，万の位は０以外の５通り，千の位は残りが５個だから５通り，百の位は残りが４個だから４通り，十の位は残りが３個だから３通り，一の位は残りが２個だから２通りの決め方がある。

よって，全部で，５×５×４×３×２＝**600**(個)できる。

(2)　**【解き方】一の位によって場合分けをする。**

一の位が０のとき，大きい位から順に数を決めると，万の位は０以外の５通り，千の位は４通り，百の位は３通り，十の位は２通りの決め方がある。したがって，５×４×３×２＝120(個)できる。

一の位が２のとき，大きい位から順に数を決めると，万の位は０と２以外の４通り，千の位は４通り，百の位は３通り，十の位は２通りの決め方がある。したがって，４×４×３×２＝96(個)できる。

一の位が４のときも２のときと同様に96個できる。

よって，偶数は全部で，120＋96＋96＝**312**(個)できる。

(3)　**【解き方】まず，千の位が４か５のときを数える。次に千の位が３で百の位が４か５のときを数える。このように，大きい位から順に４か５になる位をあてはめていく。(1)(2)とちがって，同じ数を何度使ってもよいことに注意する。**

千の位が４か５のとき，千の位は２通り，百の位，十の位，一の位はそれぞれ６通りの決め方がある。したがって，２×６×６×６＝432(個)できる。

千の位が３で百の位が４か５のとき，百の位は２通り，十の位，一の位はそれぞれ６通りの決め方がある。したがって，２×６×６＝72(個)できる。

千の位と百の位が３で十の位が４か５のとき，十の位は２通り，一の位は６通りの決め方がある。したがって，２×６＝12(個)できる。

千の位と百の位と十の位が３で一の位が４か５のとき，２個できる。

よって，全部で，432＋72＋12＋２＝**518**(個)できる。

《2024　本校１　社会　解説》

1　**問１**　⑤　　1776年７月４日に，北米13植民地が，イギリスからの独立を宣言した。

問２　③　　自給率が15%とあることから小麦と判断する。牛肉の自給率は35%程度，じゃがいもの自給率は70%程度，とうもろこし(飼料用デントコーン)の自給率は０%である。牛肉の輸入先は，オーストラリア，アメリカ合衆国など，じゃがいもの輸入先はアメリカ合衆国，カナダなど，とうもろこしの輸入先はアメリカ合衆国，ブラジルなどである。

問３　⑤　　ウクライナである。①はスペイン，②はイギリス，③はドイツ，④はポーランド，⑥はトルコ。

問４　⑥　　源氏の将軍が三代で途絶えると，後鳥羽上皇は政権を奪い返そうとして，当時の第２代執権北条義時に対して挙兵した。北条政子の呼びかけに集まった関東の御家人の活躍によって，鎌倉幕府方が勝利し，鎌倉幕府の勢力は東日本だけでなく西日本まで及ぶようになった。北条時宗は第８代執権，北条泰時は第３代執権。

問５　①　クーラーやカラーテレビは，乗用車(Car)と合わせて３Ｃと呼ばれた。②は1956年，③は1990年代，④は1989年(平成へ改元)。

問６　①　長野県は，以前は製糸業がさかんだったが，世界恐慌などの影響を受けて製糸業が衰退すると，それに代わって，きれいな空気と水を生かして精密機械工業などが諏訪湖の周辺で発達した。阿寒湖は北海道，琵琶湖は滋賀県にある。

問７　⑨　上杉謙信は越後国(新潟県)の戦国大名，真田幸村は信濃国(長野県)の戦国武将，杉田玄白は『解体新書』で知られる江戸時代の蘭学者，福沢諭吉は『学問のすゝめ』で知られる明治時代の教育家。

問８　④　Ⅱ(室町時代)→Ⅲ(明治時代初頭)→Ⅰ(明治時代末から大正時代)

問９　②　戦国時代の堺は，商人の自治組織である会合衆によって運営されていた。

問10　①　写真１は，長崎につくられた出島であり，オランダ商館が置かれた。

問11　④　都道府県別工業生産額の１位は愛知県である。

問12　②　徳川吉宗は，青木昆陽にサツマイモの研究を命じた。

問13　③　北海道は，江戸時代まで稲作ができなかったが，明治時代以降の開発(客土)と品種改良によって，稲作が可能となり，現代の米の生産量は，新潟県に次ぐ第２位である。

問14　①　②誤り。坂東太郎は利根川のことである。香川用水の水源となる吉野川は四国三郎と呼ばれる。③誤り。瀬戸大橋は，岡山県の児島と香川県の坂出を結ぶ連絡橋である。広島県の尾道と愛媛県の今治を結ぶ連絡橋は，瀬戸内しまなみ海道である。④誤り。すだちの生産日本一は徳島県，天然タイの漁獲量１位は長崎県である。

問15　②　①誤り。墾田永年私財法は奈良時代に成立した。③誤り。禁中並公家諸法度は朝廷や公家の行動を制限するものであり，外様大名の行動を制限したのは武家諸法度である。④誤り。大日本帝国憲法での主権は天皇にあった。

2　問１　①　日本国憲法は，1946年11月３日に公布，翌年５月３日に施行された。11月３日は文化の日，５月３日は憲法記念日として国民の祝日となっている。

問２⑴　③　衆議院議員選挙は，政党に投票する比例代表選挙と，１選挙区から１名が選出される小選挙区選挙を合わせた小選挙区比例代表並立制がとられている。小選挙区と比例区の両方に重複立候補することができる。

⑵　④　衆議院議員の定数は465人，任期は４年である。臨時国会は，内閣が必要と認めたとき，または，どちらかの院の総議員の４分の１以上の要求があったときに開かれる。

問３　③　①誤り。2005年の高齢者の割合は20.2%と21%を超えていない。②誤り。2020年の高齢者の割合は28.8%と30%を超えていない。④誤り。資料１から1970年以前の保険料は読み取れない。

問４　②　①誤り。朝鮮戦争の記述。③誤り。ベトナム戦争の記述。④誤り。イラク戦争の記述。

問５⑴　②　①誤り。日本国憲法下での主権は国民にある。③誤り。自衛隊出動の最終的な決定権は，内閣総理大臣にある。④誤り。天皇が国政に対して発言することはない。　⑵　③　各議院の総議員の３分の２以上の賛成によって，国会が憲法改正を発議し，国民投票が行われる。国民投票において，有効投票の過半数が賛成すれば，天皇が国民の名において直ちに憲法改正を公布する。①，②，④はいずれも国会で行われる。

問６⑴　④　防衛費と防衛力強化資金繰入れ費の割合の和は5.9＋3＝8.9(%)だから，その額は，114.4×0.089＝10.1816(兆円)となる。①誤り。税収のうち，最も割合が大きいのは消費税である。②誤り。公債金の割合は歳入の３分の１(33.3%)を下回っている。③誤り。社会保障費の割合は歳出の３分の１(33.3%)を下回っている。

⑵　③　　岸田文雄首相である。①と②は安倍晋三首相，④は初めて消費税を導入したのは竹下登首相，税率を10%としたのは安倍晋三首相。

問7　④　　①誤り。弾劾裁判権ではなく法令審査権である。②誤り。法令が憲法に反していることが確認された場合，裁判所は違憲判決を下すことができる。③誤り。法令審査権(違憲審査権)はすべての裁判所がもつ権限であり，特別な裁判所を設けていない。

問8⑵　③　　非核三原則を発表した佐藤栄作首相は，のちにノーベル平和賞を受賞した。

問9⑴　①　　白神山地，知床，屋久島は，いずれも世界自然遺産に登録されている。

⑵　②　　持続可能＝Sustainable，開発＝Development，目標＝Goals

問10　④　　自分の国の利益だけを考えたら，自国の軍備は拡大される。

[3] **問1**　世界の栄養不足人口は10%程度であり，世界の食料廃棄量は，人の消費のために生産された食料のおよそ3分の1にあたるのだから，食料は足りていることがわかる。それなのに世界人口の約10%が食料不足に陥っているということは，食料が十分に行き渡っていない地域があるということである。先進国での食品ロスを減らし，その減らした分をアフリカやアジアなどの発展途上国に渡すことができれば，食料問題を解決することができる。

問2　10年間での食品ロスの削減量は，家庭系は68万トン，事業系は52万トンだから，事業系の食品ロスの取り組みが足りないと考えて，解答例とした。事業系では，発生する廃棄物をそのまま捨てるのではなく，廃棄物を利用できる業者に渡すことで，廃棄物の総量を減らす取り組みなども考えられる。

《2024　本校1　理科　解説》

[1] ⑴　塩酸は酸性，水酸化ナトリウム水よう液はアルカリ性の水よう液である。ＢＴＢよう液は酸性で黄色，中性で緑色，アルカリ性で青色を示す。うすい塩酸にうすい水酸化ナトリウム水よう液を加えていって，水よう液が中性(ＢＴＢよう液の色が緑色)になったとき，完全に(ちょうど)中和したといえる。

⑵①　グラフより，ＡとＢの体積比が10：5＝2：1のとき，完全に中和するとわかる。Ａ30㎤とＢ15㎤がちょうど中和するから，Ａ30㎤が余って水よう液は酸性を示す。　　②　Ｂを2倍にうすめた水よう液30㎤にふくまれる水酸化ナトリウムは，Ｂ15㎤にふくまれる水酸化ナトリウムの量に等しい。したがって，Ｂを2倍にうすめた水よう液30㎤(Ｂ15㎤)とちょうど中和するＡは30㎤である。　　③　Ａの2倍の濃《こ》さの水よう液60㎤にふくまれる塩化水素(塩酸にとけている気体)は，Ａ120㎤にふくまれる塩化水素の量に等しい。したがって，Ａの2倍の濃さの水よう液60㎤(Ａ120㎤)とちょうど中和するＢは60㎤だから，Ｂを2倍にうすめた水よう液は120㎤必要となる。よって，Ｂを2倍にうすめた水よう液が足りない(Ａの2倍の濃さの水よう液が余る)から，水よう液は酸性を示す。

⑶　ろ過で，液体(食塩水)と水にとけていない固体(砂)を分離《ぶんり》できる。

⑷　液体が飛び散らないようにするために，液体はガラス棒を伝わらせてそそぎ，ろうとの先はビーカーにつける。

[2] ⑴　①は肺で，酸素を取り入れて二酸化炭素を出している。③は肝臓《かんぞう》で，養分をたくわえたり，体に有害なものを無害に変えたりするなど，さまざまなはたらきをしている。④は胃で，食べ物を消化している。⑤は大腸で，おもに水分の吸収を行い，便をつくっている。

⑵　心臓が4つの部屋に分かれている(2心房《しんぼう》2心室になっている)のは，ヒトなどのほ乳類とペンギンなどの鳥類である。

⑷　60×70×5＝21000(mL)→21Ｌである。

3　⑴　てこのうでをかたむけるはたらきは，〔おもりの重さ×支点からの距離《きょり》〕で表すことができる。　ア．図１において，棒を左にかたむけるはたらきは 10×10＝100 だから，棒を右にかたむけるはたらきも 100 である。よって，アには 100÷20＝５（g）が入る。　イ．20×５÷10＝10（g）である。　ウ．（10＋20）×10÷20＝15（g）である。
エ．５×10÷５＝10（g）である。　オ，カ．オとカに入る数値の和は，（５＋10）×20÷10＝30（g）である。棒が水平になっているとき，つるすおもりの重さの比は，支点からの距離の比の逆比になるので，オとカに入る数値の比は 20：10＝２：１の逆比の１：２となる。よって，オには 30×$\frac{1}{1+2}$＝10（g），カには 30－10＝20（g）が入る。
⑵　棒は左右のおもりによって上向きに 20＋10＝30（g）の力が加わっているから，棒につるすおもりの重さは 30 gとなる。また，棒の左はしを支点と考えると，右の 10gのおもりが棒を反時計回りに回転させるはたらきは 10×30＝300 である。よって，棒につるしたおもり（30g）の支点（左はし）からの距離は 300÷30＝10（cm）となる。

4　⑵　北の空の星は，北極星を中心に反時計回りに１日（24 時間）に約１周する（360 度動く）。よって，Ａは４時間後に，①の方向に 360×$\frac{4}{24}$＝60（度）動いている。
⑶　ベテルギウスは１等星で，おおいぬ座のシリウス，こいぬ座のプロキオンとともに冬の大三角をつくる。
⑷　地球は太陽の周りを１年（12 か月）で１回公転しているから，同じ星を南の空で観測したとき，１か月後の同じ時刻には 360×$\frac{1}{12}$＝30（度）西に見える。また，地球は１日（24 時間）で１回自転しているから，南の空の星は東から西に１時間で 360×$\frac{1}{24}$＝15（度）動いて見える。よって，１か月前と同じ位置にあるオリオン座を観測したいとき，１か月前に観測した時刻（23 時）の 30÷15＝２（時間前）の 21 時に観測すればよい。

《2024　本校２　国語　解説》

一　**問二１**　「のれんにうで押《お》し」は、相手に対する時、少しも手ごたえがないことのたとえ。　２　「あぶはち取らず」は、両方とも手に入れようとして、両方とも逃《の》がしてしまうこと。　３　「言わぬが花」は、はっきり言わない方が、かえって良いという意味。ウの「知らぬが仏」は、「腹が立つことでも、知らなければ仏のように穏《おだ》やかにしていられる」という意味で、意味が似ているが、「彼《かれ》に～知らぬが仏だ」とすると、文のつながりがおかしくなるので、適さない。　４　「郷《ごう》に入っては郷に従え」は、人は住んでいる土地の風俗・習慣にしたがうべきだという意味。　５　「帯に短したすきに長し」は、物事が中途半端《ちゅうとはんぱ》で役に立たないこと。

問四１　「月が明るくかがやいている」ことから予想される明日の天気は、「晴れ」だが、この文では「雨でしょう」と予想されることとは異なることを言っているので、逆説の接続詞が適する。　２　「すし」と「パスタ」のどちらかを選択《せんたく》させるという文脈なので、イの「それとも」が適する。　４　「国語」と「算数」の二つを並べて言っているので、「または」が適する。２のような、相手に選択させるという文脈ではないので、「それとも」は入らない。

二　**問二**　ルイがセミの羽の絵を描《か》いていたときの様子について、実弥子《みやこ》の視点から「頭の中で膨《ふく》らんで、ぎゅうぎゅうにつまっていたものが、指先からつぎつぎにあふれ出ているようだった」と書かれている。実弥子が「ルイくんが自由に、夢中で描いたもの」と説明していることからも、下線部のように、頭に浮《う》かんだものをそのまま描《えが》くことができた絵を、筆者は「すてき」だと思っていることが読みとれる。本文は、実弥子の視点から書かれているので、筆者の考えが実弥子の言葉に表れていると考えられる。

問三　――線部②の前に、ルイが絵画教室を楽しんでいたこと、母親の英里子もそれを喜《よろこ》んでいたことが書かれている。しかし、この後の会話文から、英里子が離婚《りこん》によってルイと共に家を出ることになり、この先の生活に不安を持っていることが分かる。また、今後は、絵画教室に通うことは難しいともルイに語っている。よって、ウが適する。

問四　この前の、英里子と実弥子の会話に着目する。英里子は「この家は、夫の両親の持ち家なんです」「夫が～この家に帰ってこなかったので、別れること自体は、もうずっと前から覚悟《かくご》していたんです～私も働いてはいるのですけど、正社員ではないので……。ルイの親権は私が持つのですが」などと、普通《ふつう》ならあまり知られたくない家庭の内情を、包み隠《かく》さず話している。

問五　「薄《うす》い」という言葉の与《あた》える印象と、夫と離婚したため家を出なければならず、経済的な不安も抱《かか》えている英里子の現状、さらに、ルイが実弥子に懐《なつ》いていて、英里子が「自分は母親なのに～淋《さび》しくて、やるせない」と感じていることや、「もう言葉を発することをあきらめたように見える」様子だったことを合わせて考える。

問六　母親の声を無視するほど夢中になって、ルイが実弥子にかけよっていることと、この後の「ルイが実弥子の手を握《にぎ》る」「その言葉に応《こた》えるように、ルイが両手を広げて実弥子に抱《だ》きついた」などの部分を参照。

問七　ルイが実弥子に抱きついたのを見て、英里子は「やっぱり金雀児《えにしだ》先生(＝実弥子)がいいのね」と言った。このときの英里子の立場と、ルイの行動を表した文をぬき出す。

問九　英里子に対しては、経済的な不安をなくし、気持ちの余裕《よゆう》をもってルイに接すること、ルイに対しては、母親に素直に愛情を示すといった助言が考えられる。

《2024　本校２　算数　解説》

1 ⑴　与式＝100－(18－８)×４＝100－10×４＝100－40＝**60**

⑵　与式＝$\frac{1}{8}\times\frac{2}{3}+\frac{1}{6}\times\frac{1}{4}=\frac{2}{24}+\frac{1}{24}=\frac{3}{24}=$**$\frac{1}{8}$**

⑶　与式より，(□＋６)×４＝96÷３　　□＋６＝32÷４　　□＝８－６＝**２**

⑷　**【解き方】３の倍数の個数と５の倍数の個数を足すと，３と５の公倍数を二重に数えることになる。**

１から100までの整数のうち，３の倍数は，100÷３＝33余り１より33個ある。５の倍数は，100÷５＝20(個)ある。３と５の最小公倍数は15だから，15の倍数は３と５の公倍数であり，100÷15＝６余り10より６個ある。

よって，１から100までの整数のうち，３または５で割り切れる数は，33＋20－６＝**47**(個)

⑸　**【解き方】つるかめ算を利用する。**

時速５kmで１時間歩いたとすると，５×１＝５(km)進み，実際より５－3.5＝1.5(km)多くなる。１時間を時速５kmから時速３kmにおきかえると，進む道のりは５－３＝２(km)少なくなるから，時速３kmで歩いた時間は，1.5÷２＝$\frac{3}{4}$(時間)である。よって，速さを変えたのは家から，３×$\frac{3}{4}$＝**2.25**(km)の地点である。

⑹　**【解き方】過不足算を利用する。１人に配る個数を９－７＝２(個)増やすと，全体で必要な個数は６＋８＝14(個)増える。**

子どもの人数は14÷２＝７(人)となる。よって，あめの個数は，７×７＋６＝**55**(個)

⑺　原価を100とすると定価は100×(１＋$\frac{20}{100}$)＝120だから，120－100＝20までなら値引きしても損をしない。

20は定価の$\frac{20}{120}$×100＝$\frac{50}{3}$＝16.66…(％)だから，**16**％引きまでなら損をしない。

⑻　**【解き方】二等辺三角形は２つの内角が等しいことと，三角形の１つの外角は，これととなり合わない２つの内角の和に等しいことから，右のように作図できる。**

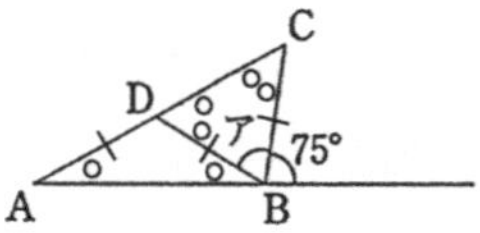

三角形ＡＢＣの外角より，○＋○×２＝75°　　○×３＝75°　　○＝75°÷３＝25°

よって，○×４＝25°×４＝100°だから，三角形ＢＣＤの内角の和より，

角ア＝180°－100°＝**80°**

⑼　**【解き方】右図の色つき部分の面積を求める。**

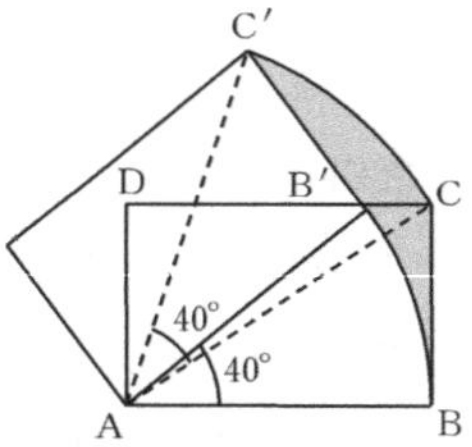

(おうぎ形ＡＣＣ′の面積)＋(三角形ＡＢＣの面積)－(三角形ＡＢ′Ｃ′の面積)－(おうぎ形ＡＢＢ′の面積)，を計算すればよいが，三角形ＡＢＣと三角形ＡＢ′Ｃ′は合同なので，求める面積は，(おうぎ形ＡＣＣ′の面積)－(おうぎ形ＡＢＢ′の面積)＝

５×５×3.14×$\frac{40}{360}$－４×４×3.14×$\frac{40}{360}$＝(25－16)×$\frac{1}{9}$×3.14＝**3.14**(㎠)

⑽　**【解き方】右の「三角形すいを切断してできる三角形すいの体積の求め方」を利用する。**

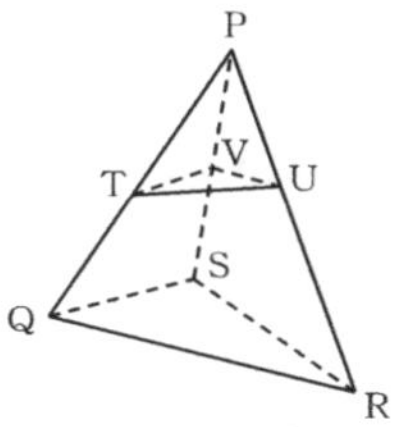

三角すいを切断してできる
三角すいの体積の求め方

左の三角すいＰ－ＴＵＶの体積は，

(三角すいＰ－ＱＲＳの体積)×$\frac{PT}{PQ}\times\frac{PU}{PR}\times\frac{PV}{PS}$

で求められる。

※三角すい以外の角すいでは成り立たないことがあるので，三角すいだけに使うこと。

Ａをふくむ立体の体積は，三角すいＡＢＣＤの体積の，$\frac{AE}{AB}\times\frac{AF}{AC}\times\frac{AG}{AD}=$

$\frac{1}{1+1}\times\frac{4}{4+1}\times\frac{2}{2+3}=\frac{1}{2}\times\frac{4}{5}\times\frac{2}{5}=$

$\frac{4}{25}$(倍)である。よって，Ａをふくむ立体とＡをふくまない立体の体積比は，

$\frac{4}{25}$：(１－$\frac{4}{25}$)＝**４：21**

2 **【解き方】次のようにグループ分けする。**$\frac{1}{1}$ | $\frac{1}{2}$，$\frac{3}{2}$ | $\frac{1}{3}$，$\frac{3}{3}$，$\frac{5}{3}$ | $\frac{1}{4}$，$\frac{3}{4}$，$\frac{5}{4}$，$\frac{7}{4}$ | $\frac{1}{5}$，……

左からｎ番目のグループを第ｎグループとすると，第ｎグループには分母がｎの分数がｎ個ふくまれ，その分子は１から始まる連続する奇数である。

⑴　第２グループまでの数の個数は１＋２＝３(個)，第３グループまでは３＋３＝６(個)，第４グループまでは６＋４＝10(個)，第５グループまでは10＋５＝15(個)，第６グループまでは15＋６＝21(個)，第７グループまでは21＋７＝28(個)である。よって，30番目の分数は，第８グループの30−28＝２(番目)の分数だから，$\frac{3}{8}$である。

⑵　**【解き方】１から10までの整数の和が55だから，55番目の分数は第10グループの最後の分数である。**

第１グループの数の和は１，第２グループの数の和は$\frac{1+3}{2}=2$，第３グループの数の和は$\frac{1+3+5}{3}=3$，第４グループの数の和は$\frac{1+3+5+7}{4}=4$となっているから，第ｎグループの数の和はｎである。

第１グループから第10グループまでの数の和を求めればよいから，１＋２＋３＋……＋10＝**55**

⑶　**【解き方】**$\frac{15}{64}$**は第64グループにふくまれるから，まず第63グループまでの数の個数を求める。**

第63グループまでの数の個数は，１＋２＋３＋……＋63で求められる。

１から63までの連続する整数の列を２つ使って右のような筆算が書けるから，

　　１＋２＋３＋……＋63
＋)　63＋62＋61＋……＋１
　　64＋64＋64＋……＋64

１＋２＋３＋……＋63＝$\frac{64\times63}{2}$＝2016

15は１に２を(15−１)÷２＝７(回)足した数だから，１から数えて１＋７＝８(個目)の奇数である。

よって，$\frac{15}{64}$は第64グループの８番目の分数なので，初めから数えて，2016＋８＝**2024**(番目)

3 ⑴　**【解き方】食塩水の問題は，うでの長さを濃度《のうど》，おもりを食塩水の重さとしたてんびん図で考えて，うでの長さの比とおもりの重さの比がたがいに逆比になることを利用する。**

Ａから50ｇをとりＣに入れた操作について，右のようなてんびん図がかける。

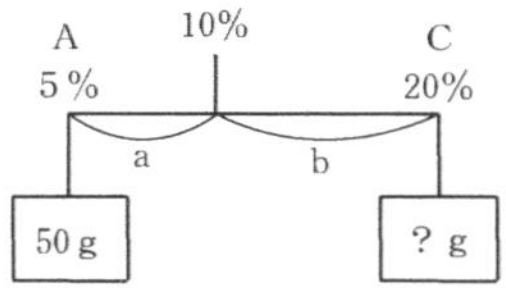

ａ：ｂ＝(10−５)：(20−10)＝１：２だから，食塩水の量の比はこの逆比の２：１である。よって，Ｃに入っていた食塩水の量は，$50\times\frac{1}{2}$＝**25**(ｇ)

⑵　**【解き方】Ｃの中の食塩の量の変化を考える。**

Ｂから入れる前に，Ｃの中には10％の食塩水が50＋25＝75(ｇ)入っていたから，食塩は$75\times\frac{10}{100}$＝7.5(ｇ)入っていた。したがって，Ｂから入れた食塩水の中には10−7.5＝2.5(ｇ)の食塩がふくまれていた。Ｂの食塩水の濃度は10％だから，Ｂから入れた食塩水の量は，$2.5\div\frac{10}{100}$＝**25**(ｇ)

⑶　**【解き方】Ａ，Ｂ，Ｃにふくまれていた食塩の量の合計を考える。**

最初，Ａ，Ｂ，Ｃにふくまれていた食塩の量はそれぞれ，$100\times\frac{5}{100}$＝５(ｇ)，$50\times\frac{10}{100}$＝５(ｇ)，$25\times\frac{20}{100}$＝５(ｇ)である。これらがすべてＣの中に入ったのだから，Ｃには食塩が５×３＝15(ｇ)ふくまれている食塩水が，100＋50＋25＝175(ｇ)ある。この濃度を５％にするためには，食塩水の量を$15\div\frac{5}{100}$＝300(ｇ)にすればよいから，水を，300−175＝**125**(ｇ)入れるとよい。

4 ⑴　**【解き方】柱体の側面積は，(底面の周の長さ)×(高さ)で求められることを利用する。**

直方体を，底面が四角形ＡＢＦＥの四角柱と考えると，側面積は，(５＋６＋５＋６)×12＝264(㎠)

底面積は５×６＝30(㎠)　　よって，表面積は，264＋30×２＝**324**(㎠)

⑵　**【解き方】切り口以外の表面積の和は，もとの直方体の表面積と等しい。**

求める表面積の和は，直方体の表面積よりも切り口の分だけ大きい。

切り口の表面積の和は，(５×６)×２＝60(㎠)だから，求める表面積の和は，324＋60＝**384**(㎠)

⑶　**【解き方】⑵より，１回切るたびに表面積の和は60㎠増える。**

アからサまで11回切るから，求める表面積の和は，324＋60×11＝**984**(㎠)

5 ⑴　**【解き方】(４色の選び方)×(４色のぬり分け方)で求める。**

５色から４色選ぶ選び方は，使わない１色の選び方と同じだから，５通りある。

４色をＡ，Ｉ，Ｃ，Ｊの順にぬるとすると，Ａの色は４通り，Ｉの色は３通り，Ｃの色は２通り，Ｊの色は１通りの選び方があるから，ぬり分け方は全部で，４×３×２×１＝24(通り)

以上より，全部で，５×24＝**120**(通り)

⑵　**【解き方】Ｊが赤のもの，Ｊが青のもの，Ｊが黄のもの，Ｊが緑のもの，Ｊが黒のものはすべて等しくある。**

Ｊが赤のものは120÷５＝**24**(通り)ある。

⑶　**【解き方】(２色の選び方)×(２色のぬり分け方)で求める。**

５色から２色選ぶ選び方は，図Ⅰのように10通りある。

例えば赤と青を選んだとき，赤をぬる２文字は，図Ⅱのように６通りある。赤が決まれば青は１通りに決まる。

したがって，２色の選び方１通りごとに６通りのぬり分け方があるから，全部で，10×６＝**60**(通り)

図Ⅰ
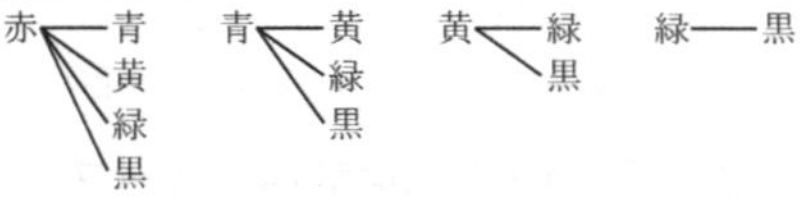

図Ⅱ

《2024　本校２　社会　解説》

1 **問１**　①　　本州＞北海道＞九州＞四国

問２　②　　グリーンランド＞ニューギニア島＞カリマンタン(ボルネオ)島＞マダガスカル島＞バフィン島＞スマトラ島＞本州

問３　④　　ワールシュタットの戦いは1241年に起きた。①元寇は13世紀に起きているが，元と日本の戦いであり，ヨーロッパは直接関係がない。②アメリカ独立戦争は18世紀後半。③ナポレオン戦争は19世紀初頭。

問４　①　　南鳥島は東京都，与那国島は沖縄県に属する。

問５　④　　ロシアに実効支配されている択捉島，国後島，色丹島，歯舞群島を北方領土という。①は竹島，②は尖閣諸島，③は佐渡島。

問６　③　　①は国後島，②は歯舞群島，④は色丹島。

問７　①　　ドイツの面積は約36万㎢，イタリアの面積は約30万㎢だから，ドイツの面積の方が日本に近い。

問８　④　　南西諸島は亜熱帯，九州・四国・本州は温帯，北海道は亜寒帯(冷帯)。

問９　②　　小笠原諸島は1968年，沖縄は1972年にそれぞれアメリカから返還された。

問10　②　　第一次世界大戦をきっかけとして成立したのは国際連盟である。

問11　②　　沿岸から12海里までを領海，12～24海里を接続水域，12～200海里を排他的経済水域という。

問12　④　　瀬戸大橋は1988年，青函トンネルは1988年，関門橋は1973年，明石海峡大橋は1998年。

問13　③　　主なエネルギー源が木炭から石炭になったことを第一次エネルギー革命，石炭から石油になったことを第二次エネルギー革命という。

問14　④　　江戸時代，薩摩藩が支配していた琉球王国を，明治時代に琉球藩とし，その後廃藩置県によって，沖縄県としたことを琉球処分という。

問15　②　　アメリカ合衆国＞オーストラリア＞インドネシア＞ニュージーランド＞カナダ＞日本の順である。

2 **問１**　①　　採用試験において，応募者の思想を調査し，その思想を理由として採用を拒否することは，思想・良心の自由の侵害にあたるとして裁判を起こした。

問2 ③　資本主義経済は自由競争であり，国は生産を計画しない。

問3 ②　サラダにはさまざまな野菜がちりばめられていることから名付けられた。

問4 ④　Ｓ＆Ｐ…アメリカの格付け会社。ＥＰＡ…経済連携協定。ＯＤＡ…政府開発援助。ＧＨＱ…連合国軍最高司令官総司令部。ＷＨＯ…世界保健機関。

問5 ⑧　Ⅰ.「他の国々や国際機関と相互に協力」などがイにあてはまる。Ⅱ.「社会の制度や慣行の在り方」がオにあてはまる。Ⅲ.「家族の構成員として」「家族としての役割」などがウにあてはまる。Ⅳ.「男女の個人としての尊厳」などがアにあてはまる。Ⅴ.「方針の決定に参画できる機会を確保」などがエにあてはまる。

問6 ①，②，③　EU はヨーロッパ連合，ASEAN は東南アジア諸国連合，USMCA はアメリカ・メキシコ・カナダ協定の略称。NGO は非政府組織，WTO は世界貿易機関，OPEC は石油輸出国機構の略称。

問7 ①　1999 年からがゼロ金利政策，2016 年からがマイナス金利政策である。ゼロ金利やマイナス金利の影響により，銀行などにお金を借りて返済するときに利子が少なくて済むというメリットがあるが，銀行などにお金を預けておいてもほとんど増えないというデメリットもある。

問8 ③　ゾコーバは，COVID-19(新型コロナウイルス感染症)に対する経口薬である。

問10 ②　現在は働き方も多様性が重視され，兼業や副業を認められている場合が多い。

問11 ①，⑤　①誤り。朝鮮戦争は 1950 年に始まり，自衛隊は 1954 年に保安隊から改称された。⑤誤り。INF は，アメリカ合衆国とソビエト連邦の間で締結された条約である。

問12 ①　多数の国家が条約によって戦争等の武力行使を相互に禁止し，これに違反した国に対しては，残りの国が一致協力して集団で措置することを集団安全保障という。②は個別的自衛権，③は集団的自衛権の図である。

問13 ②　石炭・石油・天然ガスなどを化石燃料という。

問14 ①　②誤り。総議員の３分の１以上が出席したうえで，出席議員の過半数の賛成で可決する。また，再可決に必要な賛成の数は，衆議院の出席議員の３分の２以上である。③誤り。公聴会は必ず開く必要はなく，また，公聴会で決議を取ることはない。④誤り。参議院が議決しないことで衆議院の解散が行われることはない。

問15 ⑤　学校は生活インフラに分類される。

3 **問1** イギリス人船長が領事裁判権によって，イギリス領事によってイギリスの法律で裁かれ，軽い刑罰しか与えられなかったこと，それによって，日本国内で新聞などを中心に，領事裁判権の撤廃を求める声が高まったことが書かれていればよい。

問2 2021 年までは３つの折れ線グラフがほとんど同じような動きをしている中で，2022 年にかけて，生鮮食品及びエネルギーを除く総合のグラフだけが他の２つより上昇率が少なくなっていることから，総合の上昇の最大の原因はエネルギーにあると読み取る。新型コロナウイルス感染症の感染拡大により，世界の経済が一時縮小していたが，感染拡大が収まりつつある中で世界の経済が急激に回復し，需要が供給に追いつかなくなった。加えて，ロシアのウクライナ侵攻や円高などの影響により，原油などの燃料や小麦などの材料が値上げしたことで，それに関連するさまざまな品目が値上がりをしていった。

《2024 本校２ 理科 解説》

1 (2) 水上置換《ちかん》法で集めるのに適した気体は水にとけにくい気体である。なお，水にとけやすく空気より重いAやBは下方置換法，水にとけやすく空気より軽いDは上方置換法で集める。

(4) 石灰石とａとｂとｄの主成分は，炭酸カルシウムである。炭酸カルシウムはうすい塩酸と反応すると二酸化炭素を発生する。

2 (1) イルカやウサギ(ほ乳類)，カタツムリ(陸上で生活する軟体《なんたい》動物)，カメやトカゲ(は虫類)は肺で呼吸する動物，アサリやシジミ(水中で生活する軟体動物)，フナ(魚類)はえらで呼吸する動物，アリやアメンボやモンシロチョウやトノサマバッタ(昆虫《こんちゅう》類)は気管で呼吸する動物である。

(2) サメやマグロは魚類で，えらで呼吸する。オットセイ，イルカ，シャチ，クジラはほ乳類で，肺で呼吸する。

(4) 小さな袋《ふくろ》が集まっていることによって，表面積が大きくなり，効率よくガス交換《こうかん》(酸素と二酸化炭素の交換)が行える。

(5) 心臓から肺に送られる血液が流れる血管を肺動脈，肺から心臓にもどる血液が流れる血管を肺静脈という。なお，心臓から肺以外(全身)に送られる血液が流れる血管を大動脈，肺以外(全身)から心臓にもどる血液が流れる血管を大静脈という。

(6) 血液の流れは，全身→大静脈→右心房《しんぼう》→右心室→肺動脈→肺→肺静脈→左心房→左心室→大動脈→全身となっている。

(7) １回の呼吸で体に取りこまれる酸素の量は $500\times(0.20-0.16)=20$(mL)で，１分間に12回呼吸するから，１分間に体に取りこまれる酸素の量は $20\times12=240$(mL)である。

3 (2) おもりの重さだけを変えたとき，同じ地点における速さは変わらない。

(3) 摩擦《まさつ》や空気抵抗《ていこう》を考えない場合，Ａ地点でのおもりの速さは，斜面《しゃめん》と水平な面との境目(斜面を転がり終わる地点)でのおもりの速さと同じである。斜面を長く転がるほど，おもりの転がる速さは速くなるから，斜面の中間地点での速さは，Ａ地点での速さよりおそい。

表ｉ

	ⓐ	ⓑ	ⓒ	ⓓ	ⓔ	ⓕ	ⓖ
おもりの重さ(g)	100	100	100	200	200	300	**A**
おもりの速さ(cm/秒)	5.0	10.0	15.0	5.0	15.0	**B**	10.0
木片が動いた距離(cm)	1.6	6.4	**C**	3.2	28.8	19.2	32.0

(4) 表ｉのように記号をおく。おもりの重さと木片が動いた距離《きょり》の関係を調べるために，おもりの重さだけが異なるⓐとⓓを比べると，おもりの重さが２倍になると，木片が動いた距離も２倍になるとわかる。これより，おもりの速さが変わらないとき，木片が動いた距離はおもりの重さに比例するとわかる。　Ａ．ⓖとおもりの速さが同じⓑを比べると，ⓖの木片が動いた距離はⓑの $32.0\div6.4=5$ (倍)だから，ⓖのおもりの重さ(Ａ)はⓑの５倍の 500ｇである。　Ｂ．ⓑとⓕに着目すると，おもりの重さと木片が動いた距離の両方で，ⓕの値がⓑの値の３倍になっているとわかる。よって，ⓕのおもりの速さ(Ｂ)はⓑのおもりの速さと同じ 10.0 cm/秒である。　Ｃ．ⓒとⓔはおもりの速さが同じで，ⓒのおもりの重さはⓔの半分だから，ⓒの木片が動いた距離(Ｃ)はⓔの半分の 14.4 cmである。

4 (1) 理科室１㎥あたりにふくまれていた水蒸気量は，コップがくもり始めた５℃の飽和《ほうわ》水蒸気量の 6.8ｇと等しい。なお，このように空気中にふくまれる水蒸気(気体)が水滴《すいてき》(液体)に変わる温度(コップがくもり始める温度)を露《ろ》点《てん》という。

(2) 〔湿度《しつど》(%)$=\dfrac{\text{空気１m}^3\text{あたりにふくまれる水蒸気量(g)}}{\text{その気温の空気１m}^3\text{あたりの飽和水蒸気量(g)}}\times100$〕より，$\dfrac{6.8}{17.3}\times100=39.3\cdots\rightarrow39$%である。

ＡＩＣＪ中学校【本校入試１】

《国　語》

一　問一．１．改装　２．快走　３．回想　４．高層　５．構想

問二．［誤／正］　１．［真／針］　２．［期／機］　３．［段／断］　４．［全／前］　５．［到／倒］

問三．１．オ　２．ウ　３．エ　４．ア　５．イ　　問四．１．ウ　２．オ　３．ア　４．イ　５．エ

二　問一．Ａ．ウ　Ｂ．オ　Ｃ．ア　　問二．次の説明ポイントが来るまでにジュースを飲み終えてポイントが来たらすぐに説明を始められるようにするため。　　問三．誰の…運転手　気持ち…少年が、大人の自分でも知らないいつ話を知っていたことに対するおどろき。　　問四．ガイドの代役　　問五．イ　　問六．「詩など必

問七．〈作文のポイント〉

・最初に自分の主張、立場を明確に決め、その内容に沿って書いていく。

・わかりやすい表現を心がける。自信のない表現や漢字は使わない。

さらにくわしい作文の書き方・作文例はこちら！→https://kyoei-syuppan.net/mobile/files/sakupo.html

《算　数》

1　(1) $1\frac{2}{15}$　(2)2023　(3)3049　(4)6　(5)1500　(6)6，$32\frac{8}{11}$　(7)900　(8)36　(9)2：3　(10)395.64

2　(1)43　(2)2　(3)18

3　(1)10　(2)8　(3)2

4　(1)辺ＤＣ　(2)4　(3)1296

5　(1)6　(2)3　(3)14

《社　会》

1　問１．②　問２．④　問３．③　問４．⑤　問５．④　問６．①　問７．②　問８．①
問９．④　問10．①　問11．④　問12．①　問13．②　問14．③　問15．④

2　問１．④　問２．③　問３．①，④　問４．③　問５．④　問６．④　問７．①　問８．④
問９．⑤　問10．②　問11．①　問12．①　問13．④　問14．①　問15．③

3　問１．(例文)使う側のメリットは，小銭などの現金を持ち歩く必要がないこと，デメリットは，不正使用される危険性があることなどがある。お店側のメリットは，キャッシュレス決済が進んだ外国人旅行者による消費の拡大がある。

問２．(例文)人間は創造力をもつ生き物である。人類は，これまで目的に応じてさまざまな道具をつくってきた。道具を使うためにさまざまな工夫をし，目的に応じてつくり変えていくことは，人間だけがもつ能力だからだ。

《理　科》

1　(1)記号…イ　理由…透明でないから　(2)イ　(3)Ａ．溶解度　Ｂ．飽和　(4)再結晶　(5)ア．薬包紙
イ．分銅　ウ．右　(6)26　(7)名前…ミョウバン　量…23.6

2　(1)ア．気孔　イ．二酸化炭素　ウ．蒸散　(2)エ　(3)青色　(4)黄色　(5)葉緑体　(6)ア　(7)イ　(8)オ

3　(1)ア．大きさ　イ．空気　(2)Ａ　(3)イ　(4)イ　(5)1.7　(6)704

4　(1)①，②，③　(2)オ　(3)ア．れき　イ．砂　ウ．泥　(4)深成岩　(5)ｉ．流紋岩　ⅱ．せん緑岩　(6)32

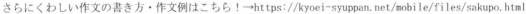

2023 解答例　令和5年度　ＡＩＣＪ中学校【本校入試２】

《国　語》

一　問一．［色／意味］　１．［青／オ］　２．［黒／ウ］　３．［赤／ア］　４．［黄色／エ］　５．［白／イ］
問二．１．〇　２．めし上がって〔別解〕おめし上がり　３．いらっしゃった　４．おっしゃった　５．差し上げた　問三．１．エ　２．イ

二　問一．a．織　b．預　c．育　d．不思議　e．訪　f．習慣　g．ただ　h．すべ　問二．驚いて目を見開いた。　問三．自分も結婚した当初にうまくいかず辛かったが、感情を書いて表現することで乗りこえたため、これから嫁ぐシューインへその経験を伝え、応援したいという気持ち。　問四．自分の愛しい人たちにつながる物　問五．文字
問六．【本校入試１】《国　語》二問七の〈作文のポイント〉参照。

《算　数》

1　(1)$14\frac{5}{18}$　(2)2　(3)3000　(4)1.5　(5)12，13　(6)81　(7)111　(8)30　(9)6.28　(10)75.36

2　(1)6，5　(2)210　(3)40，20

3　(1)2：1　(2)7，42，30　(3)$1\frac{1}{3}$

4　(1)6　(2)37.42　(3)517.68

5　(1)16　(2)48　(3)20

《社　会》

1　問１．②，⑦　問２．③　問３．④　問４．④　問５．④　問６．①　問７．③　問８．③
問９．③　問10．④　問11．④　問12．①　問13．②　問14．④

2　問１．①　問２．③　問３．(1)②　(2)②　問４．(1)④　(2)①　(3)④　問５．①　問６．(1)②　(2)①
問７．(1)③　(2)④　問８．(1)③　(2)①　問９．②

3　問１．(例文)モンゴル帝国が東アジアからヨーロッパ東部までを征服したことで，内陸部を安全に移動することができるようになり，中国からいわゆる三大発明がヨーロッパにもたらされた。
問２．(例文)パンデミックを抑えるために行われたロックダウンが，人・モノの移動を制限し，連合体よりも国家を優先することが再認識されたから，ヨーロッパ連合や東南アジア諸国連合などの地域統合の崩壊が考えられる。

《理　科》

1　(1)①昇華　②凝固　③凝結　(2)体積…1.1倍　質量…1.0倍　(3)①固体　②固体／液体　③液体　④液体／気体　(4)0℃…融点　100℃…沸点　(5)140g　(6)175㎤　(7)ア．2490　イ．2010　ウ．78

2　(1)①ウ　②イ，エ　③ア　(2)④イ　⑤エ　⑥オ　⑦ウ　⑧ア　(3)エ，オ　(4)エ　(5)模様の数が，グループAはすべて奇数個，グループBはすべて偶数個であること。

3　(1)0.1秒　(2)ウ　(3)イ　(4)ア　(5)エ　(6)イ　(7)イ

4　(1)空気①　(2)55％　(3)500m　(4)B．15℃　C．5℃　D．30℃　(5)B．100％　C．100％　D．22％

2023 解説 ▶ ＡＩＣＪ中学校【本校入試１】

令和５年度

《2023　本校入試１　国語　解説》

一　**問二１**　「針小棒大《しんしょうぼうだい》」は、針のように小さいことを、棒のように大きく言いたてることから、小さいことをおおげさに言うこと。　**2**　「心機一転《しんきいってん》」は、何かをきっかけに、気持ちがすっかり変わること。　**3**　「言《ごん》語道断《ごどうだん》」は、あまりにひどくて言葉で言い表せない、とんでもないこと。もってのほか。　**4**　「前代未聞《ぜんだいみもん》」は、これまでに一度も聞いたことがない、非常にめずらしいこと。　**5**　「本末転倒《ほんまつてんとう》」は、根本的で大事なことと、ささいでつまらないことを取りちがえること。

問三１　「地団駄《じたんだ》を踏《ふ》む」は、くやしがったり怒《いか》ったりして、はげしく地面をふみならすこと。　**2**　「耳が肥《こ》える」は、音楽などを聞きこんで、味わう能力が豊かになること。　**3**　「たしなめる」は、よくない点に対しておだやかに注意をあたえること。　**4**　「息をのむ」は、おそれやおどろきなどで、思わず息を止めること。　**5**　「虫がいい」は、自分の都合ばかりを考えて、他の人のことなどはまったく考えないこと。自分勝手。

問四１　おおよその程度を表す「ばかり」。　**2**　さらに付け加えることを表す「まで」。　**3**　取り立てて強調することを表す「こそ」。　**4**　「夜《よ》を徹《てっ》する」は、徹夜《てつや》すること。　**5**　打ち消しの言葉(～ない)をともなって、それだけと限定し、それ以外のものを否定することを表す「しか」。

二　**問二**　――線部①の直前に「次の説明ポイントが来る前に」とあることに着目する。この直前で「僕《ぼく》」は、「右の前方、あそこを見て下さい」「ゴツゴツした岩山～昔の石膏《せっこう》の採掘場跡《さいくつじょうあと》です」「しばらくなだらかな丘《おか》が続きます～たいてい果樹園です～黒い屋根の建物は、果実酒の醸造《じょうぞう》所です」などと説明している。よって、これ以降も、説明ポイントが来たらすぐに説明できるように、オレンジジュースを全部飲んでしまったのだと考えられる。

問三　――線部②の直後に「運転手までが一緒《いっしょ》にうなずいた」とあるから、「ほお……」は運転手が言ったのだと分かる。運転手は続けて「勉強になるよ、坊《ぼ》っちゃん」と言っていることから、運転手も知らなかった話を「僕」が説明していたことにおどろき、感心しているのだと読みとれる。

問四　観光ガイドである「ママ」の代わりに、自分がガイドになったつもりで対応しているということ。［Ａ］の６行後で「僕」が「ガイドの代役だからです」と言っていることからぬき出す。

問五　人間でない「杖《つえ》」を、「大人しく横たわっていた」と人間の動作に見立てているので、イの「擬人《ぎじん》法」。

問六　――線部⑤の直前で「男」(題名屋)自身が言ったことについて、改めて「僕」にこう聞いている。「男」が言ったのは、「詩など必要としない人は大勢いるが、思い出を持たない人間はいない」ということ。直後の「同意を求めるように、男は僕の目を見やった」という様子にも着目する。

《2023　本校入試１　算数　解説》

1　**(1)**　与式$=\frac{1}{15}+(\frac{3}{5}+\frac{1}{2}\times\frac{2}{3})\div\frac{7}{8}=\frac{1}{15}+(\frac{3}{5}+\frac{1}{3})\times\frac{8}{7}=\frac{1}{15}+(\frac{9}{15}+\frac{5}{15})\times\frac{8}{7}=\frac{1}{15}+\frac{14}{15}\times\frac{8}{7}=\frac{1}{15}+\frac{16}{15}=\frac{17}{15}=1\frac{2}{15}$

(2)　与式$=(89+59-29)\times17=119\times17=2023$

(3)　十の位の数が４で切り捨てられて 3000 になる整数のうち最も大きい整数を考えればよいので，3049 である。

(4)　２チームの組み合わせの数に等しく，(A，B)(A，C)(A，D)(B，C)(B，D)(C，D)の６試合ある。

(5)　**【解き方】原価を 100 として，利益を求める。**

定価は $100\times(1+\frac{30}{100})=130$ だから，定価の 20%引きで売ると，売値が $130\times(1-\frac{20}{100})=104$ だから，利益は $104-100=4$ となる。これが 60 円にあたるから，原価は，$60\times\frac{100}{4}=1500$(円)である。

⑹　【解き方】長針は60分で360°進むので，1分ごとに360°÷60＝6°進む。短針は60分で360°÷12＝30°進むので，1分ごとに30°÷60＝$\frac{1}{2}$°進む。したがって，1分ごとに長針は短針より6°－$\frac{1}{2}$°＝$\frac{11}{2}$°多く進む。
時計が6時をさすとき，長針と短針が作る角度は，30°×6＝180°となる。この角度は1分間で$\frac{11}{2}$°小さく(または大きく)なるから，長針と短針がぴったり重なるのは，6時から180°÷$\frac{11}{2}$°＝$\frac{360}{11}$＝32$\frac{8}{11}$分後の，6時32$\frac{8}{11}$分である。

⑺　【解き方】食塩水の問題は，うでの長さを濃度《のうど》，おもりを食塩水の重さとしたてんびん図で考えて，うでの長さの比とおもりの重さの比がたがいに逆比になることを利用する。また，水は0％の食塩水として考える。
右のようなてんびん図がかける。水と8％の食塩水の量の比は，
ａ：ｂ＝6：(8－6)＝3：1の逆比の1：3となるので，加えた8％の食塩水の量は，300×3＝900(ｇ)

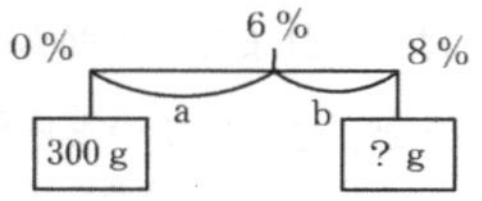

⑻　【解き方】角アを●と表す。ＡＢ＝ＡＣ，ＡＤ＝ＢＤ，ＢＤ＝ＢＣと，三角形の外角の性質から，右図のように記号をかける。
三角形ＡＢＣの内角について，●＋●●＋●●＝180°だから，●＝180°÷5＝36°
よって，角ア＝36°である。

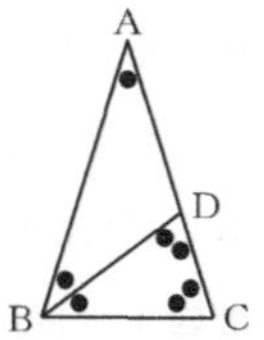

⑼　【解き方】右のように作図し，同じ形の三角形を利用する。
ＨＤとＢＣは平行で，ＡＥ＝ＢＥだから，三角形ＡＨＥと三角形ＢＣＥは合同である。よって，ＡＨ＝ＢＣで，ＡＦ＝$\frac{1}{2}$ＡＤ＝$\frac{1}{2}$ＢＣだから，ＦＨ＝ＡＨ＋ＡＦ＝ＢＣ＋$\frac{1}{2}$ＢＣ＝$\frac{3}{2}$ＢＣ
ＨＤとＢＣは平行だから，三角形ＢＧＣと三角形ＦＧＨは同じ形の三角形である。
よって，ＢＧ：ＧＦ＝ＢＣ：ＦＨ＝ＢＣ：$\frac{3}{2}$ＢＣ＝2：3

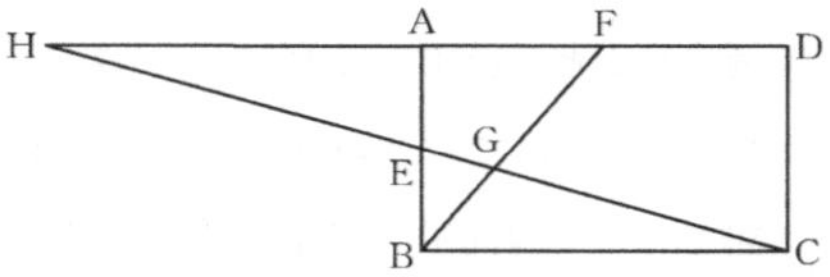

⑽　【解き方】できる立体は右図のようになる。
円柱の側面積は，(底面の円周の長さ)×(高さ)で求められることを利用する。
立体を上下から見ると，半径が3×2＝6(㎝)の円が見える。
底面の半径が6㎝，高さが3㎝の円柱の側面積は，6×2×3.14×3＝36×3.14(㎠)
底面の半径が3㎝，高さが3㎝の円柱の側面積は，3×2×3.14×3＝18×3.14(㎠)
よって，求める表面積は，(6×6×3.14)×2＋36×3.14＋18×3.14＝126×3.14＝395.64(㎠)

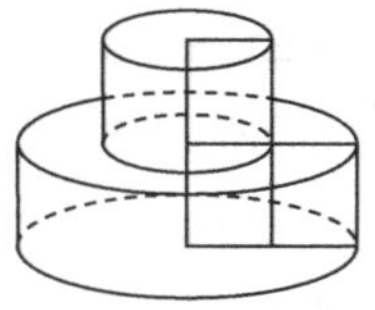

2　⑴　黄色のランプは3秒ごとに点灯するので，131÷3＝43余り2より，43回点灯した。

⑵　【解き方】3個のランプは，5と3と4の最小公倍数である60秒ごとに同時に点灯する。
131÷60＝2余り11より，3個のランプは同時に2回点灯した。

⑶　【解き方】どの2個のランプが同時に点灯したかで場合をわけて考える。また，3個のランプが同時に点灯した場合を除くことに気をつける。
青色と黄色が同時に点灯するのは，5と3の最小公倍数である15秒ごとだから，131÷15＝8余り11より8回同時に点灯し，そのうちの2回は3個のランプが同時に点灯したから，青色と黄色だけが同時に点灯するのは，8－2＝6(回)ある。
同様に考えると，3と4の最小公倍数は12だから，131÷12＝10余り11より，黄色と赤色だけが同時に点灯するのは，10－2＝8(回)である。5と4の最小公倍数は20だから，131÷20＝6余り11より，青色と赤色だけが同時に点灯するのは，6－2＝4(回)ある。
したがって，2個のランプだけが同時に点灯するのは，6＋8＋4＝18(回)ある。

3 (1) 取り出して混ぜた食塩水は５％の食塩水 100＋100＝200(ｇ)だから，ふくまれる食塩の量は，$200\times\frac{5}{100}=10$(ｇ)

(2) **【解き方】てんびん図を利用して考える。**

右のようなてんびん図がかける。食塩水の量の比は 100：100＝１：１なので，

ａ：ｂ＝１：１である。これより，ＡとＢの考えられる濃度の組み合わせは，

(Ａ，Ｂ)＝(１，９)(２，８)(３，７)(４，６)(６，４)(７，３)(８，２)(９，１)

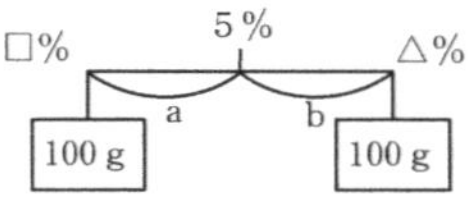

の８通りある(単位は%)。なお，問題文に「濃度の異なる食塩水Ａ，Ｂ」とあることから(５，５)はふくめないこと，「濃度は０より大きい整数」とあることから(０，10)(10，０)はふくめないことに注意する。

(3) **【解き方】ふくまれる食塩の量に注目する。**

水を蒸発させたあとの食塩水は，5.5%の食塩水(400－100)＋(300－100)－100＝400(ｇ)なので，ふくまれる食塩の量は，$400\times\frac{5.5}{100}=22$(ｇ)

よって，蒸発させる前は，Ａから 300ｇ，Ｂから 200ｇ取り出して，濃度が$\frac{22}{300+200}\times100=4.4$(%)となる。

このときのてんびん図は右のようになる。ＡとＢの食塩水の量の比は 300：200＝３：２だから，ｃ：ｄ＝２：３である。

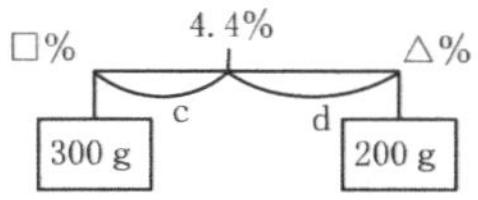

(2)のてんびん図を比べる。□%と△%の間を１とすると，$\frac{a}{a+b}=\frac{1}{1+1}=\frac{1}{2}$，

$\frac{c}{c+d}=\frac{2}{2+3}=\frac{2}{5}$だから，この差の$\frac{1}{2}-\frac{2}{5}=\frac{1}{10}$が５－4.4＝0.6(%)にあたる。

よって，１は 0.6×10＝６(%)にあたるから，$\frac{1}{2}$は$6\times\frac{1}{2}=3$(%)にあたる。

したがって，Ａの濃度は，５－３＝２(%)

4 (1) 向かい合う面の切り口は平行だから，辺ＡＢと平行な辺は，辺ＤＣである。

(2) **【解き方】ＡＢとＤＣは平行だから，右のように作図すると，三角形ＡＢＰと三角形ＤＣＱは合同になるとわかる。**

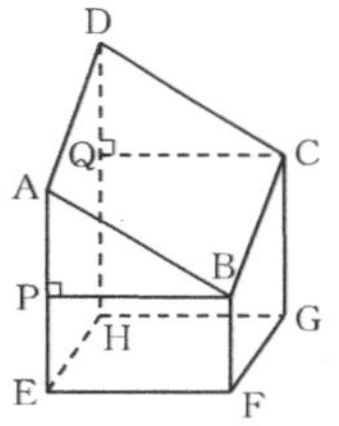

ＡＰ＝ＤＱ＝12－７＝５(cm)だから，ＢＦ＝ＡＥ－ＡＰ＝９－５＝４(cm)

(3) **【解き方】切ってできた立体と合同な三角形を２つあわせると，右図のようにもとの直方体ができる。**

この直方体の高さは９＋７＝12＋４＝16(cm)である。

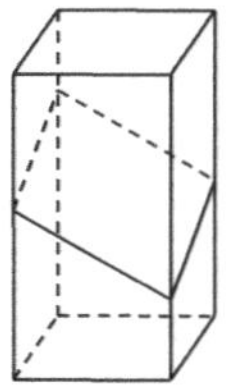

もとの直方体の体積は，９×９×16＝1296(cm³)

5 (1) **【解き方】Ａさんに分ける２個が決まれば，Ｂさんに分ける２個が１つに決まる。**

リンゴをａ，ミカンをｂ，モモをｃ，カキをｄと表す。

Ａさんに分ける２個の組み合わせは，(ａ，ｂ)(ａ，ｃ)(ａ，ｄ)(ｂ，ｃ)(ｂ，ｄ)(ｃ，ｄ)の６通りだから，２個ずつ分ける方法は６通りある。

(2) 例えば，(1)でＡさんが(ａ，ｂ)のとき，Ｂさんは(ｃ，ｄ)となる。また，Ａさんが(ｃ，ｄ)のとき，Ｂさんは(ａ，ｂ)となる。この２通りを同じものとして考える。このように考える，(1)で求めた６通りは，２回ずつ同じ組み合わせを数えていることになるので，分け方は全部で６÷２＝３(通り)ある。

(3) **【解き方】(1)をふまえ，Ａさんに分ける個数で場合を分けて考える。**

Ａさんに１個分けるとき，分け方はａかｂかｃかｄの４通りある。

Ａさんに２個分けるときの分け方は(1)より６通りある。

Ａさんに３個分けるときの分け方は，Ｃさんに１個分けるときの分け方と同じく４通りある。

よって，分け方は全部で４＋６＋４＝14(通り)ある。

《2023　本校入試１　社会　解説》

1　問１　②　　合計特殊出生率とは，一人の女性が一生の間に産む子どもの数に相当するものである。合計特殊出生率が２で人口は横ばい，２をこえると自然増，２を下回ると自然減となる。

問２　④　　長崎県の島原半島にある雲仙岳は，マグマのねばりけが強く，溶岩ドームを形成している。

問３　③　　プラントは生産設備を意味する。フードマイレージ…食材を運ぶときの(重さ)×(輸送距離)の値。モノカルチャー…特定の地下資源や農作物の生産に依存した経済状態。ハイブリッド…２種類の異なるものをかけあわせてできたもの。ハイブリッドカー・雑種犬など。

問４　⑤　　(日独伊三国同盟・1940年) →(真珠湾攻撃・1941年)→(ミッドウェー海戦・1942年)

問５　④　　①セオドア＝ローズベルト大統領が仲介したのはポーツマス条約だから誤り。②1854年に結んだ条約は日米和親条約だから誤り。③奴隷解放を宣言したのはリンカン大統領だから誤り。

問６　①　　東海道新幹線は，東京オリンピックに合わせて1964年に開通した。日韓基本条約の締結は1965年。所得倍増計画の発表は1960年，中華人民共和国の建国は1949年，サンフランシスコ平和条約の締結は1951年。

問７　②　　日本の河川は流れが急で長さは短く，海外の河川は流れが穏やかで長さは長いものが多い。

問８　①　　②愛知県・岐阜県・三重県にまたがる工業地帯は中京工業地帯だから誤り。③鯖江市は福井県にあるから誤り。④美濃市は岐阜県にあるから誤り。

問９　④　　内陸性の気候は，瀬戸内の気候と同様に１年を通じて雨が少ないから誤り。

問10　①　　②志賀潔は赤痢菌を発見した細菌学者だから誤り。③野口英世は黄熱病について研究した細菌学者だから誤り。ペスト菌を発見したのは北里柴三郎である。④夏目漱石は「こころ」「吾輩は猫である」などで知られる作家だから誤り。アドレナリンの抽出に初めて成功したのは高峰譲吉である。

問11　④　　①常任理事国が拒否権をもつのは国際連合だから誤り。国際連盟では全会一致を原則とした。②国際連盟の提唱者は，アメリカのウィルソン大統領だから誤り。③日本の国際連合加盟は，日ソ共同宣言に調印した1956年だから誤り。

問12　①　　②はインフレーション，③はトレーサビリティ，④はフードマイレージの説明である。

問13　②　　ノルマントン号事件(1886年)→日露戦争(1904年)→関東大震災(1923年)

問14　③　　水野忠邦は株仲間を解散したから誤り。株仲間の結成をすすめたのは田沼意次である。

問15　④　　この問題は消去法で考える。①千葉県にあるのは銚子港だから誤り。釧路漁港は北海道にある。②排他的経済水域は沿岸部から200海里以内としているから誤り。③日本の漁業人口は年々減少しているから誤り。

2　問１　④　　国連教育科学文化機関の略称である。ＩＬＯは国際労働機関，WHOは世界保健機関，WTOは世界貿易機関の略称である。

問３　①，④　　常任理事国は，アメリカ・イギリス・フランス・中国・ロシアの５か国で核保有国でもある。

問５　④　　ＩＯＣの本部はスイスのローザンヌ，ＩＬＯ・WHO・WTOの本部はスイスのジュネーブ，UNESCO(国連教育科学文化機関)本部はフランスのパリにある。

問６　④　　1917年にロシア革命が起きた。①はフランス，②はモンゴル，③はサウジアラビア。

問７　①　　普遍性…人権が，身分・性別・人種等に関係なく，広く保障されること。不可侵性…人権が公権力などに侵されないこと。固有性…人権が人間であれば当然もつ権利であること。②は不可侵性，③は固有性である。

問８　④　　日本国憲法に規定のない人権を新しい人権という。幸福追求権は，日本国憲法第13条で定義される。

問９　⑤　　南アフリカ共和国の人種隔離政策である。インティファーダは，パレスチナ解放運動のこと。

問12　①　一人一票とする平等選挙の原則，誰が誰に投票したかを明らかにする必要がない秘密選挙の原則，一定の年齢に達したすべての国民に選挙権が与えられる普通選挙の原則，有権者が候補者に対して直接投票する直接選挙の原則がある。

問13　④　ドント方式による議席配分は右表のようになる。

	A	B	C	D
得票数	840	600	360	200
得票数÷1	840①	600②	360④	200
得票数÷2	420③	300⑤	180	100
得票数÷3	280	200	120	67
獲得議席数	2	2	1	0

※丸番号は当選順位を意味する

問14　①　一般に自由権は「国家からの自由」を意味する。国家による自由は社会権，国家への自由は参政権が関連する。

問15　③　東ティモールのインドネシアからの独立運動が東ティモール紛争である。インドネシアではイスラム教，東ティモールではキリスト教(カトリック)が広く信仰されていることから考える。

3　**問1**　使う側のメリットには，決済がスムーズにできることなどもある。デメリットには災害時などに使用できないこと，使えないお店があることなどがある。お店側のメリットは，グラフを見ると，日本よりキャッシュレス決済が進んだ国が多いことから，海外からのインバウンドによる消費の拡大と結びつけるとよい。

問2　人間観には，「知恵がある」「創造できる」「遊ぶことができる」「悩むことができる」など，さまざまな考えがある。解答例では「創造」について述べてみた。

《2023　本校入試1　理科　解説》

1　(1)　水溶液《すいようえき》は透明《とうめい》である。牛乳は透明ではないので水溶液ではない。

(2)　食塩水，石灰水は固体，アルコール水，さく酸水は液体，炭酸水，塩酸，アンモニア水は気体が水に溶《と》けている。

(5)　上皿てんびんを使ってある重さの薬品をはかりとるときは，利きうで側の皿に少しずつ薬品をのせていく。

(6)　〔濃度《のうど》(%)$=\frac{\text{溶けているものの重さ(g)}}{\text{水溶液の重さ(g)}}\times100$〕より，$\frac{35}{100+35}\times100=25.9\cdots\to26$%となる。

(7)　20℃で水 100 g に溶ける重さの 35 g との差が最も大きいミョウバンが，最も多くの結晶《けっしょう》が出てくる。出てくる結晶の重さは 35−11.4=23.6(g)である。

2　(1)　光合成では，根から吸い上げた水と気こう(ア)からとりこんだ二酸化炭素(イ)を材料に，でんぷんと酸素を作る。また根から吸い上げた水が気こうから水蒸気の形で出ていく現象を蒸散という。蒸散によって，根からの水の吸い上げが盛んになる。

(2)　この気体の粒は光合成によってできた酸素である。

(3)　Aでは，オオカナダモに日光が当たるので，オオカナダモが呼吸よりも光合成を盛んにして，二酸化炭素が減る。このため，BTB溶液の色が青色になる。

(4)　Bでは，オオカナダモに日光が当たらないので，オオカナダモは光合成を行わず，呼吸のみを行って，二酸化炭素が増える。このため，BTB溶液の色が黄色になる。

(6)　アオミドロが光合成を行って酸素を出したと考えられる。よって，酸素が多いところに集まるバクテリアである。

(7)　アオミドロが緑色をしているのは，緑色の光を反射しているからである。よって，アオミドロは緑色の光を吸収しないので，アオミドロに緑色の光を当てても光合成を行わず，酸素が発生しない。

(8)　ア，エ×…実験2より，このバクテリアはどの色の光にも集まらない。　イ×…実験2より，バクテリアが青色の光のときには集まったから，アオミドロは青色の光で光合成をしたと考えられる。　ウ×…アオミドロが緑色に見えるのは，緑色の光を反射するからである。

3　(2)　試験管に水が入っている量が多いほど，試験管がしん動しにくくなり，音が低くなる。よって，最も高い音が出るのはAである。

(3)　Bの音はしん動する回数が４回のCや３回のDよりも高いので，Bのしん動する回数は５回のアかイである。また，たたく強さが(弱)だから，しん動のはばは図２よりも小さくなる。よって，イが正答となる。

(4)　Aの音はしん動する回数が５回のBよりも高いので，しん動する回数が６回のイかウである。また，たたく強さが(中)だから，しん動のはばが図２と同じイである。

(5)　30℃での音の速さは 331＋0.6×30＝349(m/秒)である。光が空気中を伝わる速さは約 30 万km/秒で，音よりもはるかに速いので，光は花火が開いたと同時に目に届くと考えると，349×５＝1745(m)→1.7 kmとなる。

(6)　15℃での音の速さは 331×0.6×15＝340(m/秒)である。４秒後に音と船の合計で(340＋12)×４＝1408(m)進み，これが音を出した地点から岸壁までの往復の距離と等しいから，1408÷２＝704(m)となる。

4　(1)　マグマが冷え固まってできる岩石にはふつう化石が存在しない。

(2)　れき(直径２mm以上)，砂(直径 0.06 mm～２mm)，泥《どろ》(直径 0.06 mm以下)はつぶの大きさで区別する。

(3)　つぶが小さいほど，河口からはなれたところまで運ばれてたい積するので，アがれき，イが砂，ウが泥である。

(4)　マグマが地下深くでゆっくり冷えて固まると，大きな結晶《けっしょう》だけからなる深成岩ができる。一方，マグマが地表や地表付近で急に冷えて固まると，小さな結晶やガラス質からなる部分のところどころに大きな結晶が見られる火山岩ができる。

(6)　キ石とカクセン石が有色鉱物，斜長石が無色鉱物である。25 個の交点のうち有色鉱物と重なる点は８個だから，８÷25×100＝32(%)となる。

《2023　本校入試２　国語　解説》

一 **問二１**　謙譲語《けんじょうご》「うかがう」を用いているので正しい。謙譲語は、自分または自分の側にあるものについてへりくだった表現をするもの。　**２**　「食べる」の尊敬語を用いる。「いただく」は謙譲語。　**３**　――線部は、「いらっしゃる」という尊敬語に「なさる」という尊敬の表現を付けている。同じ種類の敬語を重ねて使っているので誤り。　**４**　「言う」の尊敬語を用いる。「申す」は謙譲語。　**５**　「あたえる」「やる」の謙譲語を用いる。「くださる」は、「あたえる」「くれる」の尊敬語。

問三１　「思い出される」と「しのばれる」の「れる」は、自然に動作が起こること(自発)を表すもの。アは受け身の意味を表すもの。イは尊敬の意味を表すもの。ウは、「登る」という動詞が、「～することができる」という可能の意味をふくんで、「登れる」という動詞になったものの一部。　**２**　「祖母の」は「家」を、「弟の」は「筆箱」を、くわしく説明している。アは、「妹」である「花子」というように、関係を表すもの。ウは、「わたしのもの」という意味を表すもの。エは、「父が書いた」と言いかえられるように、主語を表すもの。

二 **問三**　インシェンの手紙に書いてあったのは「辛《つら》いときは、書きましょう　苦しいときは、歌いましょう」ということ。このメッセージは、インシェン自身の経験にもとづいていて、結婚して知らない人たちと暮らし始めるシューインに対して、辛いことや苦しいことがあったらこうするといいよ、ということを伝えるもの。インシェンはかつて、嫁《とつ》いだ家で歌うことを止められ、大好きな歌を歌えなくなって辛い思いをした。そして、文字(女文字＝ニュウシュ)を与《あた》えられて、「湧《わ》きでるような辛い思いを夢中《むちゅう》で書いているうちに、胸が軽くなっていった～また歌が歌えるようになった」という経験をした。この話を結婚式の前にインシェンから聞いていたシューインは、インシェンからの手紙を読んで、そのメッセージの意味を受け止め、深く心に刻んだ。インシェンのやさしさと応援したい気持ちがシューインに伝わり、本文最後に「胸の底《そこ》がじわりとあたたかくなった」とある。

問四　――線部ｃの２～３行前で、実家からの荷物を受け取ったシューインの気持ちが「何はさておき三朝書《さんちょうしょ》だ。自分の愛《いと》しい人たちにつながる物がほしかった」と述べられている。

問五　［Ａ］に続けて、「女の人」が「辛いときは書きなさい。書いているうちに～」と言っているので、書くもの、すなわち「文字」が入る。この出来事について、シューインが「ユイシューさん(ニュウシュを作ったといわれる人)は、同じ苦しみを持っているインシェンさんに、文字を教えにきてくれたのではないでしょうか」と言い、そう思う理由を「ホ・ユイシューはすべての女性に文字を与えたからだ」と考えているのを参照。

《2023　本校入試２　算数　解説》

1 (1)　与式$=5\div(\frac{3}{4}-\frac{3}{10})+5\times(\frac{4}{5}-\frac{1}{6})=5\div(\frac{15}{20}-\frac{6}{20})+5\times(\frac{24}{30}-\frac{5}{30})=5\div\frac{9}{20}+5\times\frac{19}{30}=5\times\frac{20}{9}+\frac{19}{6}=\frac{100}{9}+\frac{19}{6}=\frac{200}{18}+\frac{57}{18}=\frac{257}{18}=14\frac{5}{18}$

(2)　与式より，$\frac{5}{8}\times\frac{2}{3}-\frac{1}{7}\times(\square-\frac{1}{4})=\frac{1}{6}$　$\frac{5}{12}-\frac{1}{7}\times(\square-\frac{1}{4})=\frac{1}{6}$　$\frac{1}{7}\times(\square-\frac{1}{4})=\frac{5}{12}-\frac{2}{12}$　$\square-\frac{1}{4}=\frac{3}{12}\div\frac{1}{7}$　$\square-\frac{1}{4}=\frac{1}{4}\times 7$　$\square=\frac{7}{4}+\frac{1}{4}=2$

(3)　時速 36 km＝秒速$\frac{36\times1000\times100}{60\times60}$cm＝秒速 1000 cmだから，３秒間進むと 1000×３＝3000(cm)進む。

(4)　地図上の１cmは実際には 50000 cm＝500ｍ＝0.5 kmを表すので，地図上の１cm²は実際には 0.5×0.5＝0.25(km²)を表す。よって，求める面積は，0.25×６＝1.5(km²)

(5)　1本目のプレゼントは，2月14日の7×(10－1)＝63(日前)である。
1月31日は2月14日の14日前，12月31日は2月14日の14＋31＝45(日前)だから，求める日にちは，12月31日の63－45＝18(日前)の，12月13日である。

(6)　**【解き方】100－(1から100までの整数のうち，3がふくまれる整数の個数)で求める。**
1から100までの整数のうち，一の位に3がふくまれる整数は，3，13，23，…，93の10個ある。十の位に3がふくまれる整数は，30から39までの10個ある。33は一の位にも十の位にも3がふくまれる整数だから，3がふくまれる整数の個数は，10＋10－1＝19(個)　　よって，求める個数は，100－19＝81(個)

(7)　1脚《きゃく》に座る人数を5－3＝2(人)増やすと，座ることができる人数が3＋(5－1)＋5×13＝72(人)増えるので，長いすは72÷2＝36(脚)で，子どもは3×36＋3＝111(人)いる。

(8)　**【解き方】「ベ」と「ギ」は必ず1回は出るので，残りの1文字について，場合をわけてできる文字が何通りあるかを考える。**
残りの1文字が「ベ」のとき，できる文字は「ベベギ」「ベギベ」「ギベベ」の3通りある。
残りの1文字が「ギ」のときも同様に3通りある。
残りの1文字が「テ」のとき，できる文字は「ベギテ」「ベテギ」「ギベテ」「ギテベ」「テベギ」「テギベ」の6通りある。残りの1文字が「ル」「ウ」「ス」のときも同様に6通りずつある。
よって，できる文字は全部で，3×2＋6×4＝30(通り)ある。

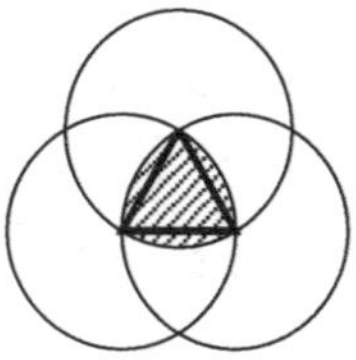

(9)　**【解き方】右のように線を引くと，太線の三角形は1辺が2cmの正三角形とわかる。**
斜線《しゃせん》部分の周の長さは，半径が2cmで中心角が60°のおうぎ形の曲線部分の長さ3つ分だから，$2\times2\times3.14\times\frac{60°}{360°}\times3=2\times3.14=6.28$(cm)

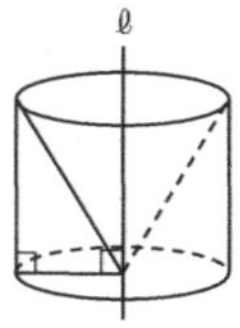

(10)　**【解き方】できる立体は右図のようになる。**
底面の半径が3cmで高さが4cmの円柱の体積から，底面の半径が3cmで高さが4cmの円すいの体積をひけばよいので，$3\times3\times3.14\times4-3\times3\times3.14\times4\div3=24\times3.14=75.36$(cm³)

2　**【解き方】各段の一番右にある数は，上から1段目が1，2段目が1＋2＝3，3段目が1＋2＋3＝6，4段目が1＋2＋3＋4＝10，…となる。**
(1)　一番右にある数は，上から5段目が15，6段目が15＋6＝21だから，20は上から6段目の左から20－15＝5(番目)にある。
(2)　**【解き方】1から始まる連続するN個の整数の和は，$\frac{N\times(1+N)}{2}$で求められる。**
上から19段目の一番右の数は$1+2+3+\cdots+19=\frac{19\times(1+19)}{2}=190$だから，上から20段目の左から20番目の数字は，190＋20＝210である。
(3)　(2)をふまえる。$\frac{39\times(1+39)}{2}=780$，$\frac{40\times(1+40)}{2}=820$より，上から39段目の一番右の数は780だから，800は上から40段目の左から800－780＝20(番目)にある。

3　(1)　Aくんと母親が同じ道のりを進むのにかかる時間の比は，速さの比である1：2の逆比の2：1である。

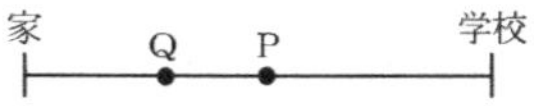

(2)　**【解き方】AくんがPお弁当を忘れたことに気づいた位置をP，Aくんと母親が出会った位置をQとすると，右図のようになる。(1)をふまえる。**
母親は7時30分＋10分＝7時40分に家を出て，家からQまでを7時45分－7時40分＝5分で進むから，A君は家からQまでを5×2＝10(分)で進む。
よって，Aくんは7時30分＋10分＝7時40分に初めてQに着き，QからPを往復するのに7時45分－7時40分＝

5分かかったので，QからPまでを5÷2＝2.5(分)，つまり，2分30秒で進む。

したがって，AくんがPに初めて着いたのは7時40分＋2分30秒＝7時42分30秒で，これが求める時間である。

(3)　(2)の図をふまえる。Aくんは7時40分に初めてQに着くので，速さを変えなければ，Qから学校までを8時－7時40分＝20分で進む。速さを変えてからは，Qから学校までを8時－7時45分＝15分で進むので，速さを変える前と後の速さの比は，同じ道のりを進むのにかかる時間の比である20：15＝4：3の逆比の3：4となる。よって，速さを変えた後は，もとの速さの$\frac{4}{3}=1\frac{1}{3}$(倍)である。

4　(1)　1辺が10㎝の正方形の面積は10×10＝100(㎠)なので，切り取った立体の底面積は，100－71.74＝28.26(㎠)よって，4等分する前の円柱の底面積は28.26×4＝113.04(㎠)で，113.04＝36×3.14＝6×6×3.14だから，切り取った立体の底面の半径は6㎝である。

(2)　底面について，右のように作図する。太線2本の長さはそれぞれ，10－6＝4(㎝)

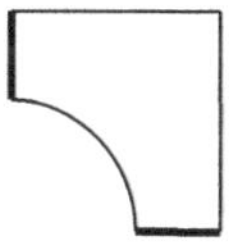

曲線部分の長さは，半径が6㎝の円周の$\frac{1}{4}$だから，$6\times2\times3.14\times\frac{1}{4}=9.42$(㎝)

よって，求める長さは，10×2＋4×2＋9.42＝37.42(㎝)

(3)　**【解き方】柱体の側面積は，(底面の周の長さ)×(高さ)で求められる。**

底面積は71.74㎠，側面積は37.42×10＝374.2(㎠)だから，表面積は，71.74×2＋374.2＝517.68(㎠)

5　(1)　十の位の数の選び方は，1～4までの4通りある。その4通りに対して，一の位の数の選び方が0～4までのうち十の位で選んだ数を除く4通りあるので，2桁《けた》の整数は4×4＝16(通り)ある。

(2)　(1)と同様に考える。百の位の数の選び方は1～4の4通り，十の位の数の選び方は0～4のうち百の位で選んだ数を除く4通り，一の位の数の選び方は0～4のうち百と十の位で選んだ数を除く3通りあるので，3桁の整数は全部で，4×4×3＝48(通り)ある。

(3)　**【解き方】3の倍数は，各位の数の和が3の倍数となる。**

0～4のカードについて，3枚のカードに書かれた数の和が3の倍数となる組み合わせは，(0，1，2)(0，2，4)(1，2，3)(2，3，4)の4通りある。

(0，1，2)となる3桁の数は，102，120，201，210の4通りある。(0，2，4)も同様に4通りある。

(1，2，3)となる3桁の数は，123，132，213，231，312，321の6通りある。(2，3，4)も同様に6通りある。

よって，3桁の3の倍数は全部で，4×2＋6×2＝20(通り)ある。

《2023　本校入試2　社会　解説》

1　**問1**　②，⑦　　日本が占領下においたことのある大韓民国の合計特殊出生率は0.92と1.50を下回っている。日本の過疎地域(秋田・山形・島根など)より，地方中枢都市(宮城・広島・福岡)や首都圏(埼玉・神奈川・東京)の方が低い傾向にある。

問2　③　　『宋書』倭国伝に記載された倭の五王の記述である。『魏志』倭人伝には邪馬台国の女王卑弥呼の記述など，『後漢書』東夷伝には，倭の奴国の王が朝貢し金印を授かった記述など，『漢書』地理志には，日本には100あまりの小国があり，楽浪郡に使いをおくっていた記述などがある。

問3　④　　トラックファーミング…輸送園芸農業のこと。モータリゼーション…自動車産業の発達による，自動車を利用した社会のこと。デジタルトランスフォーメーション…デジタル技術の活用により，人々の生活がより良くなること。

問4　④　　最初のアジア・アフリカ会議は，インドネシアのバンドンで開かれた。

問5　④　　オランダは日本と同様に西側諸国の一員である。

問6　①　　トランプ大統領は共和党，バイデン大統領は民主党に所属している。

問7　③　　①独立当時は 13 州であったから誤り。②ペリーが来日したのは浦賀だから誤り。④米軍基地の敷設，使用を認めたのは日米安全保障条約だから誤り。

問8　③　　フィジーは，オーストラリア大陸の北東のメラネシアに位置する。

問9　③　　ぶどうは山梨県，パイナップルは沖縄県，キウイフルーツは愛媛県で生産がさかんである。

問10　④　　御成敗式目を制定したのは，北条義時の息子の北条泰時である。

問11　④　　足利尊氏に敗れて南朝を開いたのは，後鳥羽上皇ではなく後醍醐天皇である。

問12　①　　ある製品とは鉄鋼で，図２は製鉄所の分布を示している。

問13　②　　Sustainable＝持続可能，Development＝開発

問14　④　　尖閣諸島は，魚釣島・北小島・南小島・大正島・沖ノ北岩・沖ノ南岩・久場島・飛瀬などから成る島々の総称で，200 人程度の日本人が住みついていたこともある。北方領土，竹島，尖閣諸島の問題については，相手国とその内容をある程度覚えておきたい。

2　問１　①　　今までに，緊急事態宣言やまん延防止等重点措置などが出されてきた。

問２　③　　スペイン風邪は現在のインフルエンザのことである。SARS は 2002 年に SARS コロナウィルスによって，北半球を中心に感染が拡大した。

問３(1)　②　　シリアやアフガニスタン出身の難民が多い。また，ロシアのウクライナ侵攻によって，ウクライナの難民の数も増加している。　(2)　②　　国連難民高等弁務官事務所の略称である。①は国連児童基金，③は世界保健機関，④は国連教育科学文化機関の略称である。

問４(1)　④　　2000 年と関連付けて考えればよい。　(2)　①　　「平和と公正をすべての人に」であればターゲットの 16 になる。②はターゲットの 12，③はターゲットの８，④はターゲットの 15 である。　(3)　④　　外食をするときには，食べられる量を注文して，食べ残しを出さないようにするのが望ましい。

問５　①　　日本は，2030 年までの 26%削減を義務づけ，2050 年までの 80%削減を努力義務としている。

問６(1)　②　　18 世紀半ばにイギリスで起こった。　(2)　①　　産業は，軽工業から重工業に移っていく。八幡製鉄所の操業とともに重工業が発達し，第一次世界大戦での好景気を受けて，製鉄・造船業が発達した。その後，機械工業だけでなく，合成繊維などをつくる石油化学工業が発達した。

問７(1)　③　　バイオマスを燃焼するときに発生する二酸化炭素は，成長途中に吸収した二酸化炭素だから，二酸化炭素の総量が増えているわけではないと考える。

問８(2)　①　　脱炭素社会に向けて，排出する二酸化炭素の量と吸収する二酸化炭素の量を同量にするカーボンニュートラルが目標とされている。

問９　②　　①中国で問題になったのは PM2.5 である。③酸性雨の問題は，ヨーロッパ北東部の方が深刻である。④ドイツでは，3L 以下のペットボトルに対してデポジット制度が導入された。

3　問１　解答例では，ユーラシア大陸内陸部の交通の安全が確保されたことで，移動が容易になったと判断した。

問２　解答例では，リージョナリズム(地域主義)より国家を優先することを関連付けた。

《2023　本校入試２　理科　解説》

1 (2)　体積は密度に反比例するので，体積は$\frac{1}{0.9}$＝1.11…→1.1 倍になる。状態変化によって質量は変化しない(1.0倍になる)。

(3)　水は０℃で固体から液体に変化し，100℃で液体から気体に変化する。０℃と 100℃で温度が一定になるのは，物質の状態を変化させるのに熱が使われるからである。②では固体(氷)と液体(水)，③では液体(水)と気体(水蒸気)が存在している。

(4)　物質が固体から液体に変化する温度を融点《ゆうてん》，液体が沸《ふっ》とうして気体に変化する温度を沸点という。

(5)　この物体がすべて油中に入っているとすると，0.8×200＝160(ｇ)分の浮力を受けるので，物体が 140ｇであることから，浮力は 140ｇである。

(6)　(5)より，この物体は 140ｇ分の浮力を受けているので，油に入っている物体の体積は 140÷0.8＝175(㎤)となる。

(7)　ア．図５より，気温が 10℃のとき１㎥あたりの空気の重さはおよそ 1245ｇだとわかる。よって，気球が押しのける空気の重さは 1245×2000＝2490000(ｇ)→2490 kgとなる。　イ．2490－480＝2010(kg)　ウ．2000 ㎥の重さが 2010 kgよりも軽くなればよいので，１㎥の重さが 2010÷2000＝1.005(kg)→1005ｇになる温度を調べる。グラフより，およそ 78℃である。

2 (1)　産卵場所を幼虫のえさと関連付けて考えるとわかりやすいこん虫もいる。モンシロチョウの幼虫(アオムシ)はアブラナ，キャベツなどの葉を食べ，アキアカネ(トンボ)の幼虫(ヤゴ)は水中の生物を食べ，カブトムシの幼虫は土の中でくさった葉を食べる。

(3)　表３より，ミツバチはレモンとマンゴーの匂《にお》いからえさがある方の部屋の色を選ぶことができていると言えるので，エ，オが正答となる。

(4)　表４より，ミツバチは砂糖水がある方の模様を選ぶことができていると言えるので，エが正答となる。

(5)　グループＡは模様の数がすべて奇数個，グループＢは模様の数がすべて偶数個である。アは模様の数が奇数個，イは偶数個だから，実験３でグループＡの模様の下に砂糖水がある実験をした後の実験５ではアの模様を選び，実験４でグループＢの模様の下に砂糖水がある実験をした後の実験６ではイの模様を選ぶ割合が大きいと考えられる。

3 (1)　①の 10 往復の時間は 4.0 秒だから，１往復の時間は 0.4 秒である。手をはなしてからおもりが初めて最も低い位置を通過するまでの時間は１往復の時間の$\frac{1}{4}$だから，0.4×$\frac{1}{4}$＝0.1(秒)となる。

(2)　①～④の結果などから，ふりこの長さが長くなるほど，10 往復の時間は長くなることがわかる。また，①と⑥や③と⑧の結果から，10 往復の時間はおもりをはなす高さによってほとんど変わらないことがわかる。①と③より，ふりこの長さを４倍(＝２×２倍)にすると，10 往復の時間がほぼ２倍になることがわかるので，①と⑤では，ふりこの長さを９倍(＝３×３倍)にすると，10 往復の時間がほぼ３倍になると考えられる。よって，4.0×３＝12.0(秒)より，ウが正答となる。

(3)　(2)解説より，②と⑦の 10 往復の時間はほぼ同じだと考えられるので，イが正答となる。

(4)　(2)解説より，ふりこが 10 往復する時間に影響するのはふりこの長さであり，おもりをはなす高さではないことがわかる。また，①と⑨，②と⑩の結果などから，おもりの重さがちがっても，ふりこの長さが同じならば 10 往復の時間はほぼ同じになることがわかるので，ふりこが 10 往復する時間におもりの重さは影響しない。

(5)　くぎを打っても，ふりこのおもりはアと同じ高さのエまで上がる。

(6)　10 往復の時間のうち５往復分のふりこの長さが 24 cm，５往復分のふりこの長さが 12 cmになると考えると，(7.9＋5.7)÷２＝6.8(秒)となる。

(7) (6)と同様に考える。10 往復の時間のうち５往復分のふりこの長さが 36 cm，５往復分のふりこの長さが 12 cmになると考えると，(9.8＋5.7)÷２＝7.75(秒)となる。

4 (1) 問題文にある湿度《しつど》を求める式より，空気１ m^{3}中にふくまれている水蒸気の量が同じとき，湿度はその気温での空気１ m^{3}中にふくむことができる最大の水蒸気の量に反比例する。表より，気温が高いほどその気温での空気１ m^{3}中にふくむことができる最大の水蒸気の量が大きいことがわかるので，気温が高いほど湿度は低くなる。よって，湿度が高いのは 15℃の空気①である。

(2) 表より，25℃で空気１ m^{3}中にふくむことができる最大の水蒸気の量は 23.1 g だから，$\frac{12.8}{23.1}\times 100=55.4\cdots\rightarrow$ 55%となる。

(3) 表より，空気１ m^{3}中にふくむことができる最大の水蒸気の量が 12.8 g になるのは 15℃のときだから，気温が５℃下がると湿度が 100%になって雲ができ始める。よって，100×(15－10)＝500(m)となる。

(4) (3)解説より，Ｂ地点の気温は 15℃である。Ｂ地点からＣ地点まで標高が 2500－500＝2000(m)高くなるとき，雲ができていて 100mあたり 0.5℃変化するので，Ｃ地点の気温は $15-0.5\times\frac{2000}{100}=5$ (℃)となる。Ｃ地点からＤ地点まで標高が 2500m低くなるとき，100mあたり１℃変化するので，Ｄ地点の気温は $5+\frac{2500}{100}=30$(℃)となる。

(5) Ｂ地点からＣ地点までは雲ができているので，Ｂ地点とＣ地点の湿度は 100%である。Ｄ地点では空気１ m^{3}中にふくまれている水蒸気の量はＣ地点と同じで５℃での空気１ m^{3}中にふくむことができる最大の水蒸気の量の 6.8 g だから，Ｄ地点の湿度は$\frac{6.8}{30.4}\times 100=22.3\cdots\rightarrow$22%となる。

2022 解答例 令和４年度

ＡＩＣＪ中学校【本校１】

《国　語》

一　問一．１．大賞　２．対照　３．対象　４．会心　５．改心　問二．［漢字／意味］　１．［手／イ］　２．［鼻／ア］　３．［首／オ］　４．［身／エ］　５．［目／ウ］　問三．１．大同　２．一退　３．一短　４．一転　５．夢中　問四．１．なさる〔別解〕される　２．拝見する　３．○　４．いらっしゃる〔別解〕おいでになる／おこしになる／来られる　５．母

二　問一．エ　問二．Ａ．イ　Ｂ．ウ　問三．②あきらめて　⑥(自分の技量を超えていて)とてもかなわなかった　問四．２学期の期末テストで点数がさらに落ちるようなら将棋はやめると誓ったこと。　問五．中学生にな　問六．対局に負けること。　問七．焦ってもおかしくない状きょうなのに、自分には真似できない落ち着いた態度で将棋を指しているところ。

問八．

〈作文のポイント〉

・最初に自分の主張、立場を明確に決め、その内容に沿って書いていく。

・わかりやすい表現を心がける。自信のない表現や漢字は使わない。

さらにくわしい作文の書き方・作文例はこちら！→

https://kyoei-syuppan.net/mobile/files/sakupo.html

《算　数》

1　(1)3　(2)143　(3)24　(4)450　(5)121　(6)2.4　(7)281　(8)162　(9)4.56　(10)27

2　(1)25　(2)251　(3)89

3　(1)105　(2)80　(3)80000

4　(1)24　(2)7.2　(3)11.14

5　(1)12　(2)120　(3)720

《社　会》

1　問１．⑩　問２．④　問３．③　問４．④　問５．④　問６．③　問７．②　問８．④　問９．②　問10．⑭　問11．③　問12．③　問13．③　問14．③　問15．③

2　問１．②　問２．(1)④　(2)①　(3)②　問３．(1)③　(2)②　問４．(1)③　(2)④　(3)③　問５．①　問６．④　問７．③　問８．②　問９．④　問10．②

3　問１．東京オリンピックに向けて，高速道路や新幹線の整備が進み，地域間の移動時間が大幅に短縮された。高度経済成長をとげ，三種の神器と呼ばれる家庭電化製品が普及すると，人々の暮らしは快適で便利になっていった。問２．現在の世界は不平等だと考えます。世界には，性別や貧しさを理由に学校に通えない子どもたちが大勢いるからです。誰もが平等に，質の高い教育を受けられる環境を整えていくことが大事だと思います。

《理　科》

1　⑴①，②　⑵熱や光をともなわないため，燃焼とはいえない。　⑶イ　⑷酸素　⑸20　⑹40　⑺エ

2　⑴動脈　⑵静脈　⑶血液の逆流を防ぐ　⑷酸素…ア，ウ　二酸化炭素…イ，エ　⑸3076　⑹オ

3　⑴４：３　⑵170　⑶①Ａ　②Ｃ　⑷③40　④60　⑸40

4　⑴ア，ウ，エ　⑵ア．地球　イ．月　⑶上弦の月　⑷角度…7.2　長さ…46250

2022 解答例 令和4年度　ＡＩＣＪ中学校【本校２】

《国　語》

一　問一．１．供える　２．幼い　３．装う　４．補う　問二．１．赤　２．銀　３．青　４．白　５．黒　６．金　問三．１．エ　２．ウ　３．ア　問四．１．イ　２．エ　３．ア　４．カ　５．ウ

二　問一．②想像　③輸入　⑤由来　⑧単純　問二．A．ア　B．エ　C．ウ　D．イ　問三．姿も体系も異なる「かな」と「漢字」を切り替えて使う言葉。　問四．イ　問五．足場がない状態　問六．文明や技術の発展の行き詰まりを、やわらげたり是正したり　問七．日本語とい～なんです。　問八．２

問九．

〈作文のポイント〉

・最初に自分の主張、立場を明確に決め、その内容に沿って書いていく。

・わかりやすい表現を心がける。自信のない表現や漢字は使わない。

さらにくわしい作文の書き方・作文例はこちら！→

https://kyoei-syuppan.net/mobile/files/sakupo.html

《算　数》

1　(1)20　(2)$2\frac{1}{3}$　(3)40　(4)53　(5)3.75　(6)35　(7)1350　(8)150　(9)50.24　(10)6

2　(1)日　(2)水　(3)７，23

3　(1)29　(2)43，47　(3)$\frac{4}{2021}$

4　(1)え，お，か，き　(2)②　(3)右図

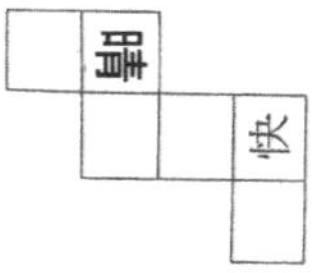

5　(1)720　(2)48　(3)72

《社　会》

1　問１．①　問２．⑤　問３．②　問４．③　問５．⑤　問６．②　問７．⑤　問８．④　問９．③　問10．①，⑦　問11．②　問12．②　問13．①　問14．③　問15．④

2　問１．④　問２．③　問３．②　問４．④　問５．④　問６．②　問７．②　問８．⑤　問９．④　問10．③　問11．④　問12．③　問13．①　問14．③　問15．④

3　問１．携帯電話やスマートフォンを使ってインターネットを利用する人が増えており，サイバー犯罪に巻き込まれる危険も増えている。情報モラルを身につけて，情報の正誤を判断することで，トラブルを未然に防いでいきたい。
問２．車両の走行速度や，道路の混雑状況を受信できる自転車があれば，便利になると考えます。スピードの出し過ぎによる交通事故を防止できるようになり，渋たいを避けて目的地まで向かえるようになるからです。

《理　科》

1 ⑴①燃焼　②上昇　⑵③燃えるもの〔別解〕可燃物　④酸素〔別解〕空気　⑶ア　⑷イ，エ　⑸イ，エ　⑹イ，ウ

2 ⑴ア，ウ，イ　⑵ウ，エ　⑶10　⑷A型／B型　⑸A型／B型／AB型　⑹B型／AB型　⑺BO

3 ⑴キ，ク　⑵ソケット　⑶ア　⑷b．$\frac{1}{2}$　d．2　f．$\frac{1}{2}$　j．$\frac{1}{3}$　⑸図5

4 ⑴A　⑵B　⑶北極星　⑷A　⑸ペガスス座　⑹ウ　⑺ア，エ　⑻イ，オ

2022 解説 ＡＩＣＪ中学校【本校１】

令和４年度

←解答例は前のページにありますので，そちらをご覧ください。

《2022　本校１　国語　解説》

一　問四１　「水やりをする」のは「社長」である。「社長」への敬意を表すために、「社長」の動作を表す言葉は尊敬語にする。　２　「絵を」見るのは「弟」である。「教授」への敬意を表すために、「弟」の動作を表す言葉はけんじょう語にする。「ご覧になる」は「見る」の尊敬語である。　３　「家に」いるのは「私」なので、「いる」を敬語表現にする。　４　「こちらに」来るのは「お客様」である。「お客様」への敬意を表すために、「お客様」の動作を表す言葉は尊敬語にする。「来る」の尊敬語は「いらっしゃる」である。　５　自分の身内の人物のことを言い表す場合は、「～さん」のような敬意を表す言葉を使わない。

二　問一　４～５行後に「プロの棋士《きし》になる以外に、国立大学の医学部に現役で合格した兄と肩を並べる方法はない。棋士になれば、兄に対して引け目を感じなくて済む」とある。これとエの内容が一致《いっち》する。

問二　祐也は研修会員である。前書きにあるように、研修会には、奨励《しょうれい》会に入ることを目指す少年少女が集まっている。このことから、技術では、祐也よりも奨励会員の方が上であることは明らかであり、祐也も対局前からそのことは分かっているはずである。空らんの次の行に「みんな、鬼《おに》のようだった」とあるように、奨励会員と対局した祐也は、技術よりも気持ちの面で圧倒《あっとう》されたと感じている。

問四　背水の陣《じん》を敷《し》くとは、後もどりできない状きょうをつくり、全力で挑《いど》むこと。ここでは、直前にあるように、「２学期の期末テストで点数がさらに落ちるようなら将棋《しょうぎ》はやめると～誓《ちか》った」ことを指している。

問五　あいかわらずとは、今までと同じようにという意味。――線部④に続く「授業中には将棋のことを考えてしまい、研修会での対局中に苦手な数学や理科のことが頭をよぎる」と同じ内容が書かれている段落を探せばよい。

問六　直前に、「研修会にくるのがこわかった。自信を失った状態で勝てるほど、研修会の将棋は甘くない」とある。つまり、悪い予感とは、今日の対局は勝てないということ。そして、この予感はあたり、「午前中の２局に連敗し」たのである。

問七　――線部⑦の後に、野崎君のおかれた厳しい状きょうが説明されている。その後に、「野崎君は祐也以上に焦《あせ》らなければならないはずなのに、いまもひとりで黙々《もくもく》と詰《つ》め将棋を解いている。その落ち着いた態度は、祐也がまねしたくても、まねようのないものだった」とある。こうした野崎君の様子に、祐也は感心しているのである。

問八　祐也がかかえている大きな問題点の一つは、「授業中には将棋のことを考えてしまい、研修会での対局中に」学校の勉強のことが頭をよぎるとあるように、将棋にも勉強にも集中できていないことである。「２学期の期末テストで点数がさらに落ちるようなら将棋はやめる」と誓った以上、学校では勉強に集中して期末テストに備え、それ以外の時間は将棋に集中できるようにメリハリをつけるべきである。また、祐也がプロ棋士になりたい理由が、「兄と肩を並べる」ためというのも気になるところである。

《2022　本校１　算数　解説》

1　(1)　与式$=10-5\times(\frac{3}{4}\div\frac{5}{8}+\frac{1}{2}\times\frac{2}{5})=10-5\times(\frac{3}{4}\times\frac{8}{5}+\frac{1}{5})=10-5\times(\frac{6}{5}+\frac{1}{5})=10-5\times\frac{7}{5}=10-7=3$

(2)　与式＝3003－2860＝143

(3)　１番目から順に走る人を決めていく。１番目に走る人の決め方は４通りある。２番目に走る人の決め方は，１番目に走る人を除く３通りある。同様に，３番目に走る人の決め方は２通り，４番目に走る人の決め方は１通り

(1～3番目に走る人を決めると4番目に走る人も決まる)だから，走る順番は全部で，４×３×２×１＝24(通り)

⑷　**【解き方】食塩水の問題は，うでの長さを濃度《のうど》，おもりを食塩水の重さとしたてんびん図で考えて，うでの長さの比とおもりの重さの比がたがいに逆比になることを利用する。**

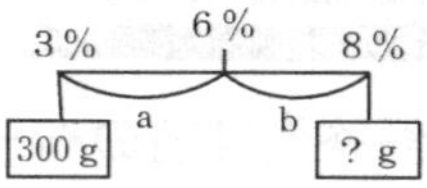

てんびん図で表すと右のようになる。ａ：ｂ＝(６－３)：(８－６)＝３：２より，３％と８％の食塩水の量の比は２：３だから，８％の食塩水は，$300\times\frac{3}{2}$＝450(ｇ)加えた。

⑸　**【解き方】できた正方形の１辺にタイルが何枚並ぶかを考える。**

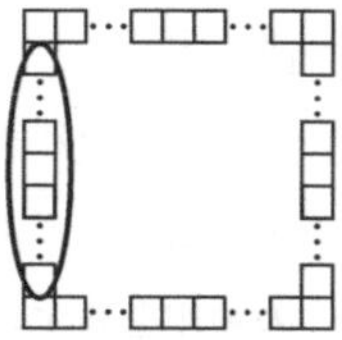

右図のようにできた正方形の周上について，角の４つの正方形を除くと 40－４＝36(枚)になるから，右図の○で囲まれた部分に並ぶタイルは 36÷４＝９(枚)である。よって，正方形の１辺にタイルが９＋２＝11(枚)並ぶから，しきつめたタイルは全部で，11×11＝121(枚)

⑹　**【解き方】同じ距離《きょり》を進むのにかかる時間の比は，速さの比の逆比に等しいことを利用する。**

行きと帰りでかかる時間の比は，４：６＝２：３の逆比の３：２となるから，行きにかかった時間は，$1\times\frac{3}{3+2}$＝0.6(時間)である。よって，家と学校の間の道のりは，４×0.6＝2.4(km)

⑺　**【解き方】５で割っても８で割っても１余る整数は，５と８の最小公倍数である 40 の倍数より１大きい数である。**

300÷40＝７余り 20 より，300 に近い 40 の倍数は 40×７＝280，280＋40＝320 がある。

よって，40 の倍数より１大きい数のうち，300 に最も近い数は 281 とわかるので，求める数は 281 である。

⑻　**【解き方】多角形の外角の和は 360°であることを利用する。**

正二十角形の１つの外角は 360°÷20＝18°だから，１つの内角は 180°－18°＝162°

⑼　**【解き方】右のように線をひき，かげをつけた部分を面積を変えずに移動する。**

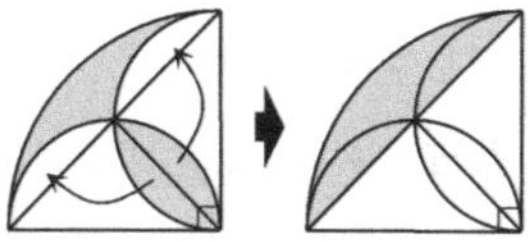

求める面積は，半径が４cmの円の面積の$\frac{1}{4}$から，直角を挟《はさ》む２辺が４cmの直角二等辺三角形の面積をひけばよいので，$4\times4\times3.14\times\frac{1}{4}-4\times4\div2$＝4.56(cm²)

⑽　**【解き方】切断面は右図の太線部分である。面ＡＢＣＤに平行で，Ｐ，Ｒを通る面をそれぞれ面㋐，面㋑とする。大きい方の立体はＡを含《ふく》む立体であり，その立体を面㋐で２つにわけて，上の方と下の方の体積をそれぞれ求める。**

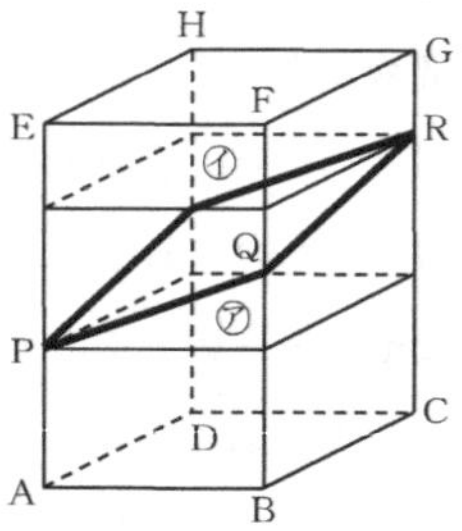

上の方の体積は，底面積が３×３＝９(cm²)，高さが４－２＝２(cm)の直方体の体積の半分だから，９×２÷２＝９(cm³)

下の方の体積は，底面積が９cm²，高さが２cmの直方体の体積だから，９×２＝18(cm³)

よって，求める体積は，９＋18＝27(cm³)

2　**【解き方】1，3，4｜7，9，10｜13，…と，3つずつで数字を区切り，左から1グループ目，2グループ目，…とする。各グループの同じ位置にある数は，グループの数が1大きくなるごとに数字が2＋1＋3＝6大きくなる。**

⑴　13÷３＝４余り１より，13 番目の数は，５グループ目の左から１番目の数だから，１グループ目の左から１番目の数より６×(５－１)＝24 大きい。よって，求める数は，１＋24＝25

⑵　**【解き方】各グループの数の和は，グループの数が１大きくなるごとに６＋６＋６＝18 大きくなる。**

16÷３＝５余り１より，16 番目の数は６グループ目の左から１番目の数である。

各グループの数の和は，１グループ目が１＋３＋４＝８，２グループ目が８＋18，３グループ目が８＋18＋18，４グループ目が８＋18＋18＋18，５グループ目が８＋18＋18＋18＋18 である。６グループ目の左から１番目の数は１＋６×(６－１)＝31 だから，求める数の和は，８×５＋18×(１＋２＋３＋４)＋31＝40＋180＋31＝251

⑶　177÷６＝29 余り３より，177 は３より６×29 だけ大きいから，29＋１＝30(グループ目)の左から２番目である。

29グループ目までに数字は3×29＝87(個)並ぶから，177は1番目の数から数えて87＋2＝89(番目)である。

3 (1) 求める枚数は，$3\times\frac{280}{8}=105$(枚)

(2) 求める本数は，$8\times\frac{30}{3}=80$(本)

(3) シャツを4410枚作るのに必要なペットボトルの本数は，$8\times\frac{4410}{3}=11760$(本)

回収できなかったペットボトルは地域に出荷されたペットボトルの100－85.3＝14.7(%)だから，

求める本数は，$11760\div\frac{14.7}{100}=80000$(本)

4 (1) 半円の半径は4÷2＝2(cm)なので，三角形ＥＢＣはＢＣ＝4cmを底辺とすると，高さが2＋10＝12(cm)となる。よって，三角形ＥＢＣの面積は，4×12÷2＝24(cm²)

(2) **【解き方】右の「1つの角を共有する三角形の面積」を利用して求める。**

三角形ＥＦＧの面積は，

(三角形ＥＢＣの面積)$\times\frac{\mathrm{EF}}{\mathrm{EB}}\times\frac{\mathrm{EG}}{\mathrm{EC}}=$

$24\times\frac{3}{3+2}\times\frac{1}{1+1}=7.2$(cm²)

1つの角を共有する三角形の面積

右図のように三角形ＰＱＲと三角形ＰＳＴが1つの角を共有するとき，三角形ＰＳＴの面積は，

(三角形ＰＱＲの面積)$\times\frac{\mathrm{PS}}{\mathrm{PQ}}\times\frac{\mathrm{PT}}{\mathrm{PR}}$

で求められる。

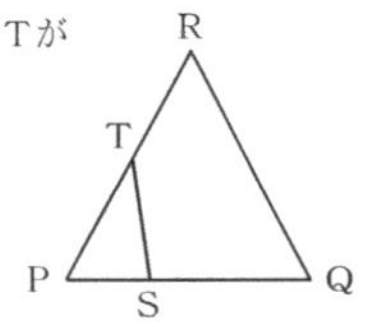

(3) **【解き方】図形の対称性より，右図のかげをつけた部分と太線で囲まれた部分は合同だから，かげをつけた部分の面積は，{(長方形ＡＢＣＤの面積)＋(ＡＤを直径とする半円の面積)－(三角形ＥＢＣの面積)}÷2で求められる。**

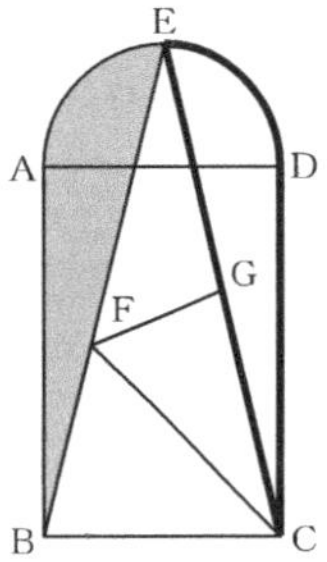

求める面積は，{(10×4)＋(2×2×3.14÷2)－24}÷2＝11.14(cm²)

5 (1) 乗車人数の選び方が2通り，車体の色の選び方が3通り，動力源の選び方が2通りあるから，1台を借りるときの選び方は全部で，2×3×2＝12(通り)

(2) 運転席をふくめた5か所の席をそれぞれＡ，Ｂ，Ｃ，Ｄ，Ｅとして，Ａから順に座る人を決める。Ａに座る人の選び方は家族の人数と同じく5通りある。Ｂに座る人の選び方は，家族5人のうちＡに座る人を除くので，4通りある。同様に，Ｃ，Ｄ，Ｅに座る人の選び方はそれぞれ3通り，2通り，1通りあるから，席の座り方は全部で，5×4×3×2×1＝120(通り)

(3) **【解き方】運転席には父か母が乗るので，残りの6席を4人で座るときの座り方が何通りあるかを考える。**

父が運転席に乗る場合，残りの6席を4人が座る。母，私，妹，弟の順で座る席を決めるとすると，母の座る席の選び方は6通り，私の席の選び方は母の選んだ席を除く5通りある。同様に，妹，弟の座る席の選び方はそれぞれ4通り，3通りあるから，父を除く4人の座り方は6×5×4×3＝360(通り)ある。同様に，母が運転席に座る場合の母を除く4人の座り方は360通りあるので，席の座り方は全部で，360＋360＝720(通り)

《2022　本校1　社会　解説》

1 **問1**　⑩が正しい。アはサウジアラビア，イはエジプト，エはイランで，すべてイスラム教を主に信仰している。

問2　奈良時代末期の和歌集だから，④を選ぶ。①は平安時代，②は歴史書，③は漢詩集。

問3　弥生時代(紀元前)の③が正しい。始皇帝は秦の初代皇帝で，戦国の世を統一した。①は古墳時代，②は弥生時代(1世紀)。④の幕府が成立したのは鎌倉時代・室町時代・江戸時代，中央集権が確立したのは飛鳥時代。

問4　24時間で約4万km動くので，時速は40000÷24＝1666.6…(km)になり，最も近い④を選ぶ。

問5　④が正しい。北里柴三郎はコレラの血清療法の発見でも知られる。①は日本で初めて人造肥料を製造した。

②は赤痢菌を発見した。③は『小説神髄《しんずい》』などを書いた。

問6　③が正しい。ガンジス川のほとりにはヒンドゥー教の巡礼地があり，川の水はすべての罪を洗い清める力を持っていると信じられている。①はパキスタン，②は東南アジア諸国，④はタイを流れる。

問7　②日本では，近年，労働力が豊富で賃金の安い東南アジアの国々に工場を移し，そこで生産された機械類を日本に輸入することが増えてきている。

問8　④源氏の将軍が３代(源頼朝・頼家・実朝)で途絶えた後も御家人と将軍の主従関係は続いていたが，将軍は名目的存在であり，将軍を補佐する執権についた北条氏が政治の実権をにぎった。

問9　島原・天草一揆が起こった長崎県は，砂州によって陸と繋がった島が多いので，③を選ぶ。①は火山の中心部にできた円形のくぼ地。②は複雑に入り組んだ海岸線。④は石灰岩などが流水の侵食によってできる。

問 10　⑭温暖で降水量が少ないから，瀬戸内の気候である。瀬戸内地方では，夏の南東季節風や冬の北西季節風が，四国山地や中国山地を越える前に大雨や大雪をもたらし，山地を越えた後には乾いた風となるため，１年を通して降水量が少ない。南西諸島の気候は温暖だが，夏の降水量が多い。日本海側の気候は冬の降水量，太平洋側の気候は夏の降水量が多い。レモンは，尾道市や呉市などの瀬戸内海沿岸部の都市で生産が盛んである。

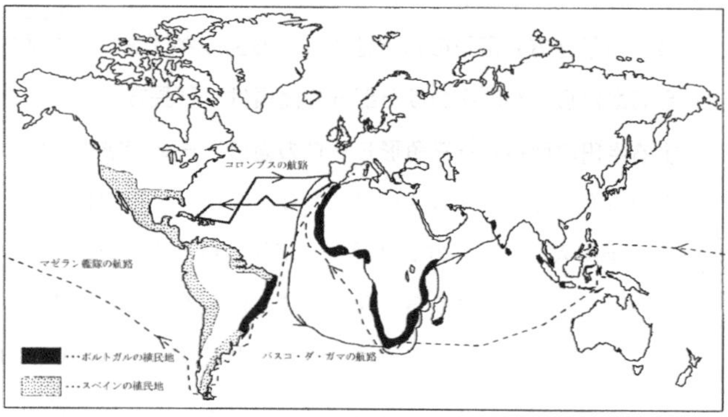

問11　③西インド諸島は南北アメリカ大陸の間のウである。コロンブスがインドに到着したとかんちがいしたため「西インド諸島」となった。Bはオーストラリア，Cはフィリピン，Dはニュージーランド。

問12　③鎖国体制の完成後も，キリスト教を布教しないオランダとの貿易は長崎の出島で続けられ，江戸幕府はオランダ風説書で海外の貴重な情報を入手し，貿易を独占していた。

問 13　③が誤り。栄西は鎌倉時代の禅僧で，臨済宗の開祖である。

問 14　金剛峯寺は和歌山県高野山にあるので③を選ぶ。空海が真言宗を開いたことで知られる。①は京都府，②は宮崎県，④は三重県。

問 15　③を選ぶ。伊能忠敬は 10 年以上かけて全国を測量してまわり，「大日本沿海輿地全図」の作成に努めた。①は立憲改進党を結成した。②は江戸幕府８代将軍で享保の改革を行った。④は元大阪町奉行所の与力で，天保のききんに苦しむ人々を救うために乱を起こした。

2　問１　②が誤り。参政権には，選挙権の他に，被選挙権・最高裁判所裁判官の国民審査権・憲法改正の国民投票権・請願権なども含まれる。

		直接税	間接税
国税		所得税 法人税 相続税など	消費税 酒税 関税など
地方税	道府県税	道府県民税 自動車税など	地方消費税 など
	市町村税	固定資産税など	入湯税など

問２(1)　④が正しい(右表参照)。直接税は税金を納める人と実際に負担する人が同じ税，間接税は税金を納める人と実際に負担する人が違う税である。　(2)　①憲法改正の発議後，国民投票で有効投票の過半数の賛成を得られた場合，天皇によって公布される。　(3)　②すべての裁判所が違憲審査権をもち，最高裁判所が最終的な判断を下す。

問３(2)　②議院内閣制に基づき，衆議院で内閣不信任決議案が可決されると，内閣は総辞職するか，10 日以内に衆議院を解散しなければならない。

問４(1)　③が誤り。安全保障理事会の常任理事国はアメリカ・中国・イギリス・フランス・ロシア（ソビエト連邦）。大国一致の原則によって，常任理事国が１国でも反対すれば議案は否決される。　(2)　④が正しい。ＵＮＩＣＥＦ（国連児童基金）の本部はアメリカのニューヨークにある。ＷＨＯ（世界保健機関）とＷＴＯ（世界貿易機関）はスイスのジュネーヴ，ＩＭＦ（国際通貨基金）はアメリカのワシントンＤ．Ｃ．に本部がある。　(3)　③ＣＴＢＴは包括的核実験禁止条約の略称である。

問５　①が正しい。1948 年に採択された世界人権宣言に法的拘束力を持たせたものが，1966 年に採択された国際人権規約である。②は 1948 年，③は 1965 年，④は 1989 年に採択された。

問６　④が誤り。「政令」ではなく「条例」である。政令の制定は内閣の持つ権限である。

問７　③飛脚は馬と駆け足を手段とした。

問８　②少子高齢化が進み，胴上げ型（多人数：１）→騎馬戦型（少人数：１）→肩車型（１：１）の社会へと変化している。

問９　④が誤り。インターネットには間違った情報が含まれていることもあるので，必要な情報を取捨選択して活用するメディアリテラシーの能力が必要である。

問 10　②が正しい。できるだけ障壁となるものを取りのぞこうとする考え方の「バリアフリー」と，障害の有無に関わらず，全ての人が普通に生活できる社会を築こうとする考え方の「ノーマライゼーション」の違いをおさえる。

3 問１　高度経済成長期は 1950 年代後半～1973 年であり，1964 年の東京オリンピックに合わせて東海道新幹線や首都高速道路が開通した。人々の収入が増えて三種の神器（白黒テレビ・冷蔵庫・電気洗濯機）が普及すると，大量生産・大量消費の社会になっていった。

問２　格差が生まれやすい経済や性別などに着目しよう。現在は 17 の目標の「ＳＤＧｓ（持続可能な開発目標）」が掲げられ，環境・経済・人間社会のバランスがとれた社会を取り戻し継続していくことが世界中で目指されている。貧困をなくすための取り組みとして，貧困の連鎖を断ち切るフェアトレードなどが進められていることも覚えておこう。解答例の他に「男性は外で働く役割，女性は家のことをする役割」などの先入観を理由に，ジェンダーの不平等を取り上げてもよい。

《2022　本校１　理科　解説》

1 (1)　①ガス調節ねじ，空気調節ねじが閉じていることを確かめる。　②元せん，コックの順に開ける。

(2)　銅を加熱すると，赤くなりながら酸化するが，あまり熱や光を出さない。

(3)　鉄が酸化すると酸化鉄という別の物質に変化する。酸化鉄は金属の鉄とは異なる性質をもち，金属特有の性質（みがくとつやが出る／たたくと広がる／引っぱるとのびる／電流を流しやすい／熱が伝わりやすい）や鉄の性質（磁石につく）をもたない。よって，イが正答である。

(4)　酸化銅は銅と酸素が結びついたものである。

(5)　図より，0.8ｇの銅から 1.0ｇの酸化銅ができることがわかるので，25ｇの酸化銅を得るためには，$0.8\times\frac{25}{1.0}=20$（ｇ）の銅が必要である。

(6)　図より，気体 $1.0-0.8=0.2$（ｇ）と過不足なく反応する銅は 0.8ｇだとわかるので，気体 10ｇと過不足なく反応する銅は $0.8\times\frac{10}{0.2}=40$（ｇ）となる。

(7)　アではアンモニア，イでは水素，ウでは二酸化炭素，エでは酸素が発生する。

2 (1)(2)　心臓から出ていく血液が流れる血管を動脈，心臓へ戻る血液が流れる血管を静脈という。

(3)　静脈を流れる血液は流れが弱いので，静脈には逆流を防ぐための弁がついている。

(4) 血液はエ(大静脈)→右心房→右心室→イ(肺動脈)→肺→ウ(肺静脈)→左心房→左心室→ア(大動脈)の順に流れる。血液中の気体の交換は肺で行われるので，肺静脈と大動脈は酸素を多くふくむ血液が，肺動脈と大静脈は二酸化炭素を多くふくむ血液が流れている。

(5) 40 kg→40000 g より，$40000\times\frac{1}{13}$=3076.9…→3076 g となる。

(6) 安静時の血流量は最も少ないが，運動時の血流量はAに次いで多いので，オの骨格筋である。なお，Aは安静時，運動時ともに血流量が最も多いので肺である。

3 (1) 図1の75 gのおもりの重さでは，ゴムひもの伸びはAが20 cm，Bが15 cmになっているので，A：B＝20：15＝4：3となる。

(2) Cのおもりをつるしていないときの長さは45 cmで，100 gのおもりで10 cm伸びるので，62−45＝17(cm)伸びるときのおもりの重さは $100\times\frac{17}{10}$＝170(g)となる。

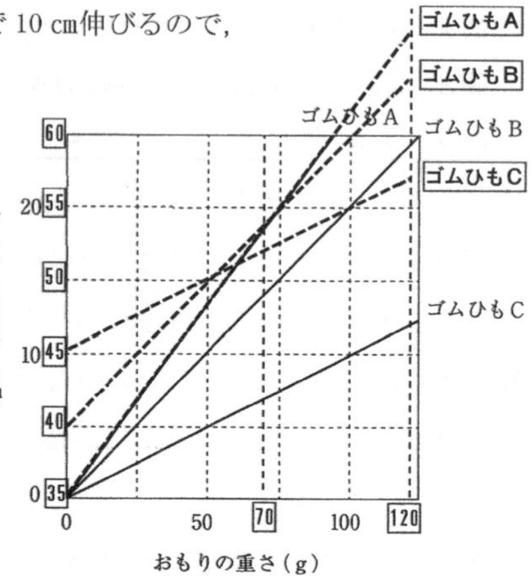

(3) グラフを使って考える。おもりをつるしていないときのゴムひもの長さはAが35 cm，Bが40 cm，Cが45 cmだから，Aのグラフの位置は変えずに，BとCのグラフを上に平行に移動して考える。①にかかる重さは50＋70＝120(g)，②にかかる重さは70 gだから，ゴムひもの長さが67 cmになる①はAであり，52 cmになる②はCである。なお，Aに120 gの重さがかかるとき，ゴムひもの伸びは $20\times\frac{120}{75}$＝32(cm)，ゴムひもの長さは35＋32＝67(cm)と求めることができ，Cに70 gの重さがかかるとき，ゴムひもの伸びは $5\times\frac{70}{50}$＝7(cm)，ゴムひもの長さは45＋7＝52(cm)と求めることができる。

(4) 図3ではAが51−35＝16(cm)伸びているので，④は $75\times\frac{16}{20}$＝60(g)である。また，Cは55−45＝10(cm)伸びているので，③と④の重さの和は100 gである。よって，③は100−60＝40(g)となる。

(5) Cを取り付ける点(支点)から棒の両端までの距離の比は棒の両端につるしたおもりの重さの逆比になるので，Cを取り付ける点は棒を40：60＝2：3に分ける。よって，$100\times\frac{2}{2+3}$＝40(cm)となる。

4 (1) イ×…月が満ち欠けするのは，月が地球の周りを回転していて，月，太陽，地球の位置関係が変わるからである。オ×…太陽が東から上って西に沈むのは，地球が自ら回転している(自転という)からである。

(2) 月食は，太陽，地球，月の順に一直線に並び，地球のかげが月にかかって，月が暗く見える現象である。なお，日食は，太陽，月，地球の順に一直線に並び，太陽が月によってかくされる現象である。

(3) 夕方南の空に見える月は，右側半分が光る上弦の月である。

(4) 太陽の光は平行だと考えることができるので，Aの角度は7.2度と等しい。また，地球の中心角が7.2度回転するとき，地球の周りを925 km移動するので，地球の周の長さは $925\times\frac{360}{7.2}$＝46250(km)となる。

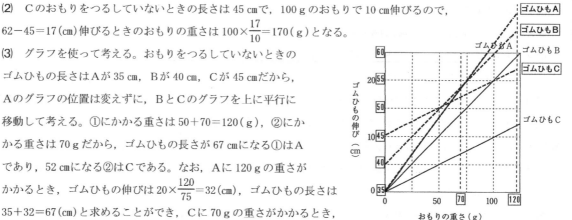

2022 解説 令和４年度 ＡＩＣＪ中学校【本校２】

←解答例は前のページにありますので，そちらをご覧ください。

《2022　本校２　国語　解説》

一　問三１　「お見えになられる」は二重敬語であり、不適切である。「お見えになる」であれば、適切である。

２　「先生の元へ」行ったのは「私」である。「先生」への敬意を表すために、「私」の動作を表す言葉はけんじょう語にする。「いらっしゃる」は、「行く」「来る」などの尊敬語である。　３　「上司にお菓子を」やったのは「父」である。「上司」への敬意を表すために、「父」の動作を表す言葉はけんじょう語にする。「くださる」は、「与《あた》える」「くれる」の尊敬語である。

二　問三　バイリンガルとは、英語とスペイン語というように、二カ国語を母語として話す人のことを言う。──線部①の後にあるように、日本語には「かな」と「漢字」があり、日本人はこれらを瞬時《しゅんじ》に切り替《か》えたり変換《へんかん》したりしながら読んだり話したりしている。日常的にこうした切り替えや変換を行う日本人は、二カ国語を母語として話す人以上にバイリンガルだと考えられなくもない。

問四　直後の一文に「実際、すでに社員全員に英語をしゃべらせている会社もあるくらいです」とある。この部分から、［ X ］には英語の使用を広げるような内容が入ることがわかる。よって、イが適する。

問五　１～２行後に「その言葉を奪《うば》われてしまうということは、足場がない状態とまったく同じ」とある。「その言葉を奪われてしまう」という部分は、──線部④の「母国語を失」うという部分と同じ内容を表している。

問六　直前の一文に、「日本独自の伝統なら、その行き詰《づ》まりをやわらげるか、是正《ぜせい》する力になるかもしれない」とある。──線部⑥はこれを受けている。

問七　同じ段落に「表現したい内容を強く限定して投げつけることが上手でない」とあり、この難点を長所としてとらえると、「日本語というのは限定しない代わりに～その広がりのまま捉《とら》えることが可能な言語」ということになる。

問八　【　２　】の前で、日本人は「かな」と「漢字」の切り替えや変換を日常的に行っていることが書かれている。こうした切り替えや変換は翻訳に似た作業なので、日常的に翻訳に似た作業を行っている日本人は、「そのぶん、翻訳は非常にうまい」というようにつながる。

《2022　本校２　算数　解説》

1　(1)　与式$=50-(2+4)\times 5=50-6\times 5=50-30=20$

(2)　与式$=\frac{3}{8}\times 4+\frac{5}{6}=\frac{3}{2}+\frac{5}{6}=\frac{9}{6}+\frac{5}{6}=\frac{14}{6}=\frac{7}{3}=2\frac{1}{3}$

(3)　与式より，$(\frac{1}{4}\times\square+2)\div 3=5-1$　$\frac{1}{4}\times\square+2=4\times 3$　$\frac{1}{4}\times\square=12-2$　$\square=10\div\frac{1}{4}=10\times 4=40$

(4)　**【解き方】１から100までの整数のうち，３または５で割り切れる数の個数を求め，それを100からひけば，３でも５でも割り切れない個数が求められる。**

１から100までの整数のうち，３で割り切れる数は100÷３＝33余り１より33個，５で割り切れる数は100÷５＝20(個)，３と５の最小公倍数である15で割り切れる数は100÷15＝６余り10より６個あるので，３または５で割り切れる数は33＋20－６＝47(個)ある。よって，３でも５でも割り切れない数は，100－47＝53(個)

(5)　**【解き方】ある道のりを３と５の最小公倍数である15㎞として，往復でかかる時間から，平均の速さを求める。**

行きは15÷３＝５(時間)，帰りは15÷５＝３(時間)かかるので，往復15×２＝30(㎞)を進むのにかかる時間は，

５＋３＝８(時間)である。よって，平均の速さは，時速(30÷８)km＝時速 3.75 km

２つの速さの平均から，時速{(３＋５)÷２}km＝時速４kmと求めるのは，よくある間違いなので気を付けよう。

(6)　長いす１つに対して座らせる人数を４－３＝１(人)増やすと，座れる人数が５＋４＋(４－３)＝10(人)増えるから，長いすは 10 個ある。よって，子どもの人数は，３×10＋５＝35(人)

(7)　**【解き方】おみやげを買ったあとの残りのお金→最初に持っていたお金，の順で求める。**

おみやげを買ったあとの残りのお金の 100－20＝80(%)が 700＋100＝800(円)にあたるので，おみやげを買ったあとの残りのお金は，$800\div\frac{80}{100}=1000$(円)

最初に持っていたお金の $1-\frac{1}{3}=\frac{2}{3}$ が 1000－100＝900(円)にあたるので，最初に持っていたお金は，$900\div\frac{2}{3}=1350$(円)

(8)　角ＡＢＥ＝90°－60°＝30°で，三角形ＢＡＥはＢＡ＝ＢＥの二等辺三角形だから，

角ＢＥＡ＝(180°－30°)÷２＝75°　　同様に，角ＣＥＤ＝75°　　角ア＝360°－75°－60°－75°＝150°

(9)　**【解き方】右のように作図すると，辺ＡＢが通った部分は，色付き部分で表される。色付き部分のうち，太線で囲まれた部分を矢印の向きに移動させて考える。**

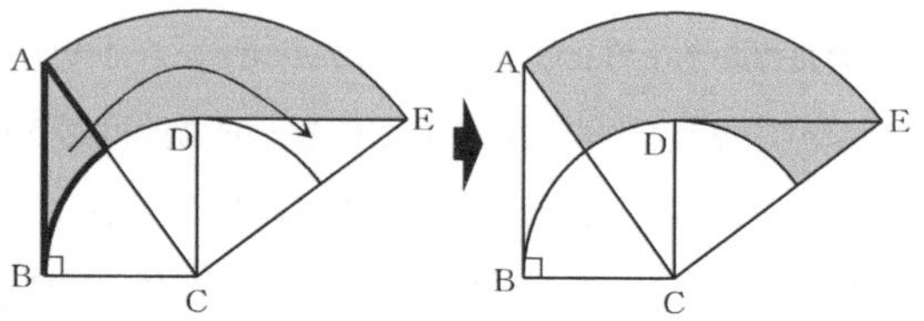

求める面積は，半径がＡＣ＝10 cm，中心角が 90°のおうぎ形の面積から，半径がＣＢ＝６cm，中心角が 90°のおうぎ形の面積をひけばよいので，

$10\times10\times3.14\times\frac{90°}{360°}-6\times6\times3.14\times\frac{90°}{360°}=(25-9)\times3.14=50.24$(cm²)

(10)　**【解き方】三角柱を，底面と垂直な３本の辺を通るように切断してできる立体の体積は，(底面積)×(底面と垂直な辺の長さの平均)で求めることができる。**

求める体積は，$(2\times3\div2)\times\frac{1+2+3}{3}=6$(cm³)

2　(1)　うるう年でない１年は 365 日あるから 12 月 31 日は１月１日の 365－１＝364(日後)である。１週間＝７日ごとに同じ曜日をくり返すので，364÷７＝52 より，12 月 31 日は１月１日の 52 週間後だから日曜日である。

(2)　３月１日は１月１日の 30＋28＋１＝59(日後)である。59÷７＝８余り３より，３月１日は１月１日の８週間と３日後だから，水曜日である。

(3)　１月１日が１回目の日曜日なので，30 回目の日曜日は１月１日の７×(30－１)＝203(日後)である。

203－30《1月》－28《2月》－31《3月》－30《4月》－31《5月》－30《6月》＝23(１月１日を除いて１月を 30 として計算)だから，30 回目の日曜日は，７月 23 日である。

3　(1)　素数を小さい順に並べると，２，３，５，７，11，13，17，19，23，29，…となるから，10 番目は 29 である。

(2)　**【解き方】まずは同じ数を２回かけることで 2000 をこえる数を見つけ，その前後の素数を考える。**

45×45＝2025，44×44＝1936 となるので，44，45 前後の素数を考えると，43 と 47 が見つかる。

43×47＝2021 であり，43 より前の素数は 41 で，41×43＝1763 だから，条件に合う２つの素数は 43 と 47 である。

(3)　**【解き方】$\frac{1}{43\times44}=\frac{44-43}{43\times44}=\frac{44}{43\times44}-\frac{43}{43\times44}=\frac{1}{43}-\frac{1}{44}$ と変形できる。$\frac{1}{44\times45}$，$\frac{1}{45\times46}$，$\frac{1}{46\times47}$ についても同様に変形することができる。**

与式＝$(\frac{1}{43}-\frac{1}{44})+(\frac{1}{44}-\frac{1}{45})+(\frac{1}{45}-\frac{1}{46})+(\frac{1}{46}-\frac{1}{47})=\frac{1}{43}-\frac{1}{47}=\frac{7-3}{43\times47}=\frac{4}{2021}$

4　(1)　４つの面がまっすぐに横に並んでいる場合は，その上下に１つずつ面があれば立方体をつくることができるので，残り１つの面になる可能性のある面は，え，お，か，きである。

(2)　**【解き方】立方体について，図ｉのように記号をおくと，図２の展開図での記号が図ⅱのようになる。**

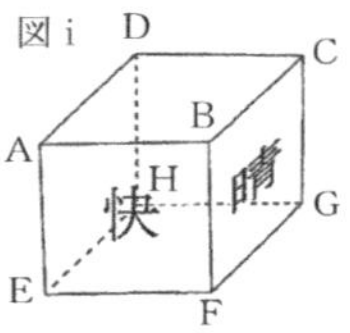

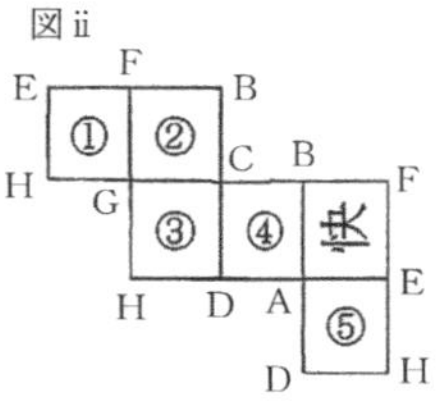

⑤の面は面ＡＤＨＥであり，図ｉより，面ＡＤＨＥに平行な面は面ＢＣＧＦだから，②の面である。

(3)　(2)の図ⅱより，晴の文字は②の面(面ＢＣＧＦ)に，辺ＦＧが下の辺となるような向きで書き入れる。

5　(1)　左から１番目に並ぶ文字の選び方は６通りある。左から２番目に並ぶ文字の選び方は，左から１番目に並ぶ文字を除く５通りある。同様に，左から３，４，５，６番目に並ぶ文字の選び方はそれぞれ，４通り，３通り，２通り，１通りあるから，並べ方は全部で，６×５×４×３×２×１＝720(通り)ある。

(2)　**【解き方】「あ〇〇〇〇イ」と並ぶ場合と「イ〇〇〇〇あ」と並ぶ場合がある。**

あとイの間の４文字の並び方は４×３×２×１＝24(通り)あるから，求める並べ方は，24×２＝48(通り)ある。

(3)　**【解き方】ひらがなを□，カタカナを■とすると，「□■□■□■」と並ぶ場合と「■□■□■□」と並ぶ場合がある。**

□の■の並び方はそれぞれ３×２×１＝６(通り)ずつあるから，「□■□■□■」，「■□■□■□」と並ぶ場合の並べ方はそれぞれ６×６＝36(通り)ずつある。よって，求める並べ方は，36×２＝72(通り)ある。

《2022　本校２　社会　解説》

1　**問１**　①福島正則は，関ケ原の戦いでの功績により広島城の城主となったが，江戸幕府に無断で城の石がきを修理したことが武家諸法度に違反したため，領地を没収された。

問２　⑤が正しい。　ｂ．三角州は，平野の河口付近に土砂が積もってできる。河岸段丘では河川の下流域に沿って階段状の地形が発達している。リアス海岸は複雑に入り組んだ海岸線をもつ地形である。　ｄ．波が穏やかな瀬戸内海ではカキ養殖に使われる筏《いかだ》が壊れにくく，川から流れてくるプランクトンが豊富なため，カキを養殖する環境に適している。

問３　②が正しい。　①訪日外国人観光客は，距離の近い中国の方が，距離の遠いアメリカ合衆国よりも多い。③韓国や香港からの訪日観光客は，距離の近い九州地方などを訪れる傾向がある。　④東京国際空港は 24 時間離発着ができる。

問４　17 世紀末は江戸時代の元禄期(元禄文化)にあたるから，③が正しい。①は室町時代，②は安土桃山時代。④の近松門左衛門は元禄期に活躍した人形浄瑠璃の脚本家で，『曽根崎心中』などを書いた。

問５　⑤関西国際空港に到着した時のホノルルの日付と時刻は，２月 20 日の 17：00。経度差 15 度で１時間の時差が生じるから，日本とホノルルの経度差が 135＋150＝285(度)で，時差は 285÷15＝19(時間)になる。日本はホノルルより時刻が進んでいるので，ホノルルの 19 時間後が日本の時刻となる。

問６　②が正しい。サマータイムを導入すると，照明用の電力の消費量を抑えることができる。　①東アジア諸国では採用していない。　③一律で夏に時間を早めるので，人の流れは分散されない。　④時差は，東西の経度差によって生じる。

問７　⑤が正しい。ゴルバチョフは，ソ連経済の立てなおしのため，アメリカとの協調とペレストロイカ政策を進めて民主化を支持したが，1991 年のソ連の解体とともに失脚した。ニューディール政策は，世界恐慌時のアメリカのルーズベルト大統領による経済政策。

問８　④が誤り。「第一次世界大戦後」ではなく「第二次世界大戦後」である。

問９　③が誤り。「ポツダム宣言」ではなく「ポーツマス条約」である。ポツダム宣言は日本に対して無条件降伏をうながすものだった。

問 10　①と⑦が正しい。2021 年時点の日本の自然遺産は，「知床」「白神山地」「小笠原諸島」「屋久島」「奄美大島，徳之島，沖縄島北部及び西表島」である。他はすべて文化遺産。

問 11　②イ．16 世紀末期→エ．1637 年→ウ．18 世紀初頭→ア．18 世紀後半

問 12　②が正しい。　①イワシ・アジ・サバは「遠洋漁業」ではなく「沖合漁業」で獲られる。　③「阿蘇山」ではなく「雲仙岳」である。阿蘇山は熊本県にある。　④ユニバーサルスタジオジャパンは大阪府にある。

問 13　①が正しい。横浜市は東京の衛星都市のため，昼夜間人口比率は大きく 100 を下回る。　②日本一企業が集まるのは東京都。　③資料Ｅより人口の増加は読み取れない。　④横浜市の昼間人口は 3650×0.917＝3347.05（千人）。

問 14　③が正しい。　①ペリー率いる黒船が来航したのは浦賀で，1854 年の日米和親条約では函館（箱館）・下田の２港，1858 年の日米修好通商条約では神奈川（横浜）・函館（箱館）・長崎・新潟・兵庫（神戸）の５港が開かれた。②輸送用機械産業が盛んで，輸出金額日本一は中京工業地帯である。　④神戸市の記述である。

問 15　大阪府は，香川県に次いで面積が小さいので農業産出額が少ない④と判断する。①は面積が広い山形県，②は出生率が高い沖縄県，③は製造品出荷額が高い愛知県。

2　問１　④日本国憲法は「基本的人権の尊重」を基本原則とし，自由権・平等権・社会権などを保障している。

問２　④国を統治するので，③を選ぶ。

問３　②多数決では賛成者の多数派の意見が採用されるため，少数派の不満を高め，分裂を引きおこす危険性がある。

問４　④「人民の，人民による，人民のための政治」は，南北戦争のさ中に，アメリカのリンカン大統領がゲティスバーグで行った演説の中で用いた。南北戦争は，奴隷制反対と保護貿易を求める北部と，奴隷制賛成と自由貿易を求める南部の戦いで，リンカン大統領率いる北部が勝利した。

問５　④が正しい。　ｅ．国会は「唯一の立法機関」であると日本国憲法で定められているので，国会以外の機関は法律を制定することができない。条例の制定は地方議会の持つ権限，政令の制定は内閣の持つ権限である。

ｆ．立法権を持つ「国会」，行政権を持つ「内閣」，司法権を持つ「裁判所」の三権を分散・独立させることで，権力の集中やらん用を防いでいる。

問７　②フランス人のモンテスキューが『法の精神』で三権分立を説いた。

問８　⑤のアメリカを選ぶ。1787 年制定のアメリカ合衆国憲法では，三権分立の原則や大統領制などが定められた。①はイギリス，②はフランス，③はドイツ，④はカナダ，⑥はメキシコ。

問９　法律によって国を治めているので，④を選ぶ。

問 10　③を選ぶ。第二次世界大戦でドイツが降伏した後，1945 年７月にベルリン郊外にあるポツダムでアメリカ・イギリス・ソ連が会談し，アメリカ・イギリス・中国が日本の無条件降伏を求めるポツダム宣言を発表した。

問 11　④連合国軍最高司令官総司令部（ＧＨＱ）は，東京都日比谷の第一生命ビルに設置された。

問 12　③のマッカーサーの言葉を選ぶ。太平洋戦争中にフィリピンを脱出する際に発せられた。①は幕末に日本を開国させたペリー，②はアパルトヘイトの廃止に尽力したネルソン・マンデラ，④はサンフランシスコ平和条約に調印した吉田茂の言葉。

問 13　①11 月３日は文化の日，５月３日は憲法記念日として祝日になっている。

問 14　③が誤り。日本国憲法は国民主権を基本原理としているため，天皇が統帥権を持つはずがない。陸海軍の統

帥権を規定したのは大日本帝国憲法である。

問 15　(p)は平和主義だから，④の日本国憲法第９条を選ぶ。①と③は国民主権，②は基本的人権の尊重に関連する。

3 **問１**　学校では情報モラル教育を導入して，情報を受け取る際にその正誤を判断して，トラブルに巻き込まれないような能力を身につけることなどを教えている。インターネット上では，ＳＮＳから個人情報が特定されたりする危険性があるので注意しよう。

問２　日常生活でよく使う物や，必ず身につけるような物とインターネットを結び付けて考えよう。例えば，「周囲で危険運転の自動車を感知すると振動で伝えてくれる」「災害発生時にハザードマップを表示して避難経路を教えてくれる」などの機能を持った腕時計なども考えられる。

《2022　本校２　理科　解説》

1 (1)　ものが光や熱を出して燃えることを燃焼という。

(2)　ものが燃えるには燃えるもの，空気(酸素)，燃える温度が必要である。これらのいずれか１つを取り除くと消火できる。

(3)　イは窒息《ちっそく》効果，ウは冷却《れいきゃく》効果，エは窒息効果である。

(4)　金属は電気をよく通すので，電気絶縁性《ぜつえんせい》がない。

(5)　酸素の濃度を低くするので窒息効果があり，炎から熱をうばい温度を下げるので冷却効果がある。

(6)　熱が物質に吸収されると，固体から液体または，液体から気体に変化する。イでは固体から液体に変化し，ウでは液体から気体に変化するので熱が物質に吸収されて起こる状態変化である。なお，アでは気体から液体(湯気)に変化する。

2 (1)　オタマジャクシはア(後ろ足が出る)→ウ(前足が出る)→イ(尾がなくなる)の順に成長してカエルになる。

(2)　カエルは両生類のなかまで，子(オタマジャクシ)はえらで呼吸し，親は肺と皮ふで呼吸する。同じ両生類のウは呼吸の方法が変わる。また，昆虫はふつう気門とよばれる穴から空気をとり入れて気管で呼吸するが，トンボの幼虫(ヤゴ)は水中でくらすので，この時期はえらで呼吸する。

図Ｉ

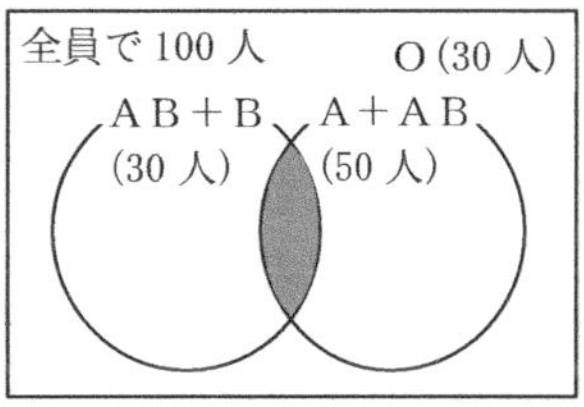

(3)　Ａ型の人に輸血できないＢ型とＡＢ型の合計が 30 人，Ｂ型の人に輸血できないＡ型とＡＢ型の合計が 50 人である。どの人にも輸血できるＯ型の人が 30 人いるので，残りのＡ型，Ｂ型，ＡＢ型を合わせると 100－30＝70(人)である。よって，ＡＢ型の人は 30＋50－70＝10(人)となる(図Ｉ)。

(4)

	Ｏ	Ｏ
Ａ	ＡＯ (Ａ型)	ＡＯ (Ａ型)
Ｂ	ＢＯ (Ｂ型)	ＢＯ (Ｂ型)

(5)

	Ａ	Ｂ
Ａ	ＡＡ (Ａ型)	ＡＢ (ＡＢ型)
Ｏ	ＡＯ (Ａ型)	ＢＯ (Ｂ型)

(4)，(5)　右のような表を作って考えてみよう。

(6)(7)　子供１の遺伝子の組み合わせはＯＯだから，父親の遺伝子の組み合わせはＡＯである。また，子供２の遺伝子の組み合わせはＢＯだから，イの母親の遺伝子の組み合わせはＢＯである。よって，アの母方の祖母の遺伝子の組み合わせはＢの遺伝子をもっているＡＢかＢＯかＢＢで，ＡＢ型かＢ型である。

3 (1)　豆電球のソケットから出る２本の導線のうち，一方は豆電球の側面(Ｂ)に，もう一方は豆電球の底面(Ｃ)につながっている。よって，キとクが正答である。

(3)　電流は電池の＋極から－極へ向かう向きに流れる。電池の記号の長い方が＋極である。

(4)　豆電球を流れる電流の大きさは，直列つなぎにした豆電球の数に反比例し，並列つなぎにした豆電球では１個のときと変わらない。また，豆電球を流れる電流の大きさは，直列つなぎにした電池の数に比例し，並列に電池をいくつつないでも変わらない。よって，電流の大きさはｂが$\frac{1}{2}$，ｄが２，ｆが$\frac{1}{2}$である。また，ｊを流れる電流はｈを流れる電流の半分で，ｈとｊの電流の和が１になるので，ｊを流れる電流は$\frac{1}{3}$である。

⑸　並列につないだ電池と直列につないだ豆電球の数が多いほど電池は長持ちするので，図５である。

4　⑴⑶　円ばんの中心となるＸは北極星である。北極星は北の空にあるので，Ａが北である。

⑵　星座早見では，観察したい方角を下にして持ち，真上にかざして見るので，南北に対する東西の方角が反対になっている。図のＡが北，Ｄが南だから，Ｂが西，Ｃが東である。

⑷　北の空を観察するときは北を下に向けて空にかざすので，Ａを下に向ける。

⑹　１か月前に同じ星座が同じ位置に見える時刻は２時間後である。つまり，２か月前に同じ位置にペガスス座が見えるのは２×２＝４(時間)後の19＋４＝23(時)である。

⑺　星座早見には，火星などの惑星《わくせい》や流れ星は描かれていない。

⑻　広島とほぼ同じ北緯の都市(ナポリ，北京)で観察できる。

■ ご使用にあたってのお願い・ご注意

（1）問題文等の非掲載

著作権上の都合により，問題文や図表などの一部を掲載できない場合があります。

誠に申し訳ございませんが，ご了承くださいますようお願いいたします。

（2）過去問における時事性

過去問題集は，学習指導要領の改訂や社会状況の変化，新たな発見などにより，現在とは異なる表記や解説になっている場合があります。過去問の特性上，出題当時のままで出版していますので，あらかじめご了承ください。

（3）配点

学校等から配点が公表されている場合は，記載しています。公表されていない場合は，記載していません。

独自の予想配点は，出題者の意図と異なる場合があり，お客様が学習するうえで誤った判断をしてしまう恐れがあるため記載していません。

（4）無断複製等の禁止

購入された個人のお客様が，ご家庭でご自身またはご家族の学習のためにコピーをすることは可能ですが，それ以外の目的でコピー，スキャン，転載（ブログ，ＳＮＳなどでの公開を含みます）などをすることは法律により禁止されています。学校や学習塾などで，児童生徒のためにコピーをして使用することも法律により禁止されています。

ご不明な点や，違法な疑いのある行為を確認された場合は，弊社までご連絡ください。

（5）けがに注意

この問題集は針を外して使用します。針を外すときは，けがをしないように注意してください。また，表紙カバーや問題用紙の端で手指を傷つけないように十分注意してください。

（6）正誤

制作には万全を期しておりますが，万が一誤りなどがございましたら，弊社までご連絡ください。

なお，誤りが判明した場合は，弊社ウェブサイトの「ご購入者様のページ」に掲載しておりますので，そちらもご確認ください。

■ お問い合わせ

解答例，解説，印刷，製本など，問題集発行におけるすべての責任は弊社にあります。

ご不明な点がございましたら，弊社ウェブサイトの「お問い合わせ」フォームよりご連絡ください。迅速に対応いたしますが，営業日の都合で回答に数日を要する場合があります。

ご入力いただいたメールアドレス宛に自動返信メールをお送りしています。自動返信メールが届かない場合は，「よくある質問」の「メールの問い合わせに対し返信がありません。」の項目をご確認ください。

また弊社営業日（平日）は，午前９時から午後５時まで，電話でのお問い合わせも受け付けています。

2025 春

株式会社教英出版

〒422-8054　静岡県静岡市駿河区南安倍３丁目 12-28

TEL　054-288-2131　　FAX　054-288-2133

URL　https://kyoei-syuppan.net/

MAIL　siteform@kyoei-syuppan.net

教英出版

教英出版 2025　26の1　ＡＩＣＪ中

教英出版　2025年春受験用　中学入試問題集

学校別問題集

✿はカラー問題対応

北海道

①[市立]札幌開成中等教育学校
②藤女子中学校
③北嶺中学校
④北星学園女子中学校
⑤札幌大谷中学校
⑥札幌光星中学校
⑦立命館慶祥中学校
⑧函館ラ・サール中学校

青森県

①[県立]三本木高等学校附属中学校

岩手県

①[県立]一関第一高等学校附属中学校

宮城県

①[県立]宮城県古川黎明中学校
②[県立]宮城県仙台二華中学校
③[市立]仙台青陵中等教育学校
④東北学院中学校
⑤仙台白百合学園中学校
⑥聖ウルスラ学院英智中学校
⑦宮城学院中学校
⑧秀光中学校
⑨古川学園中学校

秋田県

①[県立]
- 大館国際情報学院中学校
- 秋田南高等学校中等部
- 横手清陵学院中学校

山形県

①[県立]
- 東桜学館中学校
- 致道館中学校

福島県

①[県立]
- 会津学鳳中学校
- ふたば未来学園中学校

茨城県

①[県立]
- 日立第一高等学校附属中学校
- 太田第一高等学校附属中学校
- 水戸第一高等学校附属中学校
- 鉾田第一高等学校附属中学校
- 鹿島高等学校附属中学校
- 土浦第一高等学校附属中学校
- 竜ヶ崎第一高等学校附属中学校
- 下館第一高等学校附属中学校
- 下妻第一高等学校附属中学校
- 水海道第一高等学校附属中学校
- 勝田中等教育学校
- 並木中等教育学校
- 古河中等教育学校

栃木県

①[県立]
- 宇都宮東高等学校附属中学校
- 佐野高等学校附属中学校
- 矢板東高等学校附属中学校

群馬県

①
- [県立]中央中等教育学校
- [市立]四ツ葉学園中等教育学校
- [市立]太田中学校

埼玉県

①[県立]伊奈学園中学校
②[市立]浦和中学校
③[市立]大宮国際中等教育学校
④[市立]川口市立高等学校附属中学校

千葉県

①[県立]
- 千葉中学校
- 東葛飾中学校

②[市立]稲毛国際中等教育学校

東京都

①[国立]筑波大学附属駒場中学校
②[都立]白鷗高等学校附属中学校
③[都立]桜修館中等教育学校
④[都立]小石川中等教育学校
⑤[都立]両国高等学校附属中学校
⑥[都立]立川国際中等教育学校
⑦[都立]武蔵高等学校附属中学校
⑧[都立]大泉高等学校附属中学校
⑨[都立]富士高等学校附属中学校
⑩[都立]三鷹中等教育学校
⑪[都立]南多摩中等教育学校
⑫[区立]九段中等教育学校
⑬開成中学校
⑭麻布中学校
⑮桜蔭中学校
⑯女子学院中学校
✿⑰豊島岡女子学園中学校
⑱東京都市大学等々力中学校
⑲世田谷学園中学校
✿⑳広尾学園中学校(第2回)
✿㉑広尾学園中学校(医進・サイエンス回)
㉒渋谷教育学園渋谷中学校(第1回)
㉓渋谷教育学園渋谷中学校(第2回)
㉔東京農業大学第一高等学校中等部(2月1日 午後)
㉕東京農業大学第一高等学校中等部(2月2日 午後)

神奈川県

①[県立]相模原中等教育学校
平塚中等教育学校
②[市立]南高等学校附属中学校
③[市立]横浜サイエンスフロンティア高等学校附属中学校
④[市立]川崎高等学校附属中学校
✿⑤聖光学院中学校
✿⑥浅野中学校
⑦洗足学園中学校
⑧法政大学第二中学校
⑨逗子開成中学校(1次)
⑩逗子開成中学校(2·3次)
⑪神奈川大学附属中学校(第1回)
⑫神奈川大学附属中学校(第2·3回)
⑬栄光学園中学校
⑭フェリス女学院中学校

新潟県

①[県立]村上中等教育学校
柏崎翔洋中等教育学校
燕中等教育学校
津南中等教育学校
直江津中等教育学校
佐渡中等教育学校
②[市立]高志中等教育学校
③新潟第一中学校
④新潟明訓中学校

石川県

①[県立]金沢錦丘中学校
②星稜中学校

福井県

①[県立]高志中学校

山梨県

①山梨英和中学校
②山梨学院中学校
③駿台甲府中学校

長野県

①[県立]屋代高等学校附属中学校
諏訪清陵高等学校附属中学校
②[市立]長野中学校

岐阜県

①岐阜東中学校
②鶯谷中学校
③岐阜聖徳学園大学附属中学校

静岡県

①[国立]静岡大学教育学部附属中学校
(静岡·島田·浜松)
②[県立]清水南高等学校中等部
[県立]浜松西高等学校中等部
[市立]沼津高等学校中等部
③不二聖心女子学院中学校
④日本大学三島中学校
⑤加藤学園暁秀中学校
⑥星陵中学校
⑦東海大学付属静岡翔洋高等学校中等部
⑧静岡サレジオ中学校
⑨静岡英和女学院中学校
⑩静岡雙葉中学校
⑪静岡聖光学院中学校
⑫静岡学園中学校
⑬静岡大成中学校
⑭城南静岡中学校
⑮静岡北中学校
⑯常葉大学附属常葉中学校
常葉大学附属橘中学校
常葉大学附属菊川中学校
⑰藤枝明誠中学校
⑱浜松開誠館中学校
⑲静岡県西遠女子学園中学校
⑳浜松日体中学校
㉑浜松学芸中学校

愛知県

①[国立]愛知教育大学附属名古屋中学校
②愛知淑徳中学校
③名古屋経済大学市邨中学校
名古屋経済大学高蔵中学校
④金城学院中学校
⑤椙山女学園中学校
⑥東海中学校
⑦南山中学校男子部
⑧南山中学校女子部
⑨聖霊中学校
⑩滝中学校
⑪名古屋中学校
⑫大成中学校
⑬愛知中学校
⑭星城中学校
⑮名古屋葵大学中学校
(名古屋女子大学中学校)
⑯愛知工業大学名電中学校
⑰海陽中等教育学校(特別給費生)
⑱海陽中等教育学校(I·II)
⑲中部大学春日丘中学校
新刊⑳名古屋国際中学校

三重県

①[国立]三重大学教育学部附属中学校
②暁中学校
③海星中学校
④四日市メリノール学院中学校
⑤高田中学校
⑥セントヨゼフ女子学園中学校
⑦三重中学校
⑧皇學館中学校
⑨鈴鹿中等教育学校
⑩津田学園中学校

滋賀県

①[国立]滋賀大学教育学部附属中学校
②[県立]河瀬中学校
守山中学校
水口東中学校

京都府

①[国立]京都教育大学附属桃山中学校
②[府立]洛北高等学校附属中学校
③[府立]園部高等学校附属中学校
④[府立]福知山高等学校附属中学校
⑤[府立]南陽高等学校附属中学校
⑥[市立]西京高等学校附属中学校
⑦同志社中学校
⑧洛星中学校
⑨洛南高等学校附属中学校
⑩立命館中学校
⑪同志社国際中学校
⑫同志社女子中学校(前期日程)
⑬同志社女子中学校(後期日程)

大阪府

①[国立]大阪教育大学附属天王寺中学校
②[国立]大阪教育大学附属平野中学校
③[国立]大阪教育大学附属池田中学校

④[府立]富田林中学校
⑤[府立]咲くやこの花中学校
⑥[府立]水都国際中学校
⑦清風中学校
⑧高槻中学校（A日程）
⑨高槻中学校（B日程）
⑩明星中学校
⑪大阪女学院中学校
⑫大谷中学校
⑬四天王寺中学校
⑭帝塚山学院中学校
⑮大阪国際中学校
⑯大阪桐蔭中学校
⑰開明中学校
⑱関西大学第一中学校
⑲近畿大学附属中学校
⑳金蘭千里中学校
㉑金光八尾中学校
㉒清風南海中学校
㉓帝塚山学院泉ヶ丘中学校
㉔同志社香里中学校
㉕初芝立命館中学校
㉖関西大学中等部
㉗大阪星光学院中学校

兵庫県

①[国立]神戸大学附属中等教育学校
②[県立]兵庫県立大学附属中学校
③雲雀丘学園中学校
④関西学院中学部
⑤神戸女学院中学部
⑥甲陽学院中学校
⑦甲南中学校
⑧甲南女子中学校
⑨灘中学校
⑩親和中学校
⑪神戸海星女子学院中学校
⑫滝川中学校
⑬啓明学院中学校
⑭三田学園中学校
⑮淳心学院中学校
⑯仁川学院中学校
⑰六甲学院中学校
⑱須磨学園中学校（第1回入試）
⑲須磨学園中学校（第2回入試）
⑳須磨学園中学校（第3回入試）
㉑白陵中学校
㉒夙川中学校

奈良県

①[国立]奈良女子大学附属中等教育学校
②[国立]奈良教育大学附属中学校
③[県立]
　国際中学校
　青翔中学校
④[市立]一条高等学校附属中学校
⑤帝塚山中学校
⑥東大寺学園中学校
⑦奈良学園中学校
⑧西大和学園中学校

和歌山県

①[県立]
　古佐田丘中学校
　向陽中学校
　桐蔭中学校
　日高高等学校附属中学校
　田辺中学校
②智辯学園和歌山中学校
③近畿大学附属和歌山中学校
④開智中学校

岡山県

①[県立]岡山操山中学校
②[県立]倉敷天城中学校
③[県立]岡山大安寺中等教育学校
④[県立]津山中学校
⑤岡山中学校
⑥清心中学校
⑦岡山白陵中学校
⑧金光学園中学校
⑨就実中学校
⑩岡山理科大学附属中学校
⑪山陽学園中学校

広島県

①[国立]広島大学附属中学校
②[国立]広島大学附属福山中学校
③[県立]広島中学校
④[県立]三次中学校
⑤[県立]広島叡智学園中学校
⑥[市立]広島中等教育学校
⑦[市立]福山中学校
⑧広島学院中学校
⑨広島女学院中学校
⑩修道中学校
⑪崇徳中学校
⑫比治山女子中学校
⑬福山暁の星女子中学校
⑭安田女子中学校
⑮広島なぎさ中学校
⑯広島城北中学校
⑰近畿大学附属広島中学校福山校
⑱盈進中学校
⑲如水館中学校
⑳ノートルダム清心中学校
㉑銀河学院中学校
㉒近畿大学附属広島中学校東広島校
㉓AICJ中学校
㉔広島国際学院中学校
㉕広島修道大学ひろしま協創中学校

山口県

①[県立]
　下関中等教育学校
　高森みどり中学校
②野田学園中学校

徳島県

①[県立]
　富岡東中学校
　川島中学校
　城ノ内中等教育学校
②徳島文理中学校

香川県

①大手前丸亀中学校
②香川誠陵中学校

愛媛県

①[県立]
　今治東中等教育学校
　松山西中等教育学校
②愛光中学校
③済美平成中等教育学校
④新田青雲中等教育学校

高知県

①[県立]
　安芸中学校
　高知国際中学校
　中村中学校

福岡県

① [国立] 福岡教育大学附属中学校（福岡・小倉・久留米）

② [県立]
- 育徳館中学校
- 門司学園中学校
- 宗像中学校
- 嘉穂高等学校附属中学校
- 輝翔館中等教育学校

③西南学院中学校
④上智福岡中学校
⑤福岡女学院中学校
⑥福岡雙葉中学校
⑦照曜館中学校
⑧筑紫女学園中学校
⑨敬愛中学校
⑩久留米大学附設中学校
⑪飯塚日新館中学校
⑫明治学園中学校
⑬小倉日新館中学校
⑭久留米信愛中学校
⑮中村学園女子中学校
⑯福岡大学附属大濠中学校
⑰筑陽学園中学校
⑱九州国際大学付属中学校
⑲博多女子中学校
⑳東福岡自彊館中学校
㉑八女学院中学校

佐賀県

① [県立]
- 香楠中学校
- 致遠館中学校
- 唐津東中学校
- 武雄青陵中学校

②弘学館中学校
③東明館中学校
④佐賀清和中学校
⑤成穎中学校
⑥早稲田佐賀中学校

長崎県

① [県立]
- 長崎東中学校
- 佐世保北中学校
- 諫早高等学校附属中学校

②青雲中学校
③長崎南山中学校
④長崎日本大学中学校
⑤海星中学校

熊本県

① [県立]
- 玉名高等学校附属中学校
- 宇土中学校
- 八代中学校

②真和中学校
③九州学院中学校
④ルーテル学院中学校
⑤熊本信愛女学院中学校
⑥熊本マリスト学園中学校
⑦熊本学園大学付属中学校

大分県

① [県立] 大分豊府中学校
②岩田中学校

宮崎県

① [県立] 五ヶ瀬中等教育学校

② [県立]
- 宮崎西高等学校附属中学校
- 都城泉ヶ丘高等学校附属中学校

③宮崎日本大学中学校
④日向学院中学校
⑤宮崎第一中学校

鹿児島県

① [県立] 楠隼中学校
② [市立] 鹿児島玉龍中学校
③鹿児島修学館中学校
④ラ・サール中学校
⑤志學館中等部

沖縄県

① [県立]
- 与勝緑が丘中学校
- 開邦中学校
- 球陽中学校
- 名護高等学校附属桜中学校

もっと過去問シリーズ

北海道

北嶺中学校
7年分（算数・理科・社会）

静岡県

静岡大学教育学部附属中学校
（静岡・島田・浜松）
10年分（算数）

愛知県

愛知淑徳中学校
7年分（算数・理科・社会）
東海中学校
7年分（算数・理科・社会）
南山中学校男子部
7年分（算数・理科・社会）
南山中学校女子部
7年分（算数・理科・社会）
滝中学校
7年分（算数・理科・社会）
名古屋中学校
7年分（算数・理科・社会）

岡山県

岡山白陵中学校
7年分（算数・理科）

広島県

広島大学附属中学校
7年分（算数・理科・社会）
広島大学附属福山中学校
7年分（算数・理科・社会）
広島学院中学校
7年分（算数・理科・社会）
広島女学院中学校
7年分（算数・理科・社会）
修道中学校
7年分（算数・理科・社会）
ノートルダム清心中学校
7年分（算数・理科・社会）

愛媛県

愛光中学校
7年分（算数・理科・社会）

福岡県

福岡教育大学附属中学校
（福岡・小倉・久留米）
7年分（算数・理科・社会）
西南学院中学校
7年分（算数・理科・社会）
久留米大学附設中学校
7年分（算数・理科・社会）
福岡大学附属大濠中学校
7年分（算数・理科・社会）

佐賀県

早稲田佐賀中学校
7年分（算数・理科・社会）

長崎県

青雲中学校
7年分（算数・理科・社会）

鹿児島県

ラ・サール中学校
7年分（算数・理科・社会）

※もっと過去問シリーズは
国語の収録はありません。

教英出版

〒422-8054
静岡県静岡市駿河区南安倍3丁目12-28
TEL 054-288-2131
FAX 054-288-2133
詳しくは教英出版で検索
教英出版　検索
URL https://kyoei-syuppan.net/

二〇二四年度
AICJ中学校　入学試験問題

本校入試1

国語

（9時30分～10時30分）

【注意】

1、試験開始の合図があるまで、この問題用紙に手をふれてはいけません。
2、問題用紙は10ページあります。これとは別に解答用紙があります。
3、試験開始の合図があってから、問題用紙のページ数を確かめなさい。
4、問題用紙のページが抜けていたり、破れていたり、印刷が不鮮明なところがある場合は、黙って手を挙げて試験監督に知らせなさい。
5、答えはすべて解答用紙に書きなさい。
6、試験終了後、問題用紙は表にして机の右側、解答用紙は表にして机の左側に置きなさい。

二〇二四年度　国語

（六十分）

答えはすべて 解答用紙 に書き入れること。

中―本校1

一　次の問いに答えなさい。

問一　次の□にあてはまる生物を漢字一字で答えて慣用句を完成させ、その意味をア～オの中から選び、記号で答えなさい。

1　□も食わない
2　生き□の目を抜《ぬ》く
3　□の歩《あゆ》み
4　飛ぶ□を落とす
5　□心あれば水心

ア　相手の出方しだいで応じ方が決まること。
イ　とても進みが遅《おそ》いこと。
ウ　誰《だれ》も望まず相手にしないこと。
エ　権勢の盛んなこと。
オ　ずるくてぬけ目がないこと。

問二　次の各文の――線部の敬語表現が正しければ○を書き、誤っていれば正しく直しなさい。

1　あなたはどんな本をお読みになりますか。

2　私はこちらで朝食を召《め》し上がって良いですか。

3　先生が母に申し上げます。

4　母が先生にお目にかかりたいそうです。

5　私の絵を拝見してください。

問三　次の□に、上下左右でそれぞれ二字熟語が完成するよう、共通する漢字一字を入れなさい。

1
故
↓
水 → □ → 里
↓
土

2
領
↓
吸 → □ → 納
↓
集

3
短
↓
分 → □ → 数
↓
子

4
夏
↓
必 → □ → 極
↓
高

二　次の文章を読んで、後の問いに答えなさい。なお、設問のために表記を変更した所があります。（句読点や記号も一字として数えます）

十一歳《さい》の夏休み、仕事で一ヵ月ヨーロッパを回っていた父親から、お土産《みやげ》に※1万年筆をもらった。銀色で細身の、スイス製の万年筆だった。

キャップを取ると、磨《みが》き込《こ》まれた流線型のペン先が現われ、それは見ているだけでも胸が高鳴るほどに美しく、持ち手の裏側にはその曲線によく似合う※2筆記体で、私のイニシャルYHが彫《ほ》ってあった。

おもちゃ以外のお土産をもらうのは生まれて初めてだったし、まわりで万年筆を使っている子など一人もいなかったから、自分が※3一足飛びに大人になったような気がした。この万年筆さえ手にしていれば、何か特別な力をaハッキできると信じた。

私はいつどんな時も、書きたくて書きたくてたまらなくなった。国語の漢字練習帳がいるからと母に嘘《うそ》をつき、お金をもらって大学ノートを買った。学校から帰るとランドセルを置き、真っすぐ机の前に向かってとにかく万年筆のキャップを外した。

いざとなって、自分が何を書くつもりなのか、ちっとも考えていないことに気づいたが、私はひるまなかった。①そんなことは大した問題とは思えなかった。インクがしみ出してくる瞬間《しゅんかん》や、紙とペン先がこすれ合う音や、罫線《けいせん》の間を埋《う》めてゆく文字の連なりの方が、よっぽど大事なのだった。

大人たちはすぐに、娘《むすめ》が何やら夢中になって書いていると気づいたが、必要以上に干渉《かんしょう》はしなかった。とにかく机の前で書き物をしているのだから、それは勉学、例えば漢字の書き取りのようなものに違《ちが》いないと思い込《こ》んだらしい。

スリッパをはいてbカイダンを登ってはいけないとか、お風呂《ふろ》に入った後は冷たいものを飲んではいけないとか、あの頃《ころ》課せられていた多くの禁止事項《じこう》の中に〝書き物〟が加えられなかった代わりに、大人たちは誰《だれ》も書かれた内容についてはcキョウミを示さなかった。どうせ自分たちの知っている漢字ばかりなんだから、という訳だ。

私はまず手始めに、自分の好きな本の一節を書き写してみた。『ファーブル昆虫記《こんちゅうき》』のフンコロガシの章。『太陽の戦士』の出だしのところ。『アンデルセン童話集』から『ヒナギク』と『赤いくつ』。アン・シャーリーが朗読する詩。『恐《きょう》竜図鑑《りゅうずかん》』のプテラノドンの項《こう》。『世界のお菓子《かし》』、トライフルとマカロンの作り方。……

想像したよりずっとわくわくする作業だった。[A]自分が考えた言葉ではないにしても、②それらが私の指先を擦《す》り抜《ぬ》けて目の前に現われた途端《とたん》、いとおしい気持《きもち》に満たされた。

言葉たちはみんな私の味方だ。あやふやなもの、じれったいもの、臆病《おくびょう》なもの、何でもすべて形に変えてくれる。ブルーブラックのインクで縁取《ふちど》られた、言葉と言う形に。

そしてふと気がついて手を休めると、ノート一面びっしり文字で埋《う》めつくされている。ついさっきまでただの白い紙だったページに意味が与《あた》えられている。しかもそれを授《さず》けたのは自分自身なのだ。

私は[1]と[2]の両方に浸《ひた》りながらページを撫《な》で付けた。[B]世界の隠《かく》された法則を、手に入れたかのような気分だった。

〝書き物〟に対する態度が、他《ほか》の大人と唯一《ゆいいつ》違《ちが》っていたのがキリコさんだった。干渉しない点については同じだが、彼女は明らかにこの作業を、勉学とは違う種類のものとして認めていた。敬意さえ払《はら》っていたと言ってもいい。

子供部屋やダイニングテーブルで作業に熱中している私を見つけると、一瞬《いっしゅん》キリコさんは立ち止まり、姿勢をただし、邪魔《じゃま》しないように注意を払いながら通り過ぎた。[C]おやつを運んでくる時は、不用意にノートの中身に目をやって盗《ぬす》み見していると誤解されないよう、気を遣《つか》っているのが分かった。自分の手元に視線を落とし、一切《いっさい》声は掛《か》けず、ノートからできるだけ遠いところにジュースを置いた。コップに付いた水滴《すいてき》で、ページが濡《ぬ》れてはいけないと思ったからだろう。

[D]私は他人の文章を書き写すだけでは満足できなくなり、作文とも日記ともお話ともつかないものを書き付ける

ようになった。クラスメイト全員の人物評と先生の悪口、一週間の食事メニュー、百万円あったら買いたい品物のリスト、テレビ漫画《まんが》の予想ストーリー、自分の生《お》い立ち・みなしご編、無人島への架空《かくう》の旅行記。とにかく、ありとあらゆるものだった。

今日は何にも書くことがないという日は、一日もなかった。キャップさえ外せば、万年筆はいつでも忠実に働いた。

E 初めてインクが切れた時は、うろたえた。

「どうしよう、万年筆が壊《こわ》れちゃった」

私は叫《さけ》び声を上げた。

「もう壊しちゃったの？　せっかくのパパのお土産なのに。新しいのは買いませんからね。壊したあなたが悪いんです」

新しいのは買いませんからね――これが母の口癖《くちぐせ》であり、得意のd台詞だった。私は自分の不注意を呪《のろ》い、絶望して泣いた。

「大丈夫《だいじょうぶ》。インクが切れただけなんだから、補充《ほじゅう》すれば元通りよ」

③救ってくれたのは、やはりキリコさんだった。

「スイスのインクなのよ。パパがまたスイスへ行くまで待たなきゃならないの？」

「いいえ。街の文房具屋《ぶんぼうぐ》さんへ行けば、必ず売っています」

必ずという言葉を強調するように、④キリコさんは大きくうなずいた。

キリコさんは正しかった。私は万年筆を壊してなどいなかった。約束どおり彼女は新しいインクを買ってきて、補充してくれた。ケースの裏に書いてある説明書は外国語だったから、二人とも読めなかったけれど、彼女は慎重《しんちょう》に方向を見定《さだ》め、※4崇高《すうこう》な儀式《ぎしき》の仕上げをするように、万年筆の奥にインクを押し込めた。

「ほらね」

それがよみがえったのを確かめると、キリコさんは得意そうに唇《くちびる》をなめた。一層唇が光って見えた。

「絶対ママには内緒《ないしょ》にしておいてね」
誘《さそ》ったのはキリコさんの方なのに、何度となく私は念を押した。
「平気よ」
本当にキリコさんは平気な顔をしていた。私たちは歯医者の帰り、寄り道して一緒《いっしょ》にチョコレートパフェを食べていた。高級なフランス料理であれ、屋台の焼きそばであれ、母は子供が家の外で食べ物を口にするのは、衛生上好ましくないと信じていた。
「ここのはね、フルーツが新鮮《しんせん》で美味《おい》しいの」
彼女は大きな桃《もも》を飲み込んだ。
口の中にはまだ石膏《せっこう》と消毒液の匂《にお》いが残っていて、それがチョコレートと混じり合い奇妙《きみょう》な味がした。詰《つ》め物をしたばかりの奥歯は、ものを噛《か》むたびカクカク音がした。
立派なパフェだった。フリル型に広がったガラス容器からあふれるほどに、ウエハースやバナナや生クリームが盛り付けてあった。キリコさんは長いスプーンを真ん中に突《つ》き刺《さ》し、せっかくのデコレーションが崩《くず》れるのも構わず、底のチョコレートをすくい上げて食べた。
「痛かった？」
彼女は尋《たず》ねた。
「そうでもない」
私は首を横に振《ふ》った。
「よく歯医者になんか行く勇気があるわね。まだほんの子供なのに」
「歯は大切なのよ。だって永久歯が抜けたら、二度と生《は》えてこないんだもの。誰だって指を切断されたら悲しむでしょ？

もう元に戻《もど》らないからよ。歯だって一緒。一度抜けたらおしまい。なのにみんな、指ほどには大事にしないの」

ふうん、とうなずきながら、キリコさんはスプーンの背でバナナをつぶした。

「でもやっぱりごめんだわ。口の中に手を突《つ》っ込まれて、べろの裏から喉《のど》の奥までのぞかれたうえに、ドリルで穴を開けられるのよ。考えただけでぞっとする」

口元からチョコレートが垂れそうになり、あわててキリコさんはナプキンで拭《ぬぐ》った。せっかくの口紅がとれてしまうのではないかと、私は心配した。しかしそれはまだ艶《つや》やかさを失っていなかった。チョコレートよりもずっとべたべたして、甘《あま》そうだった。

「ねえ……」

私は前から気になっていた話題を、思い切って持ち出してみた。

「口紅を塗《ぬ》るって、どんな感じ？」

ああ、そんな簡単なこと、というふうに彼女はナプキンを丸めて転がし、バッグから口紅を取り出した。

「塗ってみれば分かるわ」

私はそれをくるくる回し、先を出したり引っ込めたりした。もうずいぶんすり減っていた。

「さあ、こうするの」

キリコさんは身を乗り出し、あっという間に私の唇を真っ赤にした。

「うん、なかなかよ」

私は喫茶店《きっさてん》の窓ガラスに映った自分の顔を眺《なが》めた。キリコさんほどeステキではなかった。歯の治療《ちりょう》に失敗して、たちの悪いバイキンに感染《かんせん》したみたいに、口だけが腫《は》れ上がって見えた。そのうえ、なめてみてもチョコレートのように甘くはなかった。さっき歯茎《はぐき》に打たれた、麻酔《ますい》薬の味に似ていた。

「大変。ママに知れたらとんでもないことになる」

あわてて私はナプキンでこすった。なのにこすればこするほどはみ出して、余計目立ってしまった。
「もう取っちゃうの。せっかく塗ったのに」
フフッと微笑《ほほえ》んでキリコさんはナプキンにコップの水を垂らし、一緒にこすってくれた。セーターの襟《えり》ぐりから、温かそうな乳房《ちぶさ》がのぞいていた。
夜、治療したばかりの歯がうずいてなかなか眠《ねむ》れなかった。パフェのせいかもしれないと、私は不安でしかたなかった。そのうえ唇までがひりひりと痛みだした。
⑤私はベッドからはい出し、キリコさんとの秘密を全部、ノートに書いた。

（小川洋子『偶然《ぐうぜん》の祝福』所収「キリコさんの失敗」ＫＡＤＯＫＡＷＡより）

※１　万年筆――中空のペン軸《じく》にインクを入れ、使用するとインクがペン先に伝わり出る仕組みのペン。
※２　筆記体――アルファベットなどの文字を続けて書く手書き風の書体。
※３　一足飛び――順序をふまないで一気に飛びこえること。
※４　崇高――気高く偉大《いだい》なこと。

問一　――線部ａ「ハッキ」、ｂ「カイダン」、ｃ「キョウミ」、ｄ「台詞」、ｅ「ステキ」について、カタカナは漢字に直し、漢字は読みをひらがなで答えなさい。

問二　――線部①「そんなことは大した問題とは思えなかった」とありますが、「私」がそのように思った理由を簡単に説明しなさい。

問三　――線部②「それら」が指している部分を本文中から十字でぬき出しなさい。

問四　[A]～[E]に入る語として最も適当なものを次のア～カの中から選び、それぞれ記号で答えなさい。

ア　まるで　　イ　たとえ　　ウ　しかし　　エ　だから　　オ　やがて　　カ　あるいは

問五　[1]・[2]に入る語として最も適当なものを次のア～カの中から二つ選び、記号で答えなさい。（順序は問いません）

ア　不安感　　イ　安定感　　ウ　優越《ゆうえつ》感　　エ　劣等《れっとう》感　　オ　疲労《ひろう》感　　カ　悲壮《ひそう》感

問六　――線部③「救ってくれたのは、やはりキリコさんだった」とありますが、「私」がそのように考えた理由を、本文中の言葉を使って説明しなさい。

問七　――線部④「キリコさんは大きくうなずいた」について、キリコさんの心情として最も適当なものを次のア～エの中から選び、記号で答えなさい。

ア　母親に怒《おこ》られた「私」がかわいそうで、自分も悲しい気持ちになったことを隠している。

イ　うろたえている「私」を前に、自分はうろたえるわけにはいかないと決意している。

ウ　海外製の万年筆だが、説明書が読めなくても、インクを補充すれば直せる自信がある。

エ　海外製の万年筆のため、壊してしまったならもう買えないだろうと思っている。

問八　――線部⑤「私はベッドからはい出し、キリコさんとの秘密を全部、ノートに書いた」とありますが、「私」はどうしてそのようなことをしたのだと思いますか。そう思う理由も添えてあなたの考えを書きなさい。

評価基準

A　設問に対する応答

「書くこと」について、自分独自の意見とその理由を明確に説明できている。

B　理解

本文中の「書くこと」について理解していることがうかがえる。

C　言語

正しく論理的な日本語で表現できており、語彙《ごい》力の高さもうかがわせる。

（問題は以上です）

２０２４年度
ＡＩＣＪ中学校　入学試験問題

本校入試１

算　数

（10：50～11：50）

【注　意】

１．試験開始の合図があるまで，この問題用紙に手をふれてはいけません。
２．問題用紙は６ページあります。これとは別に解答用紙があります。
３．試験開始の合図があってから，問題用紙のページ数を確かめなさい。
４．問題用紙のページが抜けていたり，破れていたり，印刷が不鮮明なところがある場合は，黙って手を挙げて試験監督に知らせなさい。
５．答えはすべて解答用紙に書きなさい。
６．問題を解くために円周率が必要な場合は，3.14 を用いなさい。
７．試験終了後，問題用紙は表にして机の右側，解答用紙は表にして机の左側に置きなさい。

2024年度　算　数　（60分）答えはすべて別紙の解答用紙に書きなさい。

中一本校1

1　次の問いに答えなさい。

(1) $\frac{3}{4}-0.25\times\frac{2}{3}\div\frac{5}{6}$ を計算しなさい。

(2) $2345+3452+4523+5234$ を計算しなさい。

(3) 5人がそれぞれ自分以外の4人と1回ずつ握手《あくしゅ》をします。握手《あくしゅ》の回数は全部で何回ですか。

(4) $\frac{104}{468}$ を約分して，最も簡単な分数にしなさい。

(5) 59を割っても95を割っても余りが5となる整数のうち，最も大きいものは何ですか。

(6) コンピュータがあつかうデータの最小単位を1ビットと言います。1ビットは2通り，2ビットは4通り，3ビットは8通りという関係があります。8ビットは1バイトとすると，1バイトは何通りになりますか。

(7)　一定の速さで走る列車が，480 m のトンネルに入り始めてから出終わるまでに 30 秒かかり，200 mの橋をわたり始めてからわたり終わるまでに 16 秒かかります。この列車の長さは何 m ですか。

(8)　花子さんは，持っているお金の $\frac{1}{5}$ より 200 円多い金額を使いました。その後，残っているお金の $\frac{1}{4}$ の金額を使ったところ 1950 円残りました。花子さんが最初に持っていたお金は何円ですか。

(9)　図のような正方形において，点 M，点 N は辺の真ん中の点です。斜線《しゃせん》の部分の面積は正方形の面積の何倍ですか。

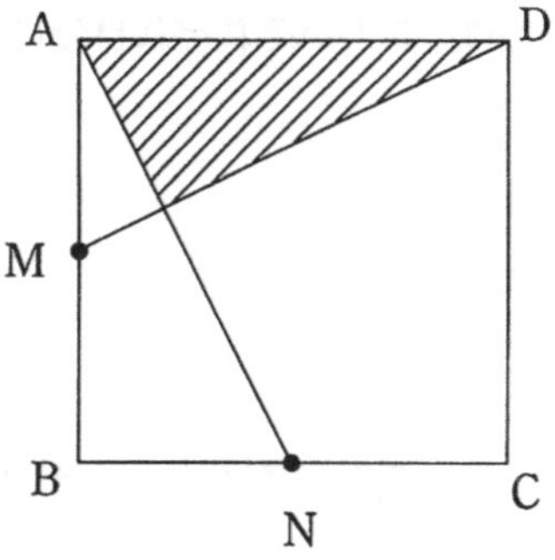

(10)　図のような 1 辺が 2 cm の立方体を，3 点 A，B，C を通る平面で切断してできる 2 つの立体の表面積の差は何 cm^2 ですか。

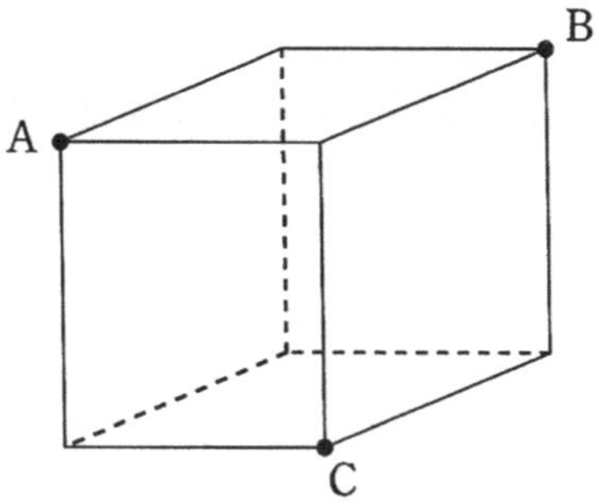

2 次のように，ある規則にしたがって数が並んでいます。

1，2，1，3，2，1，4，3，2，1，□，4，3，2，1，…

このとき，次の問いに答えなさい。

(1) □にあてはまる数はいくつですか。

(2) はじめの数から15回目にあらわれる1は，はじめの数から数えて何番目ですか。

(3) はじめの数から100番目の数までの和はいくつですか。

3　現在Ａさん，Ｂさん，Ｃさんの３人の年れいの合計は26才です。６年後には，ＡさんとＢさんの年れいの合計がＣさんの年れいと等しくなりました。

このとき，次の問いに答えなさい。

(1)　６年後のＣさんの年れいは何才ですか。

(2)　ＡさんはＢさんより４才年上です。現在のＡさんの年れいは何才ですか。

(3)　Ａさん，Ｂさんの年れいの合計が，Ｃさんの年れいの $\frac{3}{2}$ 倍になるのは現在から何年後ですか。

4

図のように円周上に４点A，B，C，Dがあり，円の半径は６cmです。
点Ｏは円の中心，ADはこの円の直径です。
このとき，次の問いに答えなさい。
ただし，円周率は3.14とします。

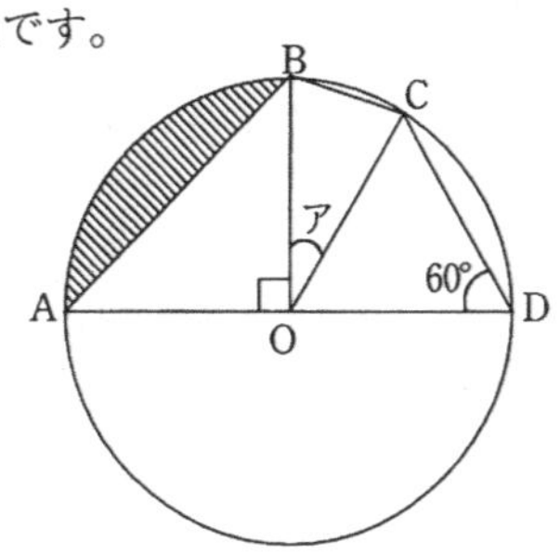

(1) 斜線《しゃせん》部分の面積は何 cm^2 ですか。

(2) アの角度は何度ですか。

(3) 三角形OABと三角形OBCの面積の比を最も簡単な整数の比で求めなさい。

5 0，1，2，3，4，5の6個の数のうち，いくつかを使って整数を作ります。
このとき，次の問いに答えなさい。

(1) どの位の数も異なるとき，5桁《けた》の整数は何個できますか。

(2) (1)の整数のうち，偶数は何個できますか。

(3) 同じ数を何回使ってもよいとき，3333より大きい4桁《けた》の整数は全部で何個できますか。

【問題は以上です】

２０２４年度
ＡＩＣＪ中学校　　入学試験問題

本校入試１

社　会

（12：35～13：20）

【注　意】

１．試験開始の合図があるまで，この問題用紙に手をふれてはいけません。
２．問題用紙は18ページあります。これとは別に解答用紙があります。
３．試験開始の合図があってから，問題用紙のページ数を確かめなさい。
４．問題用紙のページが抜けていたり，破れていたり，印刷が不鮮明なところがある場合は，黙って手を挙げて試験監督に知らせなさい。
５．答えはすべて解答用紙に書きなさい。
６．試験終了後，問題用紙は表にして机の右側，解答用紙は表にして机の左側に置きなさい。

2024年度　社　会　（45分）答えはすべて別紙の解答用紙に書きなさい。

1　次の文章を読み，下の問い（問１～15）に答えよ。

G7サミット（主要国首脳会議）とは，フランス，ⓐ米国，英国，ドイツ，日本，イタリア，ⓑカナダ（議長国順）の７か国および欧《おう》州連合（EU）の首脳が参加して毎年開催《さい》される国際会議で，参加国７か国の総称《しょう》として「Group of Seven」を意味しています。またG7メンバー以外のⓒ招待国や国際機関などが参加することもあります。

G7サミットでは，世界経済，地域情勢，様々な地球規模課題を始めとするその時々の国際社会における重要な課題について，自由，民主主義，人権などの基本的価値を共有するG7各国の首脳が自由闊《かっ》達な意見交換《かん》を行い，その成果を文書にまとめ，公表します。基本的価値を共有するG7首脳のリーダーシップにより，G7は国際社会の重要な課題に効果的に対応してきています。

G7議長国の任期は１月から12月の１年間で，事務レベルの準備会合や関連閣僚《りょう》会合の開催《さい》を通じて，その年のサミット（首脳会合）の準備および議事進行を行います。加えて，その時々の国際情勢などを受けて，緊《きん》急会合の呼びかけを行うこともあります。

G7の準備は「シェルパ」と呼ばれるⓓ首脳の補佐役を中心に行われます。「シェルパ」とは，「登山者が山頂（サミット）にたどり着くための手助けをする案内人」という意味の登山用語です。G7各国のシェルパが「山頂」＝「会議の成功」を目指して緊《きん》密に連絡《らく》を取り合いながら，入念に事前準備を進めていきます。

【サミットの歴史】

1970年代に入り，ニクソン・ショック（1971年）やⓔ第１次石油危機（1973年）などの諸問題に直面した先進国の間では，マクロ経済，通貨，貿易，エネルギーなどに対する政策協調について，首脳レベルで総合的に議論する場が必要であるとの認識が生まれました。

このような背景の下，ジスカール・デスタン仏大統領（当時）の提案により，1975年11月，パリ郊《こう》外のランブイエ城において，フランス，米国，英国，ドイツ，日本，イタリアの６か国による第１回サミットが開催《さい》されました。

【G7広島サミットおよびG7関係閣僚《りょう》会合の開催《さい》地・開催《さい》日程】

５月に広島でG7サミットが行われたほか，４月から12月に日本各地で15の関係閣僚《りょう》会合が開かれ，各分野の重点課題について議論します。

１：G7サミット

世界の主要７か国とEUの首脳が１つのテーブルを囲み，その時々の国際社会における重要な課題について話し合う国際会議　　開催《さい》地：広島県広島市　　日程：５月19日から21日

２：G7長野県軽井沢《ざわ》外務大臣会合

G7サミットにおける外交・安全保障に関する議論の基礎《そ》となる重要な会合で，国際情勢等について自由闊《かっ》達な意見交換を実施　　開催《さい》地：ⓕ長野県軽井沢《ざわ》町　　日程：４月16日から18日

３：G7仙《せん》台科学技術大臣会合

地球規模の課題（環《かん》境問題や食料問題，エネルギー問題など）の解決に向けた科学技術協力の強化等について議論　　開催《さい》地：ⓖ宮城県仙《せん》台市　　日程：５月12日から14日

４：G7栃木県・日光男女共同参画・女性活躍《やく》担当大臣会合

国際社会が直面する様々な男女共同参画，ⓗ女性活躍《やく》に関する課題について議論

開催《さい》地：栃木県日光市　　日程：６月24日から25日

５：G7茨城水戸内務・安全担当大臣会合

国際テロ，サイバーセキュリティ等について議論

開催《さい》地：茨城県水戸市　　日程：12月８日から10日

６：G7群馬高崎デジタル・技術大臣会合

DFFTおよびオンラインの安全性並びに信頼《らい》性を向上させる新興技術の促《そく》進，ビヨンド5G／6Gを含《ふく》むICTインフラおよび人工知能に対する人間中心のアプローチなどデジタル分野の優先事項《こう》をテーマに議論　　開催《さい》地：群馬県高崎市　　日程：４月29日から30日

７：G7大阪・堺《さかい》貿易大臣会合

貿易分野における国際的な課題について議論

開催《さい》地：ⓘ大阪府堺《さかい》市　　日程：10月28日から29日（４月４日オンライン開催《さい》）

８：G7新潟財務大臣・中央銀行総裁会議

世界経済情勢やマクロ経済政策のほか，幅《はば》広いグローバル経済に関する諸課題について議論

開催《さい》地：新潟県新潟市　　日程：５月11日から13日

９：G7富山・金沢《ざわ》教育大臣会合

コロナ禍《か》が社会にもたらした変化や影響《えいきょう》に教育がどのように対応し，ポストコロナ社会で求められる人材を育てていくかについて議論

開催《さい》地：富山県富山市・石川県金沢《ざわ》市　　日程：５月12日から15日

10：G7長崎保健大臣会合

健康危機への対応，ユニバーサル・ヘルス・カバレッジ達成への貢献《こうけん》，ヘルス・イノベーションの促《そく》進の３本柱について議論　　開催地：ⓙ長崎県長崎市　　日程：５月13日から14日

11：G7倉敷《しき》労働雇《こ》用大臣会合

世界のⓚ労働環《かん》境を取り巻く様々な課題について国際レベルで議論

開催《さい》地：岡山県倉敷《しき》市　　日程：４月22日から23日

12：G7宮崎農業大臣会合

世界のⓛ食料安全保障や持続可能な食料・農業システムの構築について議論

開催《さい》地：宮崎県宮崎市　　日程：４月22日から23日

13：G7札幌《ぽろ》気候・エネルギー・環《かん》境大臣会合

世界全体の脱《だつ》炭素化に向けてや，循環《じゅんかん》経済や生物多様性などの課題について議論

開催《さい》地：ⓜ北海道札幌《ぽろ》市　　日程：４月15日から16日

14：G7三重・伊《い》勢志摩《ま》交通大臣会合

最新技術の開発や普及《ふきゅう》，交通インフラの整備と老朽《きゅう》化への対応のための基本的戦略について議論

開催《さい》地：三重県志摩《ま》市　　日程：６月16日から18日

15：G7香川・高松都市大臣会合

コロナ禍《か》からの復興やその先の新たな経済社会における交通政策のあり方について議論

開催《さい》地：ⓝ香川県高松市　　日程：７月７日から９日

16：G7司法大臣会合

「ⓞ法の支配」を通じた連携《けい》の強化を図り，世界に発信

開催《さい》地：東京都　　日程：７月７日

（『What is the G7 Summit?』外務省ホームページより一部抜粋・引用）

問１　下線部ⓐに関連して，米国はある国の植民地でしたが，ある時期に独立戦争に勝利し，建国されました。その国と時期の組合せとして最も適当なものを，次の①～⑨のうちから一つ選べ。

	①	②	③
国	フランス	フランス	フランス
時期	17世後半	18世紀後半	19世紀後半
	④	⑤	⑥
国	英国	英国	英国
時期	17世紀後半	18世紀後半	19世紀後半
	⑦	⑧	⑨
国	ドイツ	ドイツ	ドイツ
時期	17世紀後半	18世紀後半	19世紀後半

問２　下線部ⓑに関連して，日本は多くの食料を輸入しています。図１は国内自給率約15％（2020年）のある農産物の輸入先と割合です。その農産物として最も適当なものを，次の①～④のうちから一つ選べ。

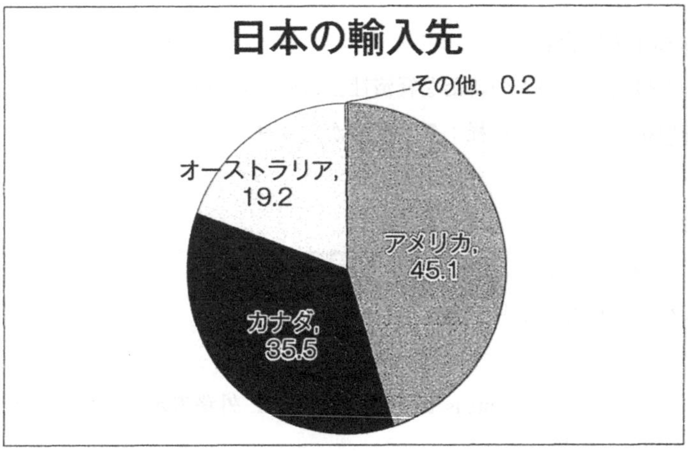

図１

2021年財務省資料より

①　牛肉　　②　じゃがいも　　③　小麦　　④　とうもろこし

問3　下線部ⓒに関連して，G7広島サミットでは急遽《きょ》，ゼレンスキー大統領が参加しました。彼はどこの国の大統領か，最も適当なものを，図2中の①～⑥のうちから一つ選べ。

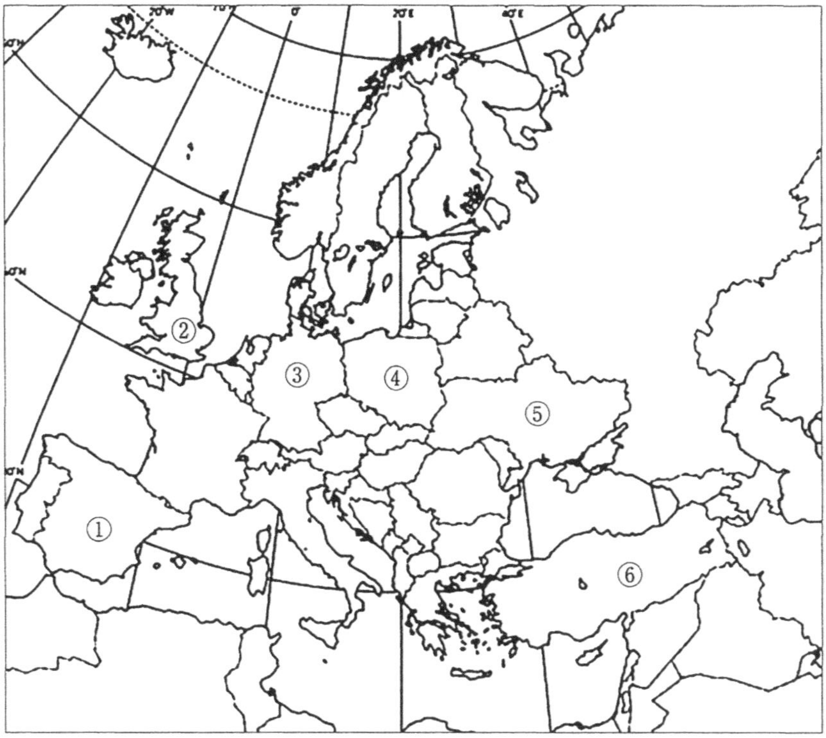

図2

問4　下線部ⓓに関連して，鎌倉時代に将軍の補佐役として実質的な政治を主導した役職と承久の乱時にその役職として対応した人物の組合せとして最も適当なものを，次の①～⑨のうちから一つ選べ。

	①	②	③
役職	元老	元老	元老
人物	北条時宗	北条泰時	北条義時
	④	⑤	⑥
役職	執権	執権	執権
人物	北条時宗	北条泰時	北条義時
	⑦	⑧	⑨
役職	管領	管領	管領
人物	北条時宗	北条泰時	北条義時

問５　下線部ⓔに関連して，この当時の様子を表わしているものとして最も適当なものを，次の①～④のうちから一つ選べ。

① このころの暮らしは，クーラーやカラーテレビなどが多くの家庭に普及していた。
② もはや戦後ではないという言葉通り，景気が回復し日本も国際連合に加盟することができた。
③ パソコンや携帯電話が広く普及し始めたが，スマートフォンはまだ開発されていなかった。
④ 日本の元号が昭和から平成に変わり，ゆとり教育が導入されるようになった。

問６　下線部ⓕに関連して，フォッサマグナ西縁《えん》の糸魚川 - 静岡構造線と中央構造線が交わる長野県最大の湖とそこでさかんな工業の組合せとして最も適当なものを，次の①～⑨のうちから一つ選べ。

	①	②	③
湖	諏訪湖	諏訪湖	諏訪湖
工業	精密機械	情報印刷	石油化学
	④	⑤	⑥
湖	阿寒湖	阿寒湖	阿寒湖
工業	精密機械	情報印刷	石油化学
	⑦	⑧	⑨
湖	琵琶湖	琵琶湖	琵琶湖
工業	精密機械	情報印刷	石油化学

問７　下線部ⓖに関連して，17世紀，東北地方を治め，仙台の基礎を築いた戦国大名と宮城県大崎市出身で民本主義を唱え，大正デモクラシーの立役者となった政治学者の組合せとして最も適当なものを，次の①～⑨のうちから一つ選べ。

	①	②	③
戦国大名	上杉謙信	上杉謙信	上杉謙信
政治学者	杉田玄白	福沢諭吉	吉野作造
	④	⑤	⑥
戦国大名	真田幸村	真田幸村	真田幸村
政治学者	杉田玄白	福沢諭吉	吉野作造
	⑦	⑧	⑨
戦国大名	伊達政宗	伊達政宗	伊達政宗
政治学者	杉田玄白	福沢諭吉	吉野作造

問８　下線部ⓗに関連して，次の文Ⅰ～Ⅲについて，古いものから年代順に正しく配列されたものとして最も適当なものを，次の①～⑥のうちから一つ選べ。

Ⅰ　平塚らいてうが文芸誌『青鞜《せいとう》』を創刊し，男性本位の社会に対して女性解放運動を巻き起こし，世論をリードした。

Ⅱ　日野富子は将軍の妻となり，後継ぎ争いに多大な影響を与え，応仁の乱の一因を作ったと言われている。

Ⅲ　日本の英語教育の先駆《が》けをになった津田梅子は，わずか６歳で岩倉遣外使節にしたがってアメリカ合衆国に留学をした。

①　Ⅰ－Ⅱ－Ⅲ　　②　Ⅰ－Ⅲ－Ⅱ　　③　Ⅱ－Ⅰ－Ⅲ
④　Ⅱ－Ⅲ－Ⅰ　　⑤　Ⅲ－Ⅰ－Ⅱ　　⑥　Ⅲ－Ⅱ－Ⅰ

問９　下線部ⓘに関連して，堺について**誤っているもの**を，次の①～④のうちから一つ選べ。

①　堺《さかい》の豪商のもとに生まれた千利休は茶の湯を大成したが，のちに秀吉の怒りを買い切腹させられた。

②　戦国時代の堺《さかい》は一向宗の人々によって自治が行われ，戦国大名なども一目を置く存在であった。

③　織田信長は戦国時代の戦い方に鉄砲を導入したが，その多くを堺《さかい》で調達した。

④　堺《さかい》市は権限や財源が多く移譲され，自分たちの「まち」のことは自分たちで決定できる「自治」が最も大きく認められている政令指定都市に平成18年移行した。

問10　下線部ⓘに関連して，次の写真１～４について述べている文章で**誤っているもの**を，次の①～④のうちから一つ選べ。

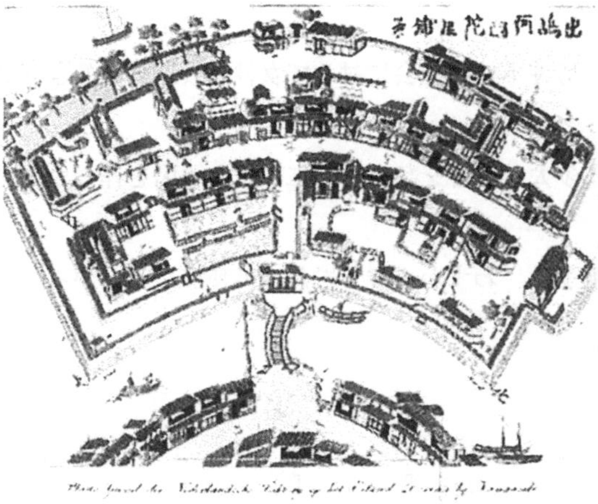

写真１

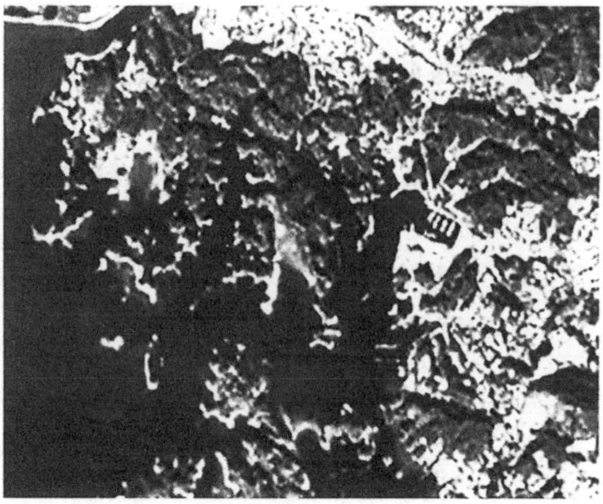

写真２

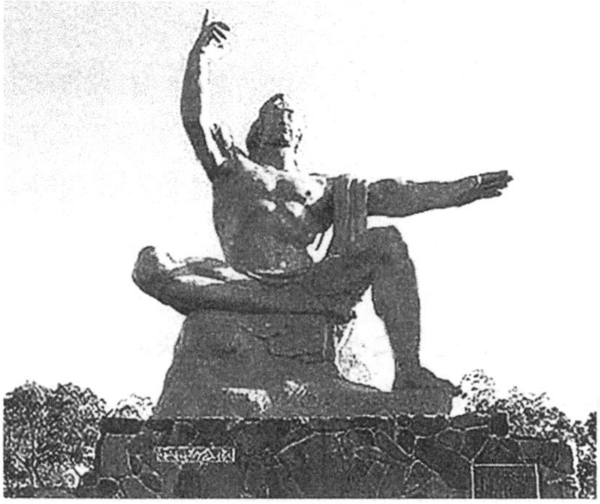

写真３

写真４

①　写真１は江戸時代の扇《せん》状地の図面である。外国から導入された工法により果樹栽培が盛んな土地として広まった。

②　写真２は長崎県の一部の衛星写真で，リアス海岸である。それを利用して養殖《しょく》業が盛んである。

③　写真３は長崎市の平和公園にある1955年に完成した高さ9.7m（台座は3.9m）の平和祈念像である。

④　写真４は長崎新地中華《か》街の人たちが，街の振《しん》興のために，中国の旧正月（春節）を祝う行事としてはじまり，その後規模を拡大した「長崎ランタンフェスティバル」の様子である。

問11　下線部ⓚに関連して，**誤っているものを**，次の①～④のうちから一つ選べ。

①　第一次世界大戦後，関東大震《しん》災，世界恐慌《きょうこう》などの影響《えいきょう》で経済は混乱し多くの会社や工場は倒《とう》産した。また1931年には大ききんもあって人々の生活は苦しくなり，労働争議や小作争議がさかんにおこった。

②　第二次世界大戦後，戦争に協力して大きな利益を上げた財閥《ばつ》が解体され，労働組合を作る権利も認められた。

③　国連の機関である，国際労働機関（ILO）の本部はジュネーブで，国際社会の平和と労働者の地位向上を図る役割をになっている。

④　都道府県別工業生産額では自動車産業や石油化学工業のさかんな神奈川県が2021年度は１位であり今後もその地位はゆるぎない様子である。

問12　下線部ⓛに関連して，**誤っているものを**，次の①～④のうちから一つ選べ。

①　水揚《あ》げ量の多い漁港として，北海道の釧《くし》路，青森県の八戸，千葉県の銚《ちょう》子，静岡県の焼津《やいづ》などがあげられるが，日本全体の漁獲量は年々低下している。

②　江戸時代，幕府は漢訳洋書の輸入を許可し，青木昆《こん》陽にジャガイモの研究を命じた。このため彼は「甘藷《かんしょ》先生」とよばれた。

③　食料自給率は，食料の国内消費に対する国内生産の割合を示したもので，日本の2021年度の食料自給率は，カロリーベースで38%，生産額ベースで63%となっている。

④　福島県産の食品の輸入に中国や韓国，ロシア，そしてヨーロッパなど多くの国や地域が現在（2023年７月）も規制をかけているが，EUが撤廃《てっぱい》に向けて動き始め，今後他国にも広がることが期待されている。

問13　下線部ⓜに関連して，**誤っているものを**，次の①～④のうちから一つ選べ。

①　17世紀後半，松前藩《はん》のあくどい取引にシャクシャインを中心とするアイヌの人々は立ち上がったが，松前藩《はん》などに敗れ，以後服従させられていた。

②　北方領土は，択捉《えとろふ》島，国後島，色丹《たん》島及び歯舞《まい》群島ではあるが，ロシアによる不法占拠《せんきょ》が続いている。

③　北海道は冷涼《りょう》な気候なため，肉牛や乳牛，また野菜などの生産もさかんだが，主食の米だけは夏の気温が低いため生育が難しく，現在はほとんど生産されていない。

④　クラーク博士は北海道大学の前身となる札幌《さっぽろ》農学校の初代教頭であり北海道開拓《たく》の父とよばれている。“少年よ大志を抱《いだ》け”という名言を残したともいわれている。

問14　下線部ⓝに関連して，最も適当なものを，次の①～④のうちから一つ選べ。

①　小豆島など瀬戸内海に浮かぶ多くの島々も香川県に含まれるが，都道府県の中で一番面積が小さい。

②　坂東太郎とよばれる暴れ川があるが，ここを水源とする香川用水が讃岐《さぬき》平野を潤《うるお》している。

③　広島県の尾道と香川県の今治は1988年，瀬戸大橋で結ばれ，人の行き来がさかんになっている。

④　かんきつ類であるすだちの生産量，天然タイの漁獲《かく》量が全国１位であり，また鳴門海峡《きょう》のうず潮は有名な観光地となっている。

問15　下線部ⓞに関連して，最も適当なものを，次の①～④のうちから一つ選べ。

①　平安時代に制定された墾田永年私財法により公地公民の原則が崩れ，荘園発生の起源となった。

②　戦国大名たちは領地にいる家来や農民を分国法という厳しい法律で支配した。

③　江戸時代に制定された禁中並公家諸法度により，外様大名や公家の行動を厳しく制限し，彼らが政治にかかわることを禁止した。

④　1889年２月11日，天皇が国民にさずけるという形で大日本帝国憲法が発布された。この憲法では主権は国民にあり，国の統治権や軍隊の指揮権など多くの権限を持った。

2　次の文章を読み，下の問い（問１～10）に答えよ。

日本国民は，ⓐ正当に選挙された国会における代表者を通じて行動し，ⓑわれらとわれらの子孫のために，諸《しょ》国民との協和による成果と，わが国全土にわたつて自由のもたらす恵沢《けいたく》を確保《かくほ》し，政府《せいふ》の行為《こうい》によつて再《ふたた》びⓒ戦争の惨禍《さんか》が起《おこ》ることのないやうにすることを決意し，ここにⓓ主権《しゅけん》が国民に存《そん》することを宣言《せんげん》し，この憲法《けんぽう》を確定《かくてい》する。そもそもⓔ国政《こくせい》は，国民の厳粛《げんしゅく》な信託《しんたく》によるものであつて，その権威《けんい》は国民に由来し，その権力《けんりょく》は国民の代表者がこれを行使し，その福利は国民がこれを享受《きょうじゅ》する。これは人類普遍《ふへん》の原理であり，この憲法は，かかる原理に基《もとづ》くものである。われらは，ⓕこれに反する一切《いっさい》の憲法，法令及《およ》び詔勅《しょうちょく》を排除《はいじょ》する。

日本国民は，恒久《こうきゅう》の平和を念願し，人間相互《そうご》の関係を支配《しはい》する崇高《すうこう》な理想を深く自覚するのであつて，平和を愛する諸国民の公正と信義《しんぎ》に信頼《しんらい》して，ⓖわれらの安全と生存《せいぞん》を保持《ほじ》しようと決意した。われらは，平和を維持《いじ》し，専制《せんせい》と隷従《れいじゅう》，圧迫《あっぱく》と偏狭《へんきょう》を地上から永遠《えいえん》に除去《じょきょ》しようと努めてゐるⓗ国際《こくさい》社会において，名誉《めいよ》ある地位を占《し》めたいと思ふ。われらは，全世界の国民が，ひとしく恐怖《きょうふ》と欠乏《けつぼう》から免《まぬ》かれ，平和のうちに生存する権利《けんり》を有することを確認《かくにん》する。

われらは，ⓘいづれの国家も，自国のことのみに専念《せんねん》して他国を無視《むし》してはならないのであつて，政治《せいじ》道徳の法則《ほうそく》は，普遍的なものであり，この法則に従《したが》ふことは，自国の主権を維持し，他国と対等関係に立たうとする各国の責務《せきむ》であると信ずる。

日本国民は，国家の名誉にかけ，全力をあげてこの崇高な理想と目的を達成することを誓《ちか》ふ。

（日本国憲法　前文）

問１　問題文は日本国憲法の前文である。日本国憲法が公布された年月日とそれに基づいた祝日の組合せとして最も適当なものを，次の①～④のうちから一つ選べ。

	公布年月日	祝日
①	1946年11月３日	文化の日
②	1946年11月３日	憲法記念日
③	1947年５月３日	文化の日
④	1947年５月３日	憲法記念日

問２　下線部ⓐに関連して，次の(1)，(2)の問いに答えよ。

(1)　衆議院議員の選挙制度として最も適当なものを，次の①～④のうちから一つ選べ。

①　大選挙区比例代表並立制　　②　大選挙区比例代表併用制

③　小選挙区比例代表並立制　　④　小選挙区比例代表併用制

(2) 次の文章は，参議院についての記述である。（　A　）～（　C　）にあてはまる数字・語句の組み合わせとして最も適当なものを，次の①～⑧のうちから一つ選べ。

参議院の議員定数は（　A　）人で，任期は（　B　）年である。国会は衆議院と参議院の両院が同時に召集されることになっているが，衆議院の解散中に必要があるときは，参議院によって（　C　）を開くことができる。

	A	B	C
①	248	4	臨時国会
②	248	4	緊急集会
③	248	6	臨時国会
④	248	6	緊急集会
⑤	465	4	臨時国会
⑥	465	4	緊急集会
⑦	465	6	臨時国会
⑧	465	6	緊急集会

問３　下線部ⓑに関連して，資料１は，国民に占める高齢者（65歳以上）の割合と国民年金の保険料（月額）の推移を表している。資料１からわかることとして最も適当なものを，下の①～④のうちから一つ選べ。

資料１

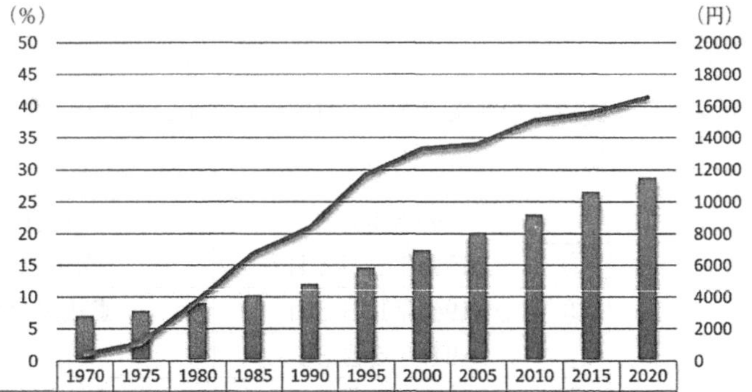

	1970	1975	1980	1985	1990	1995	2000	2005	2010	2015	2020
高齢者(65歳以上)の割合(%)	7.1	7.9	9.1	10.3	12.1	14.6	17.4	20.2	23	26.6	28.8
国民年金の保険料(円)	450	1100	3770	6740	8400	11700	13300	13580	15100	15590	16540

（国民年金機構「国民年金保険料の変遷」，総務省統計局「高齢者人口及び割合の推移」より作成）

① 高齢者の割合について，2005年から21％を超え，超高齢社会とよばれるようになった。

② 高齢者の割合について，増加傾向にあり，2020年には30％を超えている。

③ 国民年金の保険料について，2020年の保険料は50年前と比べて20倍以上高い。

④ 国民年金の保険料について，1970年以前は100円を下回っていたこともある。

問4　下線部ⓒに関連して，地図中Aは，第二次世界大戦後，激しい戦闘が行われた地域である。Aの地域について述べたものとして最も適当なものを，次の①～④のうちから一つ選べ。

地図

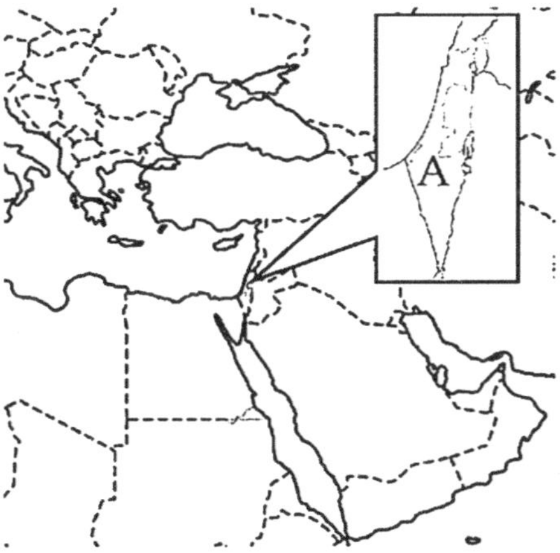

①　Aの地域では，1950年代に戦争が起こり，現在も北緯38度線を境に南北に分断されている。この戦争をきっかけとして，日本では警察予備隊がつくられ，軍事物資などに対する特需《じゅ》が発生した。

②　Aの地域では，ユダヤ人とアラブ人による国家建設をめぐる争いがあり，数度にわたる戦争が続いてきた。1973年には，アラブ諸国が原油の輸出停止や制限を行ったため，原油を輸入に頼《たよ》る国の原油価格が高くなる第一次石油危機（オイル＝ショック）が起きた。

③　Aの地域では，アメリカの支援《えん》を受けた政府とソ連や中国などの支援《えん》を受けた社会主義勢力との間で本格的な戦争があった。アメリカは政府軍を助けるために軍事介《かい》入し，無差別爆撃《ばくげき》や枯《か》れ葉剤《ざい》による攻撃《こうげき》を行ったため，世界各地から非難を浴びた。

④　Aの地域では，大量破壊《かい》兵器を持っていることを理由とした，アメリカを中心とする「有志連合」軍の攻撃《こうげき》があり，当時の政権が倒《たお》された。その後，大量破壊《かい》兵器は見つかっておらず，この戦争の意味が問われている。

問5　下線部ⓓに関連して，次の(1)，(2)の問いに答えよ。

(1)　日本国憲法下における天皇の立場について述べたものとして最も適当なものを，次の①～④のうちから一つ選べ。

①　天皇は，日本国憲法下において主権を有する。

②　天皇は，日本国の象徴《ちょう》であり，日本国民統合の象徴《ちょう》である。

③　天皇は，非常事態となったときに自衛隊を出動させる最終的な決定権を持っている。

④　天皇は，憲法に定められた国事行為《い》以外に，国政に対して助言や承認を行う。

(2) 国のあり方について，国民の投票によって決まるものとして最も適当なものを，次の①～④のうちから一つ選べ。

① 法律案の議決　② 条約の承認　③ 憲法改正の承認　④ 内閣総理大臣の指名

問６ 下線部ⓔに関連して，次の(1)，(2)の問いに答えよ。

(1) 資料２は，2023年度の国の予算を表している。資料２からわかることとして最も適当なものを，下の①～④のうちから一つ選べ。

資料２

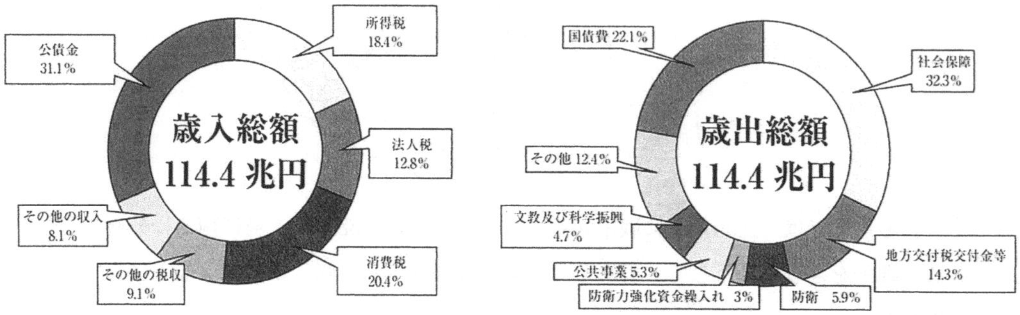

※「その他」には，新型コロナウィルス感染症《しょう》及び原油価格・物価高騰《とう》対策予備費（3.0%（4.0兆円））及びウクライナ情勢経済緊《きん》急対応予備費（0.9%（1.0兆円））が含まれる。

（財務省ホームページ「日本の財政を考える」より作成）

① 2023年度の歳《さい》入について，税収のうち，所得税の割合が最も大きい。
② 2023年度の歳《さい》入について，公債《さい》金（借金）が歳《さい》入の1/3以上を占《し》めている。
③ 2023年度の歳《さい》出について，社会保障費が歳《さい》出の1/3以上を占《し》めている。
④ 2023年度の歳《さい》出について，防衛費と防衛力強化資金繰《くり》入れ費を合わせた額は10兆円を超《こ》える。

(2) 写真の人物は，第100・101代内閣総理大臣である。この人物の内閣総理大臣在任中の取り組みとして最も適当なものを，次の①～④のうちから一つ選べ。

写真

① 新型コロナウィルスの感染が拡大したとき，緊急の経済対策として，全国民に10万円を給付した。
② 新型コロナウィルスが世界的に流行する中で，東京オリンピック・パラリンピックが開催を決定した。
③ 国際情勢の変化をふまえて，日本の防衛力を強化するために，防衛力整備に使う費用を大幅に増加させることを決めた。
④ 日本で初めて消費税を導入し，税率を10%とした。

問７　下線部ⓕに関連して，裁判所に与えられている権限について述べたものとして最も適当なものを，次の①～④のうちから一つ選べ。

①　裁判所がもつ，法令が憲法に反していないかどうかを判断する権限を弾劾《だんがい》裁判権という。

②　なんらかの事件の裁判において，法令が憲法に反していることが確認された場合，裁判所は法令が憲法に反していると判決を下すことができない。

③　日本では，法令が憲法に反していないかどうか審《しん》査する憲法裁判所が設置されている。

④　最高裁判所は，法令が憲法に反しているかどうか最終的な判断を下す権限をもつため，憲法の番人とよばれる。

問８　下線部ⓖに関連して，次の⑴，⑵の問いに答えよ。

⑴　次の文章は，憲法と自衛権の関係についての記述である。空欄（　Ａ　）～（　Ｃ　）にあてはまる語句の組合せとして最も適当なものを，次の①～⑧のうちから一つ選べ。

> …平和主義の理想を掲《かか》げる日本国憲法は，第９条に戦争放棄《き》，（　Ａ　）不保持，交戦権の否認に関する規定を置いています。もとより，わが国が独立国である以上，この規定は，主権国家としての固有の自衛権を否定するものではありません。政府は，このようにわが国の自衛権が否定されない以上，その行使を裏づける自衛のための（　Ｂ　）の（　Ｃ　）を保持することは，憲法上認められると解しています。
>
> （防衛省ホームページ「憲法と自衛権」より抜粋）

	A	B	C
①	戦力	必要最小限度	戦力
②	戦力	必要最小限度	実力
③	戦力	最大限	戦力
④	戦力	最大限	実力
⑤	実力	必要最小限度	戦力
⑥	実力	必要最小限度	実力
⑦	実力	最大限	戦力
⑧	実力	最大限	実力

⑵　1967年，当時の総理大臣によって表明された，日本政府の核兵器に関する基本方針として最も適当なものを，次の①～④のうちから一つ選べ。

①　見ざる，言わざる，聞かざる

②　持たず，運ばず，使わせず

③　持たず，つくらず，持ち込ませず

④　売らない，買わない，交換しない

問９　下線部ⓗに関連して，次の⑴，⑵の問いに答えよ。

⑴　国際連合の専門機関であるUNESCO（国連教育科学文化機関）は，文化を象徴する建造物や貴重な自然を，人類全体の遺産として残していくために，世界遺産として登録し，その保全に努めている。日本に存在する世界遺産の中で，世界文化遺産に登録されているものとして最も適当なものを，次の①～④のうちから一つ選べ。

①　富士山　　②　白神山地　　③　知床　　④　屋久島

⑵　貧困をなくすことや気候変動に具体的な対策を講じることなど，2030年までに達成すべき具体的な目標として設定されたSDGsについて，その日本語訳として最も適当なものを，次の①～④うちから一つ選べ。

①　持続可能な十年目標（Sustainable Decade Goals）
②　持続可能な開発目標（Sustainable Development Goals）
③　安定的な十年目標（Stable Decade Goals）
④　安定的な開発目標（Stable Development Goals）

問10　下線部ⓘに関連して，国家間の協調的政策の実現を考えるゲームについて考える。このゲームは，Ａ国とＢ国の二つの国家が，おたがいに相談できない状況において，「軍備の縮小」または「軍備の拡大」のいずれか一方を，１回のみ同時に選択し，各国はその選択に応じて次の表中に示された点数を得るというものである。

表

		Ｂ国	
		軍備の縮小	軍備の拡大
Ａ国	軍備の縮小	Ａ国に３点 Ｂ国に３点	Ａ国に０点 Ｂ国に５点
	軍備の拡大	Ａ国に５点 Ｂ国に０点	Ａ国に１点 Ｂ国に１点

次ページの会話文は，このゲームについて話している場面である。会話文中（　X　）にあてはまる言葉として最も適当なものを，次ページの①～④のうちから一つ選べ。

太郎：例えば，Ａ国もＢ国も「軍備の縮小」を選ぶみたいに，両方の国が同じ選択をすると，仲良く同じ点数になるね。

花子：でも，おたがいに相談できない状況だから，自分の国が「軍備の縮小」を選んでも，相手の国が「軍備の縮小」を選ぶかどうかはわからないよ。

太郎：じゃあ，各国はどのように選ぶのがよいのだろう？

花子：自分の国の利益だけを考えて選ぶんじゃないかなぁ。つまり，自分の国の点数が高くなるような選択をするんじゃないかなぁ。

太郎：両方の国が自分の国の点数を高くすることだけを考えると，（　Ｘ　）になるね。

花子：両方の国が相談することがないと，両方の国にとって良い結果は得られなくなってしまうんだね。

① Ａ国とＢ国がともに「軍備の縮小」を選ぶ結果

② Ａ国は「軍備の縮小」を，Ｂ国は「軍備の拡大」を選ぶ結果

③ Ａ国は「軍備の拡大」を，Ｂ国は「軍備の縮小」を選ぶ結果

④ Ａ国とＢ国がともに「軍備の拡大」を選ぶ結果

3　下の問い（問１～２）に答えよ。

問１　「食品ロス」とは，本来食べられるにもかかわらず捨てられている食品のことである。2011年時点で世界の食料廃棄《はいき》量は約13億トンであり，これは人の消費のために生産された食料のおよそ３分の１にあたる数である。近年国際的にも食品ロス削《さく》減の機運は高まり，2030年までに小売・消費レベルにおける世界全体の一人当たりの食品廃棄《はいき》物を半減させることが世界規模の目標として設定された。これに関連して，世界の食料問題における課題を，次の資料１を参考にして100字以内で答えよ。

資料１　世界の栄養不足人口と全人口に占める割合

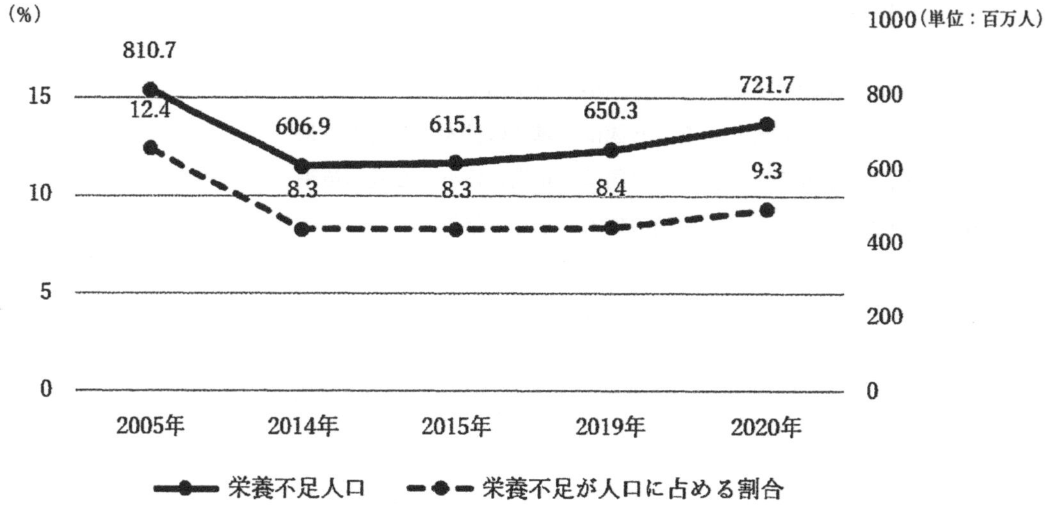

（消費者庁「食品ロス削減関係参考資料」令和４年６月14日版より作成）

問２　日本の食品ロスをより削《さく》減していくためにどのような取り組みが必要か，資料２を参考にあなたの考えを100字以内で答えよ。

資料２　日本の食品ロスの発生量

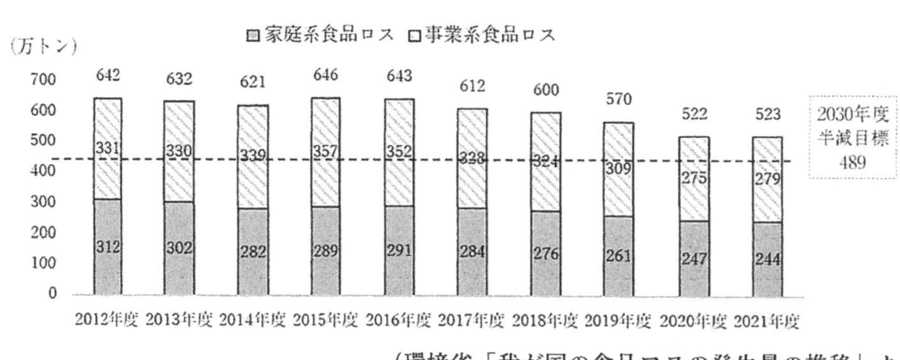

（環境省「我が国の食品ロスの発生量の推移」より作成）

問題は以上です

２０２４年度
ＡＩＣＪ中学校　　入学試験問題

本校入試１

理　科

（13：40～14：25）

【注　意】

１．試験開始の合図があるまで，この問題用紙に手をふれてはいけません。
２．問題用紙は７ページあります。これとは別に解答用紙があります。
３．試験開始の合図があってから，問題用紙のページ数を確かめなさい。
４．問題用紙のページが抜けていたり，破れていたり，印刷が不鮮明なところがある場合は，黙って手を挙げて試験監督に知らせなさい。
５．答えはすべて解答用紙に書きなさい。
６．試験終了後，問題用紙は表にして机の右側，解答用紙は表にして机の左側に置きなさい。

2024年度 理 科 （45分）答えはすべて別紙の解答用紙に書きなさい。 中一本校1

1 次の文を読んで，後の問いに答えなさい。

酸性とアルカリ性の水よう液を混ぜ合わせたとき，おたがいの性質を打ち消しあう反応を中和といい，中和によって水と（　ア　）ができます。塩酸と水酸化ナトリウムを中和させると，（　ア　）として食塩ができます。

中和は，指示薬を使うことでより明確にすることができます。例えば，うすい塩酸にBTBよう液を加えた液をつくり，これにうすい水酸化ナトリウム水よう液を少しずつ加えていくと，水よう液は（　イ　）性→中性→（　ウ　）性へと変化し，色は（　エ　）色→（　オ　）色→（　カ　）色と変化します。

(1) 空らん（ア）～（カ）に適する語句を答えなさい。

(2) 下のグラフは，あるの濃《こ》さの塩酸（A）と水酸化ナトリウム水よう液（B）を混ぜて完全に中和させたときの塩酸と水酸化ナトリウムの体積の関係を示したものです。

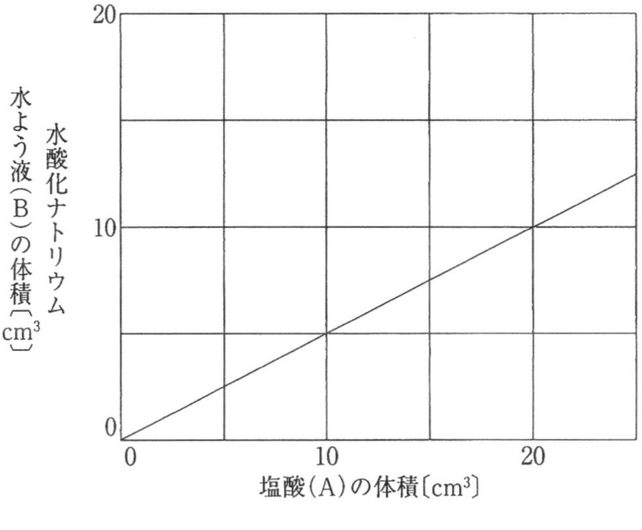

① 塩酸（A）60cm³に，水酸化ナトリウム水よう液（B）を15cm³加えると，液は何性になると考えられるか答えなさい。

② 水酸化ナトリウム水よう液（B）を２倍にうすめたよう液30cm³をちょうど中和するには，塩酸（A）は何cm³必要か答えなさい。

③ 塩酸（A）の２倍の濃さの水よう液60cm³に，水酸化ナトリウム水よう液（B）を２倍にうすめた水よう液60cm³加えると，液は何性になると考えられるか答えなさい。

下線部に関して，食塩を海水から取り出す方法の一つに，「揚《あ》げ浜《はま》式塩田」があります。揚げ浜式塩田では，まず海からくんできた海水を砂のしきつめられた地面にまきます。水が自然に蒸発することで食塩がとけきれなくなり，結晶《けっしょう》として砂の間に出てきます。この食塩を砂ごと箱の中に集め，食塩水をかけることで砂はとけずに食塩の結晶だけがとけ，こい食塩水をつくることができます。これを（　キ　）することで砂と食塩水を分けることができ，この食塩水を大きなかまで熱すれば多くの食塩を取り出すことができます。

(3)　空らん（キ）に適する分離《ぶんり》操作を答えなさい。

(4)　下の図は，（キ）の実験方法を示していますが，不適切なところがあります。その不適切なところは何か簡潔に答えなさい。

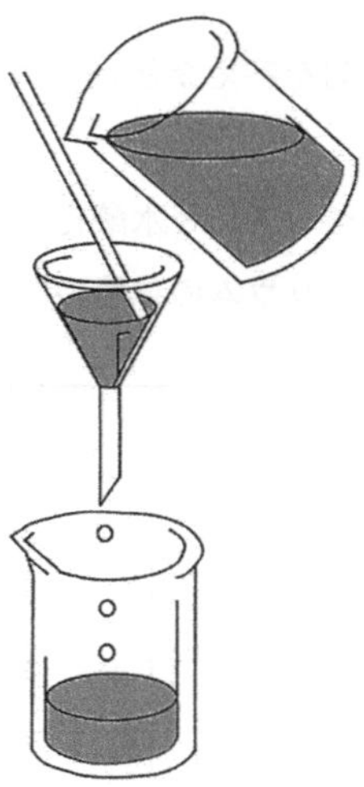

図

2　次の文を読んで，後の問いに答えなさい。

図はヒトのからだの中の主な器官の位置を示しています。それぞれ前から見たようすと後ろから見たようすです。前から見たようすと後ろから見たようすで同じ番号は同じ器官を示しています。左右に同じ器官がある場合は，一方のみに番号を示しています。

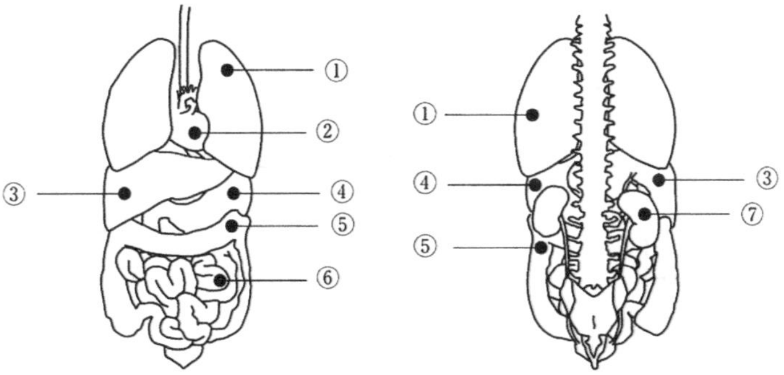

前から見たようす　　　　後ろから見たようす

図

器官Aは背中側の左右に1つずつあり，血液中の不要なものをこしとっています。器官Bは4つの部屋からできていて，収縮を繰《く》り返しています。器官Cの内側にある小さなひだには，さらに小さな突起《とっき》がたくさんあり表面積を増やしています。

(1)　文中の器官A～器官Cは何か答えなさい。また，図中の位置を番号で答えなさい。

(2)　器官Bについて，ヒトと同じように4つの部屋に分かれている動物を選びなさい。
　サンマ　　　ペンギン　　　カメ　　　オオサンショウウオ

(3)　器官Cがひだや小さな突起で表面積を増やしている利点を答えなさい。

(4)　心臓が送り出す血液は1回の収縮で60mLです。心臓が1分間に70回収縮するとき，5分間で全身に送り出される血液の量は何Lか答えなさい。

3　次の文を読んで，後の問いに答えなさい。

棒，ひも，おもりを使って実験を行いました。ただし，棒とひもの重さは考えないものとします。

(1)　下の図１～図３の（ア）～(カ）に，それぞれ何ｇのおもりをつるせば，棒は水平になるか答えなさい。

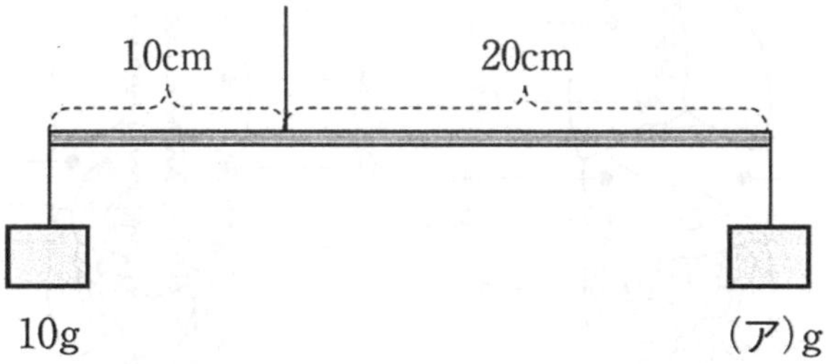

図１

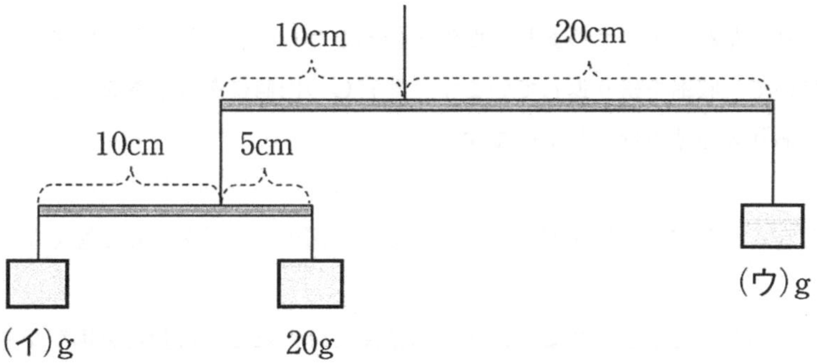

図２

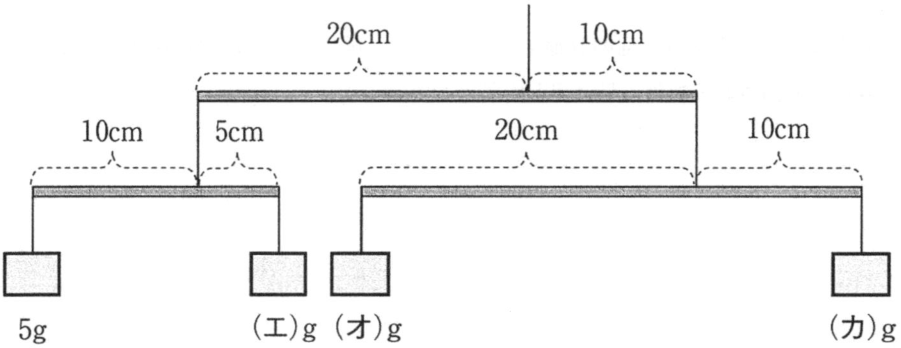

図３

二〇二四年度　国語

解答用紙

受験番号

得　点

※100点満点
（配点非公表）

中—本校1

一

問一

1 生物 意味

2 生物 意味

3 生物 意味

4 生物 意味

5 生物 意味

問二

1

2

3

4

5

問三

1

2

3

4

二

問一

a

b

c

d

e

問二

問三

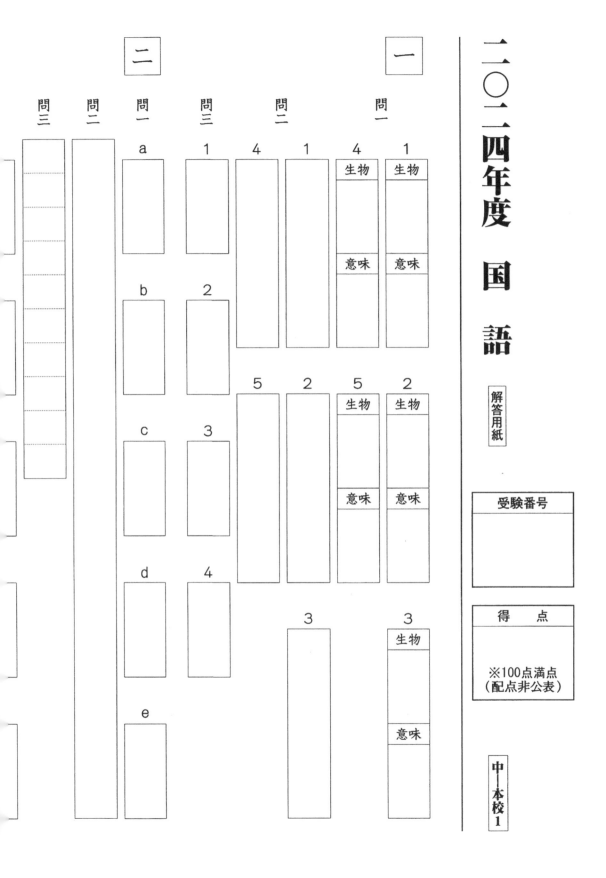

二〇二四年度　国語　解答用紙

受験番号

得点

※100点満点
（配点非公表）

中学校

一

問一
1 生物 意味
2 生物 意味
3 生物 意味
4 生物 意味
5 生物 意味

問二
1
2
3
4
5

問三
1
2
3
4

二

問一
a
b
c
d
e

問二

問三

3

(1)	才	(2)	才
(3)	年後		

4

(1)	cm^2	(2)	度
(3)	:		

5

(1)	個	(2)	個
(3)	個		

【解答欄は以上です】

	100
問2	
	100

（解答欄は以上です）

教英出版

(4)		L

3

(1)	ア	g	イ	g	ウ	g
	エ	g	オ	g	カ	g
(2)	キ	cm	ク	g		
(3)	ケ		コ			
(4)						

小計

4

(1)	方角a		星B		(2)	度
(3)	星C		色			

(4)	ア		イ		ウ		エ	

小計

解答欄は以上です

2024年度　理　科

解答用紙

受験番号

得　　点
※75点満点 （配点非公表）

中－本校1

1

(1)	ア		イ		ウ	
	エ		オ		カ	
(2)	①		②	cm^3	③	
(3)						
(4)						

小計

2

(1)	A		B		C	
(2)						
(3)						

【解答用

2024年度 社　会

解答用紙

受験番号

得　点
※75点満点 （配点非公表）

中一本校1

1

問1		問2		問3		問4		問5	
問6		問7		問8		問9		問10	
問11		問12		問13		問14		問15	

2

問1		問2 (1)		問2 (2)		問3		問4	
問5 (1)		問5 (2)		問6 (1)		問6 (2)		問7	
問8 (1)		問8 (2)		問9 (1)		問9 (2)		問10	

3

【解答用

2024年度　算　数　解答用紙

受験番号

得　　点
※100点満点 （配点非公表）

中－本校1

1

(1)		(2)	
(3)	回	(4)	
(5)		(6)	通り
(7)	m	(8)	円
(9)	倍	(10)	cm^2

2

(1)		(2)	番目
(3)			

【解答用

問五

問六

問七

問八

（解答らんは以上です）

次に，下の図４のように，定滑車《かっしゃ》を使用して実験を行いました。

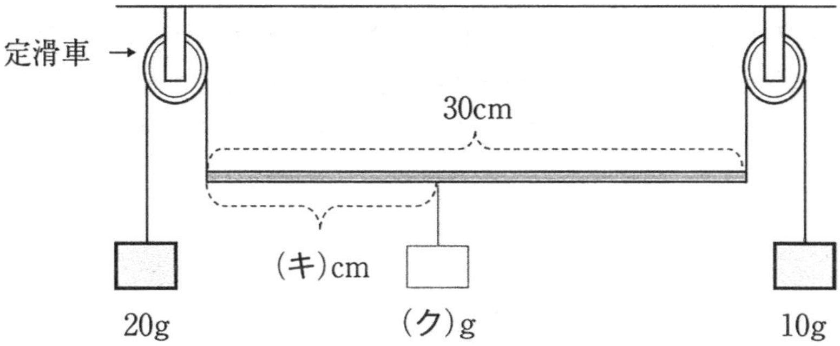

図４

(2)　図４の棒が水平になるように，図４の（キ），（ク）にあてはまる数値をそれぞれ答えなさい。

(3)　滑車には，図４で使用した定滑車とは別に，動滑車があります。次の動滑車の説明文の空らん（ケ），（コ）に適切な言葉を入れて，文章を完成させなさい。

『動滑車を１つ使ったときは，ひもを引く力の大きさはおもりの重さの（　ケ　）になり，ひもを引く長さは，物を引き上げる高さの（　コ　）になります。』

(4)　身の回りで動滑車の仕組みを利用している物を１つ答えなさい。

4　次の文を読んで，後の問いに答えなさい。

次の図１，図２は，広島県のある日の23時の空を観測してスケッチしたものです。図１は方角ａの空を観測したものです。数時間観測したところ，星Ａは星Ｂを中心に回っていることが分かりました。また，図２は星Ｂが出ている空を背にして方角ｂの空を観測したものです。

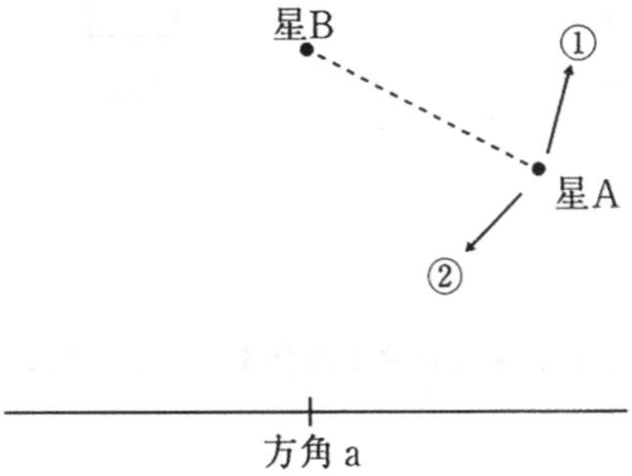

図１

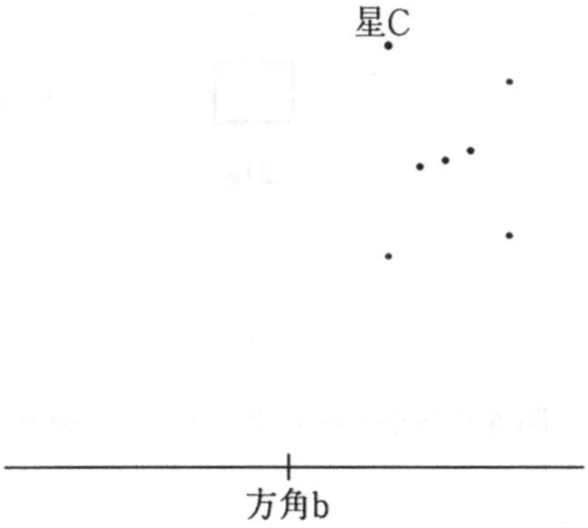

図２

⑴　図１で，星Ｂが観測された方角ａと星Ｂの名前を答えなさい。

⑵　図１で，観測された星Ａは，４時間後に①，②のどちらに何度動いたか答えなさい。

⑶　図２で，観測されたオリオン座のこう星Ｃの名前を答えなさい。また，その色を次のア～エから選び，記号で答えなさい。

ア　黄　　　イ　赤　　　ウ　白　　　エ　青

(4) 図２の空に観測されたオリオン座について，次のＡくんとＢさんの会話文の空らん（　ア　）～（　エ　）に当てはまる語句や数字を答えなさい。ただし，時刻は24時間表記で答えなさい。

Ａくん：方角ｂの空でオリオン座を観察してから，今日でちょうど１か月経ったね。
Ｂさん：ということは，今日も23時に方角ｂの空を観ると同じ位置にオリオン座が来るのね。
Ａくん：それはちがうよ。１か月前と同じ時刻に観測すると，（　ア　）の方角に（　イ　）度ずれているよ。
Ｂさん：なぜそうなるの。
Ａくん：地球は太陽の周りを（　ウ　）しているから，１か月で（　イ　）度だけ（　ア　）の方角に位置がずれるみたいだよ。
Ｂさん：それなら，１か月前と同じ位置で観測をしたいときは，（　エ　）時に観測すればいいのね。
Ａくん：そういうことだね，今日の夜，観測してみよう。

二〇二四年度
ＡＩＣＪ中学校　入学試験問題

本校入試２

国　語

（９時30分～10時30分）

【注　意】

1、試験開始の合図があるまで、この問題用紙に手をふれてはいけません。
2、問題用紙は11ページあります。これとは別に解答用紙があります。
3、試験開始の合図があってから、問題用紙のページ数を確かめなさい。
4、問題用紙のページが抜けていたり、破れていたり、印刷が不鮮明なところがある場合は、黙って手を挙げて試験監督に知らせなさい。
5、答えはすべて解答用紙に書きなさい。
6、試験終了後、問題用紙は表にして机の右側、解答用紙は表にして机の左側に置きなさい。

2024(R6)　ＡＩＣＪ中　本校２
教英出版

二〇二四年度　国語

（六十分）　答えはすべて 解答用紙 に書き入れること。

中―本校2

一　次の問いに答えなさい。

問一　次の――線部のカタカナを漢字に直しなさい。

1　社会に対するコウセキを評価する。

2　わたり鳥のムれが海をわたる。

3　特産物を他県へユソウする手段が必要だ。

4　規模をシュクショウして祭りをする。

5　その理由ではナットクしがたい。

問二　次の（　）に入る慣用句として最も適当なものを次のア～ケの中から選び、記号で答えなさい。

1　いくら説明しても全く反応がなく、（　）だ。

2　ピアノの大会と陸上の大会が同じ月にあるなんて、（　）にならないために、ピアノの練習に集中した方がいいと思う。

3　自分の呼びかけのおかげで参加者が増えたと信じている彼に、本当は違《ちが》う理由があるだなんて（　）だ。

4　（　）というように、留学先ではまずその土地のやり方に従ってみようと考えている。

5　お礼に贈《おく》り物をしたいが、気になる品物がどれも高価すぎたり安価すぎたりと（　）で決まらない。

ア　郷に入っては郷に従え　　イ　のれんにうで押し　　ウ　知らぬが仏
エ　鬼《おに》の目にも涙《なみだ》　　オ　言わぬが花　　カ　木に竹をつぐ
キ　転ばぬ先のつえ　　ク　あぶはち取らず　　ケ　帯に短したすきに長し

問三　次の語の対義語を漢字二字で書きなさい。

1　片道　　2　勝利　　3　快楽　　4　形式　　5　権利

問四　次の□の使い方が文脈に合っていれば○を書き、合っていなければア～オの中から選び、記号で答えなさい。
ただし、記号は一度しか使えません。

1　月が明るくかがやいている［ので］明日は雨でしょう。
2　すしが好きですか。［ところで］パスタが好きですか。どちらか好きな方を食べに行きましょう。
3　三人前のステーキを平らげた。［それで］今、おなかがいっぱいです。
4　来週、国語［ただし］算数どちらかのテストをします。
5　B［もしくは］2Bのえんぴつを使用してください。

ア　または　　イ　それとも　　ウ　しかし　　エ　けれども　　オ　たとえば

二　次の文章を読んで、後の問いに答えなさい。（句読点や記号も一字として数えます）

英里子《えりこ》に通されて入った家の中は、しんとしずまりかえっていた。

廊下《ろうか》や部屋の隅《すみ》に、段ボール箱がいくつか a ツまれていた。リビングルームで、英里子に促《うなが》されて、実弥子《みやこ》は木製のテーブルを挟《はさ》んで向かい合わせに座った。ふと目を上げると、いつかルイが描《えが》いたセミの羽根の絵が壁《かべ》に貼《は》られていた。ここに貼っているということは、英里子もこの絵を気に入ってくれたということだろうか。

「この絵、あの子がここに貼ってって、言ったんです」

実弥子が絵を見ていることに気付いた英里子が、説明するように言った。

「この絵を持って帰ったとき、きれいな絵だねって、私が褒《ほ》めたんです。そうしたら、ここに貼ってって」

ルイが、この絵を b ムチュウで描いていたときの表情が、実弥子の胸にじわりと浮《う》かび上がってきた。セミの羽根の一つ一つの模様を、一心に描いていた。頭の中で膨《ふく》らんで、ぎゅうぎゅうにつまっていたものが、指先からつぎつぎにあふれ出ているようだった。

「お母さんに褒められて、とてもうれしかったんですね。きっと、ルイくんにとっても自信作だったんだと思います。この絵は、私が課題を出したものではないんですよ。課題を出す前の時間に、ルイくんが自由に、ムチュウで描いたものなんです」

「ありがとうございます。ルイが、お教室から持って帰る絵、私もいつも、ほんとうに楽しみだったんです。①とってもすてきな絵ばかりで、いつもそれを、楽しそうに渡《わた》してくれて」

英里子が、実弥子の顔を、まっすぐに見た。

「②先生には、感謝しているんです、とても……だけど……」

次第に潤《うる》み始めた目に、実弥子は戸惑《とまど》う。

英里子は、そのまま言葉を見つけられなくなったように、押《お》し黙《だま》った。
しばらく続いた沈黙《ちんもく》を破るように、実弥子が口を開いた。
「あの、お引っ越《こ》しを、されるんですよね」
「はい……」
「今日は、お忙《いそが》しいところに、突然《とつぜん》、おしかけるようにお邪魔《じゃま》してしまって、すみません」
実弥子が頭を下げると、英里子は、いいえ、と言いながら首を横に振《ふ》った。
「荷物はこうしてまとめているのですが、実は、私たち、まだ転居先が決まっていないんです」
「え、そうなんですか」
「なかなか、私たち親子が cカりられる家が見つからなくて……」
「この家を、出なくてはいけない、ということなんですか？」
「ええ、すぐに、というわけでもないのですが……。この家は、夫の両親の持ち家なんです。夫とは、もう正式に別れてしまったので、私たちがいつまでもこの家にいるわけにはいかないんです。最初は、私の実家に戻《もど》ることも考えたのですが、私たちが入り込《こ》めるスペースは、とてもなくて」
「それは、たいへんですね。お気持ち、お dサッしいたします」
「おはずかしい話ですが、ずっと、夫が……元夫ですが、この家に帰ってこなかったので、別れること自体は、もうずっと前から覚悟《かくご》していたんです。でも、いざとなると現実は思うようにならないことばかりで……。私も働いてはいるのですけど、正社員ではないので……。ルイの※1親権は私が持つのですが、この先、どうしていったらいいか、ほんとうに不安で……」
英里子は、ときどき言葉につまりながら、ゆっくり話した。実弥子は、③言いにくいことを話してくれているのだと感じながら、その 1薄《うす》い唇《くちびる》から言葉が少しずつこぼれてくるのを見守った。

英里子が、ふと顔を上げた。

「ごめんなさい、なんだか、言い訳のように、私たちの、余計なことばかりをお話ししてしまいました」

「いえ……」

突然、部屋のドアが開いた。ルイが、立っていた。

「ルイくん！」

実弥子は、思わず立ち上がった。

ルイの、寝癖《ねぐせ》のついたぼさぼさの髪《かみ》の間から、二つの目がしっかりと見開かれているのがわかった。

「ルイ、起きたのね」

英里子がそう言いながらルイに近づいていくと、ルイはその脇《わき》をするりと抜《ぬ》け、④実弥子の方にかけよった。ルイの背中を追いながら、少し驚《おどろ》いたような表情を浮かべた英里子と、実弥子の目が合った。ルイが実弥子の手を握《にぎ》る。

「ミャア」

自分がここにいるよ、という合図のように、※2アトリエに到着《とうちゃく》したときに出していたあの声。実弥子はルイの手をやさしく握り返した。

「ルイくん、また会えて、うれしい」

その言葉に応《こた》えるように、ルイが両手を広げて実弥子に抱《だ》きついた。

「やっぱり金雀児《えにしだ》先生がいいのね」

⑤そういう英里子の声が、かすかにふるえている。ルイの背中にやさしく手を回しつつ、実弥子は英里子に視線を送った。2薄い唇はぴたりと閉じ、もう言葉を発することをあきらめたように見える。自分が母親なのに、子どもは背を向けて他の人に抱きついている。淋《さび》しくて、Aやるせない。その切ない気持ちを内側に閉じ込めたままの無言なのかもしれない、と実弥子は思う。

実弥子は、一度ぎゅっとルイの身体《からだ》を抱きしめてから、ゆっくりと力をゆるめた。ルイもそれに合わせるように、実弥子に回していた手をほどいた。
実弥子は、ルイから少し身体を離《はな》すと、その視線の高さに合わせるように腰《こし》を屈《かが》めた。
「ねえ、ルイくん。また、アトリエに、絵、描きに来てくれる？」
ルイが目を大きく開き、英里子の方に顔を向けた。英里子は、まばたきをしながら、かすかに微笑《ほほえ》んだ。
「行きたいんでしょ」
ルイは、ゆっくりと頷《うなず》いた。
「でもね」
英里子はルイに近づき、その肩《かた》に手を添《そ》えた。
「引っ越さなきゃいけないのよ、私たち、ここから。きっと遠くなっちゃうから、通うのは難しいと思う」
ルイが、しゅんとした様子でうつむいた。英里子の手を取って※3所在なげに片足をぶらぶらとゆらした。
「ここにいたい」
ルイの言葉を聞いた英里子が、eハンシャ的にしゃがんで、ルイの目を見た。
「あのね、ルイ。何度も言ったよね。ダメなのよ、この家には、もう住み続けられないの。お父さんのこと、わかってくれてるよね」
ルイはうつむいたまま、片足をさらにゆらした。
「あの、こんなこと、私一人で決めるわけにはいかないことではあるんですけど……」
実弥子は、低い声で切り出した。
「私の家に、アトリエ・キーチに、来ませんか、二人で」
「先生の、家に……？」

英里子がB怪訝《けげん》な顔になった。ルイは、実弥子の方を見ながら、ゆっくりとまばたきをした。

「こんにちはー」

「こんにちはー」

ゆずちゃんとまゆちゃんが、声を揃《そろ》えてアトリエにやってきた。

「あー」

先にアトリエに上がったまゆちゃんが、声を上げた。

「ルイくん、来てたんだ!」

すでにテーブルについて絵を描き始めていたルイが、まゆちゃんの声に、顔を上げた。うれしそうな表情を浮かべるまゆちゃん、「えー」と言いながら笑顔で走ってくるゆずちゃんを見て、真顔だったルイが、みるみる笑顔になった。

「うん、来た」

ルイが声を出して答えた。

「またルイくんと一緒《いっしょ》に絵が描けるんだ」

「うれしいな」

「ルイくんはね、来た、というより、今、ここにいるんだよ」

実弥子が、声をかけた。

「え、どういうこと……?」

まゆちゃんが不思議そうに、ルイと実弥子の顔を交互《こうご》に見た。実弥子は、にっこりと微笑んだ。

「ルイくん、今、この家に住んでるの」

「ほんと?」

まゆちゃんとゆずちゃんが、まんまるの目を向けると、ルイが、「ほんと」と答えた。頬《ほお》にえくぼが浮かんでいる。

古民家を改装した「アトリエ・キーチ」の二階には、使っていない部屋があり、英里子とルイがそこに移ってくることになったのだ。※4不動産屋の山下を通じて、大家さんのfキョカも得ることができた。

そんなことはとんでもない、と、あの日、実弥子が訪問したときには、英里子はすぐにgコトワった。しかし、それから数日後に、英里子の方から、やはりお願いします、とルイを伴《ともな》って訪ねてきたのだった。

ひと部屋分の家賃と、食費などの必要分はhフタンしてもらう、ということで合意したあと、英里子は自宅の荷物のほとんどを処分し、ルイと二人、身の回りのものだけを持って「アトリエ・キーチ」に越してきた。※5校区が変わらないため、ルイは転校はしないことになったが、結局、一度も登校しないまま夏休みを迎《むか》えた。

（東直子『階段にパレット』より）

※1　親権――未成年の子どもの世話をしたり、財産を管理したりする権利。
※2　アトリエ――芸術家の仕事場。
※3　所在なげに――することがなくて退屈《たいくつ》な様。
※4　不動産屋――土地や家など不動産の売買や管理などを行う会社のこと。
※5　校区――児童・生徒の通学区域。

問一 ――線部a「ツ」、b「ムチュウ」、c「カ」、d「サッ」、e「ハンシャ」、f「キョカ」、g「コトワ」、h「フタン」のカタカナを漢字に直しなさい。

問二 ――線部①「とってもすてきな絵」が出来上がるためには何が必要だと筆者は考えていますか。解答らんに合うように本文中から四十二字でぬき出し、最初と最後の五字を答えなさい。

問三 ――線部②「次第に潤み始めた目」とありますが、ここから読み取れる英里子の気持ちとして最も適当なものをア～エの中から選び、記号で答えなさい。

ア ルイの絵の才能を開花させてくれた実弥子への感謝。
イ 経済的に厳しく、明日からの生活にも困ることへの絶望感。
ウ 絵画教室を辞めてしまう残念さとこれからの生活への不安。
エ 夫と離婚《りこん》しこれまでの幸福な生活がくずれていくことへの恐れ。

問四 ――線部③「言いにくいこと」とは何ですか。簡潔に説明しなさい。

問五 ――線部1・2の「薄い唇」が象徴《しょうちょう》している英里子の運命（状態）を漢字二字で答えなさい。

問六 ――線部④「実弥子の方にかけよった」とありますが、ここからルイの誰《だれ》へ対してのどのような気持ちが読み取れますか、説明しなさい。

問七　――線部⑤「そういう英里子の声が、かすかにふるえている」とありますが、その原因となる事実として最も適当な一文を、本文中からぬき出して答えなさい。（句読点を含みます）

問八　――線部Ａ「やるせない」、Ｂ「怪訝な」の意味として最も適当なものをそれぞれア〜エの中から選び、記号で答えなさい。

Ａ　やるせない
ア　ひどく不快な様子。
イ　悲しみなどを晴らせない様子。
ウ　やる気を失った様子。
エ　怒りに満ちた様子。

Ｂ　怪訝な
ア　理由や事情が分からなくて好奇心がしげきされること。
イ　理由や事情が分からなくてつらい気持ちになること。
ウ　理由や事情が分からなくて怒りがこみ上げること。
エ　理由や事情が分からなくて不思議に思うこと。

問九　本文中のルイと英里子の母子の関係に着目し、二人にそれぞれ助言してより良い生き方、考え方を示したいと思います。あなたの考えをそれぞれ百字以内で述べなさい。

評価基準

A　設問に対する応答

それぞれの人物に適切な助言ができている。

B　理解

母子の関係性における、それぞれの人物の現状について理解していることがうかがえる。

C　言語

正しく論理的な日本語で表現できており、語彙《ごい》力の高さもうかがわせる。

（問題は以上です）

２０２４年度
ＡＩＣＪ中学校　入学試験問題

本校入試２

算　数

（10：50～11：50）

【注　意】

１．試験開始の合図があるまで，この問題用紙に手をふれてはいけません。
２．問題用紙は６ページあります。これとは別に解答用紙があります。
３．試験開始の合図があってから，問題用紙のページ数を確かめなさい。
４．問題用紙のページが抜けていたり，破れていたり，印刷が不鮮明なところがある場合は，黙って手を挙げて試験監督に知らせなさい。
５．答えはすべて解答用紙に書きなさい。
６．問題を解くために円周率が必要な場合は，3.14 を用いなさい。
７．試験終了後，問題用紙は表にして机の右側，解答用紙は表にして机の左側に置きなさい。

2024年度　算　数

（60分）答えはすべて別紙の解答用紙に書きなさい。　　中一本校2

1　次の問いに答えなさい。

(1)　$20\times5-(18-48\div6)\times4$ を計算しなさい。

(2)　$0.125\times\frac{2}{3}+\frac{1}{6}\div4$ を計算しなさい。

(3)　$96\div\{(\square+6)\times4\}=3$ の□にあてはまる数はいくつですか。

(4)　1から100までの整数の中に3または5で割り切れる数は何個ありますか。

(5)　家から3.5 kmはなれた図書館に行きました。最初は時速3 kmで歩いていましたが，ある地点から時速5 kmで歩いたところ，ちょうど1時間で着きました。速さを変えたのは家から何kmの地点ですか。

(6) アメを何人かの子供たちに同じ数ずつ配ることにしました。7個ずつ配ると6個あまり，9個ずつ配ると8個たりません。このとき，アメは何個ありますか。

(7) 原価に20%の利益を見こんで定価をつけましたが，売れないので定価から何％か値引きすることにしました。最大何％までなら値引きしても損をしないですか。整数で答えなさい。

(8) 図の角アは何度ですか。
ただし，AD = BD = BC とします。

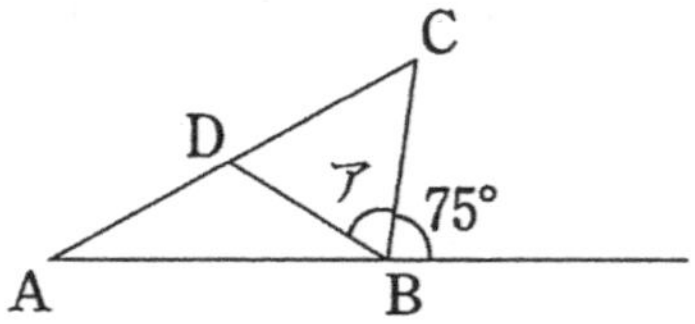

(9) 図のような，AB = 4 cm，BC = 3 cm，AC = 5 cm の長方形ABCDを点Aを中心に反時計回りに40°回転させたとき，辺BCが，通過した部分の面積は何 cm^2 ですか。
ただし，円周率は3.14とします。

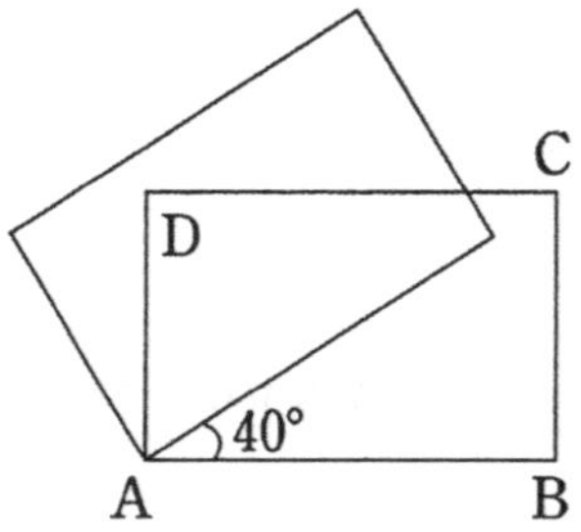

(10) 図のような三角すいABCDを，点E，F，Gを通る平面で切断し，2つの立体に分けたとき，点Aを含む立体と点Aを含まない立体の体積の比を最も簡単な整数の比で求めなさい。
ただし，AE : EB = 1 : 1，AF : FC = 4 : 1，AG : GD = 2 : 3 とします。

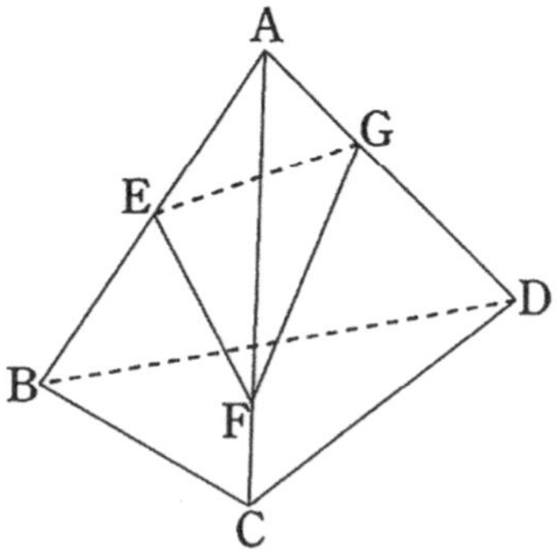

2 次のように，ある規則にしたがって，分数が並んでいます。

$\frac{1}{1}$, $\frac{1}{2}$, $\frac{3}{2}$, $\frac{1}{3}$, $\frac{3}{3}$, $\frac{5}{3}$, $\frac{1}{4}$, $\frac{3}{4}$, $\frac{5}{4}$, $\frac{7}{4}$, $\frac{1}{5}$, ……

このとき，次の問いに答えなさい。

(1) 初めから数えて30番目の分数は何ですか。

(2) 初めから数えて55番目までの分数の和はいくつですか。

(3) 分数 $\frac{15}{64}$ は初めから数えて何番目に現れますか。

3 A，B，Cの３つの容器があります。Aには５％の食塩水が100 g，Bには10％の食塩水が50 g，Cには20％の食塩水が入っています。Aから50 gをとりCに入れるとCの食塩水の濃度《のうど》が10％になりました。

このとき，次の問いに答えなさい。ただし，各操作のあと，水溶液はよくかきまぜるものとします。

(1) 最初にCに入っている食塩水は何 gですか。

(2) Bから食塩水をとり，濃度《のうど》が10％になったCの容器に入れます。そのあと，Cの食塩の量を求めると10 gでした。Bから入れた食塩水は何 gですか。

(3) (2)の操作のあと，A，Bの食塩水の残りをすべてCに入れました。Cの食塩水の濃度《のうど》を５％にするためには，さらにCの容器に水を何 g入れるとよいですか。

4 図のような AB = 6 cm，AE = 5 cm，AD = 12 cm である直方体があります。
この立体の辺 FG 上に F から 1 cm ごとに，点ア，点イ，点ウ，… ，点サ をとります。

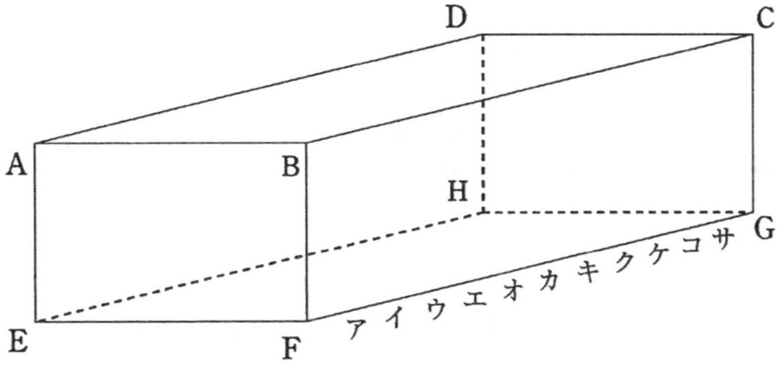

このとき，次の問いに答えなさい。

(1) この立体の表面積は何 cm^2 ですか。

(2) 点アを通り，切り口が面 ABFE と平行になるように立体を切り分けます。分かれた２つの立体の表面積の和は何 cm^2 ですか。

(3) 点アを通り，切り口が面 ABFE と平行になるように立体を切り分けます。この作業を点イから点サまで同様におこないます。このとき，分かれたすべての立体の表面積の和は何 cm^2 ですか。

5

図のような「AICJ」の横断幕を，学園祭に向けて作ることになりました。
先生から用意されたペンキを用いて，「AICJ」の4文字を1文字1色でぬることにしました。
ペンキの色の種類は，赤，青，黄，緑，黒の5色です。

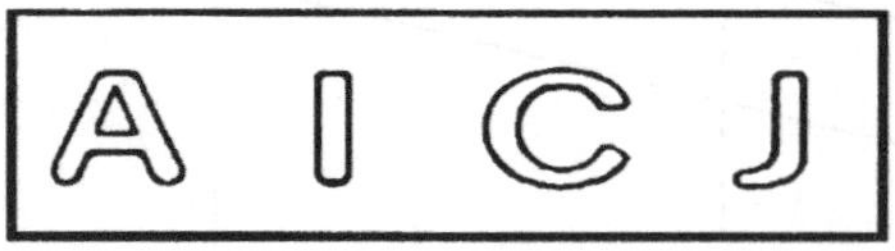

このとき，次の問いに答えなさい。

(1) 5色から4色を選んでぬるとき，色のぬり分け方は何通りありますか。

(2) (1)のうち，Jが赤であるものは何通りありますか。

(3) 5色から2色を選んで，2文字ずつ同じ色でぬるとき，色のぬり分け方は何通りありますか。

【問題は以上です】

２０２４年度
ＡＩＣＪ中学校　入学試験問題

本校入試２

社　会

（12：35～13：20）

【注　意】

１．試験開始の合図があるまで，この問題用紙に手をふれてはいけません。
２．問題用紙は11ページあります。これとは別に解答用紙があります。
３．試験開始の合図があってから，問題用紙のページ数を確かめなさい。
４．問題用紙のページが抜けていたり，破れていたり，印刷が不鮮明なところがある場合は，黙って手を挙げて試験監督に知らせなさい。
５．答えはすべて解答用紙に書きなさい。
６．試験終了後，問題用紙は表にして机の右側，解答用紙は表にして机の左側に置きなさい。

2024(R6) ＡＩＣＪ中　本校２
教英出版

2024年度　社　会　（45分）　答えはすべて別紙の解答用紙に書きなさい。

中一本校２

1

次の文章を読み，下の問い（問１～15）に答えよ。

> 日本の領土は，ⓐ北海道，本州，四国，九州の大きい４つの島と，その他の小さな島で構成されます。日本はⓑユーラシア大陸の東に位置しており，東アジアと呼ばれる地域にあります。太平洋，オホーツク海，日本海，東シナ海に囲まれています。東端《たん》は［　ア　］，西端《たん》は［　イ　］，南端《たん》は沖ノ鳥島，北端《たん》はⓒ択捉《えとろふ》島です。領土の総面積は約［　ウ　］万㎢で，［　エ　］とほぼ同じです。気候帯を見ると，ほとんどの地域は明確な四季のある［　オ　］に属していますが，南部に位置する沖縄は［　カ　］，北部に位置する北海道は亜《あ》寒帯に属しています。そのため，日本の領土には，多種多様な動植物が生息しています。また，日本各地に多くの貴重な生態系が残されており，知床《しれとこ》，白神山地，ⓓ小笠《がさ》原諸島，屋久島の４つの地域は，ユネスコの世界遺産一覧表に自然遺産として登録されています。
>
> 領海は，ⓔ国連海洋法条約によって海岸から［　キ　］海里までと定められています。また，［　ク　］とは海岸から200海里までの，領海をのぞいた海域です。この水域では漁業をしたり，ⓕ石油などの天然資源を掘《ほ》ったり，科学的な調査を行ったりする活動を，他の国に邪魔《じゃま》されずに自由に行うことができます。ⓖ日本の領土の広さは世界で61番目ですが，日本の領海と［　ク　］を合わせた面積は世界で［　ケ　］番目の広さになります。

（外務省ホームページ「日本の領土をめぐる情勢」ほか一部改変）

問１　下線部ⓐの中で，２番目に大きい島として最も適当なものを，次の①～④のうちから一つ選べ。

①　北海道　　②　本州　　③　四国　　④　九州

問２　下線部ⓐに関連して，世界の島の中で本州の広さは世界で何番目か，次の①～④のうちから一つ選べ。

①　６番目　　②　７番目　　③　８番目　　④　９番目

問３　下線部ⓑは，13世紀にヨーロッパとアジアが陸続きであることをヨーロッパ側が実感した戦いの後の造語であるという説があるが，その戦いの名前として最も適当なものを，次の①～④のうちから一つ選べ。

①　元寇　　②　アメリカ独立戦争　　③　ナポレオン戦争　　④　ワールシュタットの戦い

問4 [ア]と[イ]に入る語句の組み合わせとして最も適当なものを，次の①～④のうちから一つ選べ。

① ア：南鳥島　イ：与《よ》那《な》国島　② ア：南鳥島　イ：小笠原諸島
③ ア：隠《お》岐《き》島　イ：与那国島　④ ア：隠岐島　イ：小笠原諸島

問5 下線部ⓒについての説明文として最も適当なものを，次の①～④のうちから一つ選べ。

① 日本固有の領土でありながら，韓国は一方的にこの島を取り込み，不法占拠している。
② この島が日本固有の領土であることは歴史的にも国際法上も明らかであり，現に我が国はこれを有効に支配している。
③ この島はかつて，世界有数の金の生産地であった。
④ 1945年からロシア（当時はソ連）に占拠されたままになっていて，自由に行き来できない。

問6 下線部ⓒに関連して，択捉島として最も適当なものを，地図中の①～④のうちから一つ選べ。

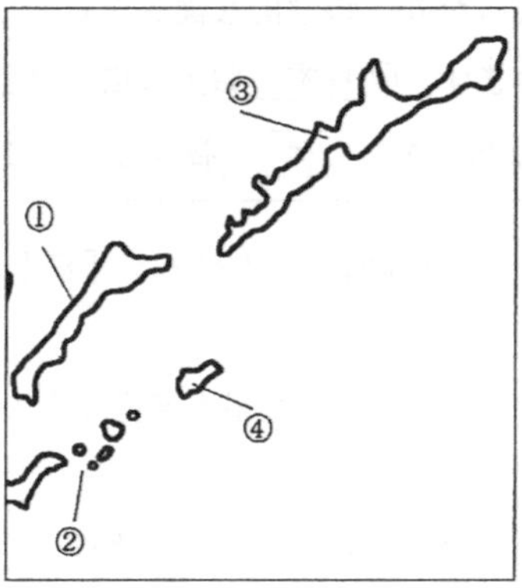

問7 [ウ]と[エ]に入る語句の組み合わせとして最も適当なものを，次の①～④のうちから一つ選べ。

① ウ：38　エ：ドイツ　② ウ：38　エ：イタリア
③ ウ：66　エ：ドイツ　④ ウ：66　エ：イタリア

問8 [オ]と[カ]に入る語句の組み合わせとして最も適当なものを，次の①～④のうちから一つ選べ。

① オ：亜寒帯　カ：熱帯　② オ：亜寒帯　カ：亜寒帯
③ オ：温帯　カ：熱帯　④ オ：温帯　カ：亜熱帯

問9　下線部ⓓは第二次世界大戦後ある国の施政権下とされたが，ある年に返還された。ある国とある年の組合せとして最も適当なものを，次の①～④のうちから一つ選べ。

①　国：イギリス　年：1968　　②　国：アメリカ　年：1968
③　国：イギリス　年：1972　　④　国：アメリカ　年：1972

問10　下線部ⓔに関連して，国際連合が設立されるきっかけとなった戦いとして最も適当なものを，次の①～④のうちから一つ選べ。

①　第一次世界大戦　　②　第二次世界大戦　　③　日清戦争　　④　日露戦争

問11　[キ]と[ク]に入る語句の組合せとして最も適当なものを，次の①～④のうちから選べ。

①　キ：36　ク：排他的経済水域　　②　キ：12　ク：排他的経済水域
③　キ：36　ク：接続水域　　④　キ：12　ク：接続水域

問12　下線部ⓔに関連して，日本が締約した年は1996年ですが，1990年代に開通したものとして最も適当なものを，次の①～④のうちから一つ選べ。

①　瀬戸大橋　　②　青函トンネル　　③　関門橋　　④　明石海峡大橋

問13　下線部ⓕがおもなエネルギー源となった革命として最も適当なものを，次の①～④のうちから一つ選べ。

①　フランス革命　　②　第一次エネルギー革命
③　第二次エネルギー革命　　④　アメリカ独立革命

問14　下線部ⓖに沖縄県が設置された時代として最も適当なものを，次の①～④のうちから一つ選べ。

①　室町時代　　②　戦国時代　　③　江戸時代　　④　明治時代

問15　[ケ]に当てはまる数字として最も適当なものを，次の①～④のうちから一つ選べ。

①　4　　②　6　　③　9　　④　12

2　次の文章を読み，下の問い（問１～15）に答えよ。

生成AIと日本の親和性

AIがもたらす新しいⓐ自由と変化はおそらく，ⓑ産業革命やインターネット革命が生んだものよりずっと大きいものとなる。ただしそれが具体的にどのような形をとって人々の前に現れるか，正確に捉《とら》えられている人はまだ誰《だれ》もいないのが現状である。ここ30年来，成長の機会を逃《のが》し続けてきた感のある日本においても，変革の時代は大きなチャンスの到来である。ⓒChatGPTの流行は，世界中が予想しない形で昨年11月末から始まり，AIの急速な進展が多くの人の共通認識となった。その後の急速な展開は，国や地域の別を問わず，ⓓ企《き》業組織の大小も関係なく，スピード感と技術力を頼《たよ》りにして，だれもが競争にⓔ参画できる状況《きょう》が生まれていることを示している。もとよりテクノロジー関連における研究・技術水準は，極めて高い日本である。AIに関しても，ここ数年，ペースを上げて人材育成，研究開発，社会実装を進めてきた実績がある。自信を持って正面から堂々と競争に臨めば，充《じゅう》分に世界で活躍《やく》できる力はある。日本にはさらなる強みもある。生成AIはその利用において，どのような入力をするか創意工夫が必要であり，日本人に向いているという意見もある。ひとりひとりが創造的で，お互《たが》いに切磋琢磨《せっさたくま》しながら，きめこまやかなものを作り上げられる日本人は，その力を発揮して作り込《こ》んだ生成AIサービスを，ユニークなⓕ国際的に競争力あるものとして生み出せる可能性がある。また，AIが人間に寄り添《そ》い，人間の暮らしを豊かにする光景は，私たち国民の多くが共有している。日本人に愛されてきたドラえもんや鉄腕《わん》アトムなど，ロボット・AIが人間と共生する像は，私たちがもつ無形の資産である。AIに対しての切実なニーズもある。ものづくり，ⓖ金融《ゆう》，ⓗ医療《りょう》など大きな産業で，必ずしもⓘデジタル技術をうまく利用できていなかった事業者も，AIを利用することで，一気に変革をとげられる可能性は大きい。そもそもⓙ労働人口が急減する日本においては，生産性を上げていくことは避《さ》けて通れない道であり，社会全体でAIを利用することの必要性は論を待たない。

いま戦略を検討することの重要性

盛り上がりを見せる生成AIの技術は，まだ黎《れい》明期である。技術的な課題は多くあり，今後，こういった技術的課題が解決されるたびに大きな進展となって世の中に波及《きゅう》する。数年間のうちに技術が継《けい》続的に進展していくだろう。長らく停滞《たい》してきた日本は，AIの勃興《ぼっこう》とともに再び成長の機運が見えている。この芽を伸《の》ばしていくため，いまこそ大胆《たん》な戦略が必要なのは間違《ちが》いない。先行する二つの変革期における日本のふるまいを振《ふ》り返れば，産業革命時には内燃機関という新しい技術をすみやかに吸収し，独自の改良を加え自動車産業を興して世界のトップランナーとなった。対してインターネット革命時には，戦略と決断の速さ，資本投下の物量で劣《おと》り，後塵《こうじん》を拝した。今回のAI変革期はどうか。生成AIと日本の親和性を踏《ふ》まえれば，十二分に競争できる状況《きょう》にあるのではないか。ChatGPTの世界的流行などによりその利便性・重要性が日本の中でも一気に知れ渡《わた》ったこと，そして，オープンな技術開発も続いてきたために，地域や資本の別なく誰《だれ》もが参入できることは日本には追い風だ。考えを尽《つ》くし策を練れば，果実はついてくるのが現在のタイミングと言える。AIは，ⓚ安全保障，災害対策，ⓛ温暖化対策等の地球規模の課題においても重要なツールであり，我が国は有志国とともに技術革新に取り組む必要がある。生成AIを進展させるにしても，足元でその利用に対する懸《け》念も指摘《てき》されている。また，将来の展開は未だ誰《だれ》にも分かっていない。一例を挙げれば，一つの大きなシステムで何を聞いても答えてくれるものが市場を支配するのか。それとも「医療《りょう》系」「ⓜ法律系」などと分野を縦割りに細分化し，部分特化した生成AIが成立するのか。それによって様相は大きく変わる。このように期待感と不透《とう》明感が交錯《さく》する今だからこそ，政府は，AIがもたらす社会変化に対して人々に安心感を与えると同時に，AIに関わる各プレーヤーができるだけ予見可能性をもってふるまえるようにすることが重要である。そして，様々な方面からのリスクに対応し，また，企《き》業や研究者が存分に活動できるためのⓝインフラを整備し，これら施《し》策を適切に実現していくことによって，日本が成長へ向かう足取りを，確かなものとしていくことが重要である。

（内閣府ホームページ「AIに関する暫《ざん》定的な論点整理」より，一部抜粋）

問１　下線部ⓐに関連して，以下の文章は1960年代に第一審が行われたある裁判のきっかけとなった事件の概《がい》要である。文章を読み，原告側が裁判を起こした理由の一つとして最も適当なものを，次の①～④のうちから一つ選べ。

> 原告は1963年に大学を卒業後，三菱《びし》樹脂《し》株式会社に採用され3か月の※1試用期間に入った。しかし入社試験にあたって，在学中の※2学生運動などの経歴を隠《かく》していたことを理由に，試用期間終了《りょう》直前で本採用を拒《きょ》否された。
> ※１…企《き》業が従業員を本採用する前に，試験的にその人材を雇《やと》う期間のこと。
> ※２…学生が主体となって，学生生活や政治に対して，組織を作り，問題提起や社会運動を行うこと。

①　思想・良心の自由の侵害　　②　表現の自由の侵害
③　経済の自由の侵害　　④　人身の自由の侵害

問２　下線部ⓑに関連して，産業革命をきっかけに成立した資本主義経済の特徴として**誤っているもの**を，次の①～④のうちから一つ選べ。

①　利潤《じゅん》（利益）の追求を目的とした商品生産が，私企《き》業を中心に行われる。
②　不景気の時などには企《き》業の倒《とう》産が起こり，失業者が増大する。
③　国の計画により生産が行われる。
④　貧富の差が生じやすい。

問３　下線部ⓒに関連して，コンピューターシステムによって自動生成された文章には，以下のように「文法的には間違《ちが》いがない，または間違《ちが》いなさそうな文章であるが，意味が破綻《たん》している文章」がある。そのような文章の呼び名として最も適当なものを，次の①～④のうちから一つ選べ。

(例) 今日はとても天気が良いので，鶏肉の値段が高いだろう。そのため，ピカソの発熱が気になる。

①　ワードスープ　　②　ワードサラダ　　③　ワードミート　　④　ワードデザート

問４　下線部ⓓに関連して，企業の合併《べい》・買収を表す言葉として最も適当なものを，次の①～⑥のうちから一つ選べ。

①　S&P　　②　EPA　　③　ODA　　④　M&A　　⑤　GHQ　　⑥　WHO

問５　下線部ⓔに関連して，平成11年６月23日に公布・施《し》行された男女共同参画社会基本法では，男女共同参画社会を実現するための５本の柱（基本理念）を掲げているが，その基本理念と説明の組み合わせとして最も適当なものを，次ページの①～⑩のうちから一つ選べ。

(基本理念)

ア　男女の人権の尊重

イ　国際的協調

ウ　家庭生活における活動と他の活動の両立

エ　政策等の立案及《およ》び決定への共同参画

オ　社会における制度又《また》は慣行についての配慮《りょ》

(説明)

Ⅰ　男女共同参画づくりのために，国際社会と共に歩むことも大切です。他の国々や国際機関と相互《ご》に協力して取り組む必要があります。

Ⅱ　固定的な役割分担意識にとらわれず，男女が様々な活動ができるように社会の制度や慣行の在り方を考える必要があります。

Ⅲ　男女が対等な家族の構成員として，互《たが》いに協力し，社会の支援《えん》も受け，家族としての役割を果たしながら，仕事や学習，地域活動等ができるようにする必要があります。

Ⅳ　男女の個人としての尊厳を重んじ，男女の差別をなくし，男性も女性もひとりの人間として能力を発揮できる機会を確保する必要があります。

Ⅴ　男女が社会の対等なパートナーとして，あらゆる分野において方針の決定に参画できる機会を確保する必要があります。

① ア－Ⅰ　イ－Ⅱ　ウ－Ⅲ　エ－Ⅳ　オ－Ⅴ
② ア－Ⅰ　イ－Ⅱ　ウ－Ⅳ　エ－Ⅴ　オ－Ⅲ
③ ア－Ⅱ　イ－Ⅲ　ウ－Ⅰ　エ－Ⅳ　オ－Ⅴ
④ ア－Ⅱ　イ－Ⅲ　ウ－Ⅳ　エ－Ⅴ　オ－Ⅰ
⑤ ア－Ⅲ　イ－Ⅱ　ウ－Ⅳ　エ－Ⅴ　オ－Ⅰ
⑥ ア－Ⅲ　イ－Ⅰ　ウ－Ⅱ　エ－Ⅳ　オ－Ⅴ
⑦ ア－Ⅳ　イ－Ⅰ　ウ－Ⅱ　エ－Ⅴ　オ－Ⅲ
⑧ ア－Ⅳ　イ－Ⅰ　ウ－Ⅲ　エ－Ⅴ　オ－Ⅱ
⑨ ア－Ⅴ　イ－Ⅰ　ウ－Ⅲ　エ－Ⅱ　オ－Ⅳ
⑩ ア－Ⅴ　イ－Ⅰ　ウ－Ⅲ　エ－Ⅳ　オ－Ⅱ

問６　下線部ⓕに関連して，国際的な地域経済統合の枠組みの名前として適当なものを，次の①～⑥のうちからすべて選べ。

① EU　② ASEAN　③ USMCA　④ NGO　⑤ WTO　⑥ OPEC

問７　下線部ⓖに関連して，以下の文章は，日本の中央銀行である日本銀行（日銀）が2016年1月末から導入したある政策についての会話文である。文章中の [X] に入れるのに最も適当なものを，次の①～④のうちから一つ選べ。

A：「日銀が [X] 金利にしたって本当？」
B：「日銀は、３年前から大規模な金融《ゆう》緩《かん》和をやってきました。『量的・質的金融《ゆう》緩《かん》和』とか『異次元緩《かん》和』と呼ばれています。これをもっと強力にするため、１月に [X] 金利もはじめました。」
A：「 [X] 金利になると、私が銀行に預金しているお金も減ってしまうの？」
B：「 [X] 金利といっても、銀行が日銀に預けているお金の一部を [X] にするだけ。個人の預金は別の話です。」
A：「個人の預金金利は [X] にはならない？」
B：「ヨーロッパでは日銀よりも大きな [X] 金利にしていますが、個人預金の金利は [X] にはなっていません。」

（日本銀行ホームページより，一部抜粋）

① マイナス　② ゼロ　③ インフレ　④ デフレ

問８　下線部ⓗに関連して，日本とアメリカの大手製薬会社が開発したある病気の治療《りょう》薬が，2023年７月にアメリカで正式承認された。この薬は，患《かん》者の脳に蓄《ちく》積する異常なたんぱく質を取り除いて，病状の進行を抑えることが期待されているが，この治療《りょう》薬の名前と対象となる病気の組み合わせとして最も適当なものを，次の①～④のうちから一つ選べ。

①〈治療《りょう》薬〉レカネマブ　　〈対象〉COVID-19
②〈治療《りょう》薬〉ゾコーバ　　〈対象〉COVID-19
③〈治療《りょう》薬〉レカネマブ　　〈対象〉アルツハイマー病
④〈治療《りょう》薬〉ゾコーバ　　〈対象〉アルツハイマー病

問９　下線部ⓘに関連して，デジタル技術の浸透《しんとう》によって人々の生活が大きく変わることを意味する「デジタルトランスフォーメーション」をアルファベットで表したものとして最も適当なものを，次の①～④のうちから一つ選べ。

①　DT　　②　DX　　③　DY　　④　DZ

問10　下線部ⓙに関連して，日本の働き方について述べた文として**誤っているもの**を，次の①～④のうちから一つ選べ。

①　Uber Eatsなどに代表される，インターネットなどを活用し，個人が空き時間を活用して仕事を請《う》け負う形態の労働者，いわゆるギグワーカーが近年存在感を高めている。
②　企《き》業は年功序列型の賃金体系で継《けい》続雇用を約束することで労働者の忠誠心を高めているため，現在も労働者に対して兼《けん》業や副業を一切認めていない。
③　コロナ禍《か》をきっかけとして多くの企《き》業がテレワークを導入し，感染状況《きょう》が落ち着いてからもテレワークを続ける企業が一定数見られる。
④　正社員並みの仕事を任されたり，シフトを一方的に決められたりすることによって，学生生活に支障をきたすようなアルバイトはブラックバイトと呼ばれ，近年問題となっている。

問11　下線部ⓚに関連して，日本の安全保障について述べた文として**誤っているもの**を，次の①～⑤のうちからすべて選べ。

①　朝鮮戦争が始まった1960年に，自衛隊が創設された。
②　文民からなる政府が軍事力を支配・統制することをシビリアンコントロールという。
③　1951年にアメリカと日米安全保障条約を結び，アメリカ軍が日本に駐《ちゅう》留することになった。
④　1956年の日ソ共同宣言により日ソの国交が回復し，日本の国連加盟が実現した。
⑤　日本はアメリカと1987年に中距《きょ》離《り》核《かく》戦力（INF）全廃《ぱい》条約を結び，全世界の核《かく》兵器削《さく》減に向けて積極的に動き出した。

問12　下線部ⓚに関連して，平和維《い》持における集団安全保障の考え方を表した図として最も適当なものを，次の①～④のうちから一つ選べ。

①
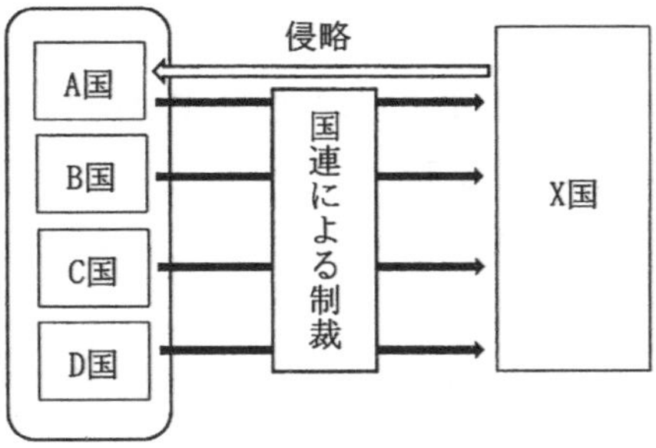

②
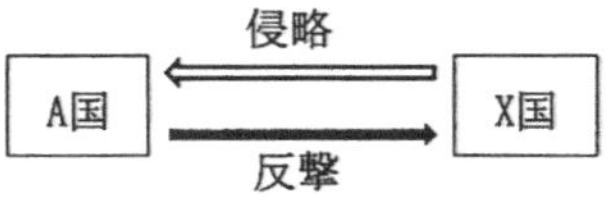

③
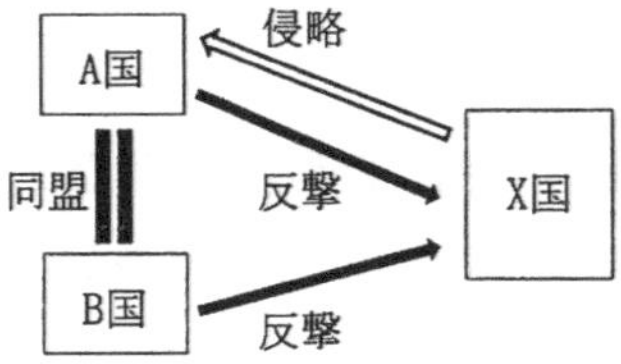

④
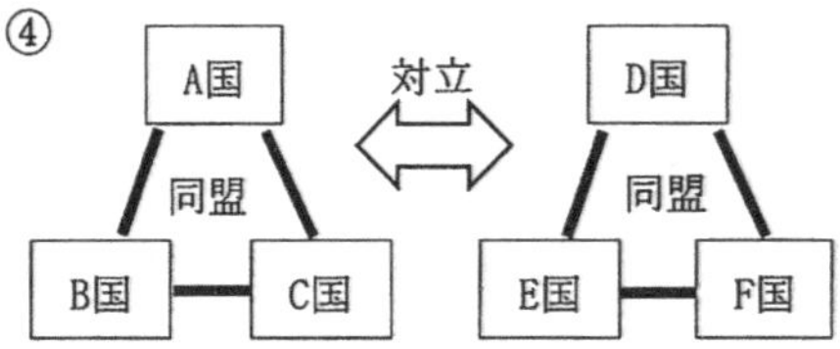

問13　下線部ⓛに関連して，地球温暖化を引き起こす主な温室効果ガスとその説明の組み合わせとして最も適当なものを，次の①～⑥のうちから一つ選べ。

（温室効果ガス）

ア　二酸化炭素　　イ　メタンガス　　ウ　フロンガス

（説明）

Ⅰ　化石燃料を燃焼する際などに発生する。

Ⅱ　エアコンや冷蔵庫などの冷媒《ばい》として開発された人工物質。オゾン層の破壊《かい》物質でもある。

Ⅲ　廃《はい》棄《き》物の埋《う》め立てや，天然ガスを採掘《くつ》する際などに発生する。

①　ア－Ⅰ　　イ－Ⅱ　　ウ－Ⅲ

②　ア－Ⅰ　　イ－Ⅲ　　ウ－Ⅱ

③　ア－Ⅱ　　イ－Ⅰ　　ウ－Ⅲ

④　ア－Ⅱ　　イ－Ⅲ　　ウ－Ⅰ

⑤　ア－Ⅲ　　イ－Ⅰ　　ウ－Ⅱ

⑥　ア－Ⅲ　　イ－Ⅱ　　ウ－Ⅰ

問14　下線部ⓜに関連して，日本の国会における法律を作る過程について最も適当なものを，次の①～④のうちから一つ選べ。

①　ある法律案に対して，衆議院と参議院で異なった議決がされた場合，衆議院で出席議員の３分の２以上の多数で再可決すれば，その法律案は成立する。

②　ある法律案に対して，衆議院と参議院それぞれの総議員の３分の２以上の多数で賛成が得られれば，その法律案は成立する。

③　ある法律案に対して，衆議院と参議院で異なった議決をし，必ず開かれる公聴《ちょう》会でも不一致《ち》だった場合，衆議院の議決が国会の議決となる。

④　ある法律案に対して，衆議院が可決した法律案を参議院で60日以内に議決しない場合，衆議院の解散が行われ，40日以内に総選挙が行われる。

問15　下線部ⓝに関連して，インフラとは，道路，学校，公園，病院，発電所，水道など，日常生活を送るために必要な施《し》設や設備のことをいうが，交通インフラに分類されるものとして誤っているものを，次の①～⑤のうちから一つ選べ。

①　道路　　②　港湾　　③　鉄道　　④　空港　　⑤　学校

3　下の問い（問１～２）に答えよ。

問１　1886年，紀伊《い》半島沖合でノルマントン号が沈没《ちんぼつ》し，船長や船員はボートで救助されたが，乗客は全員死亡した。その後，船長や船員は裁判にかけられることになった。この裁判の内容と，その後の日本国内の世論はどのように変化したか，100字以内で答えよ。

問２　近年，さまざまな商品やサービスなどの値上げのニュースを目にすることが増えてきた。次のグラフは2013年～2022年における消費者物価指数である。このグラフを参考に，2020年以降の消費者物価指数に1番影響を与えたと考えられるものを一つあげて，その値上げによってどのような影響があるか，100字以内で答えよ。

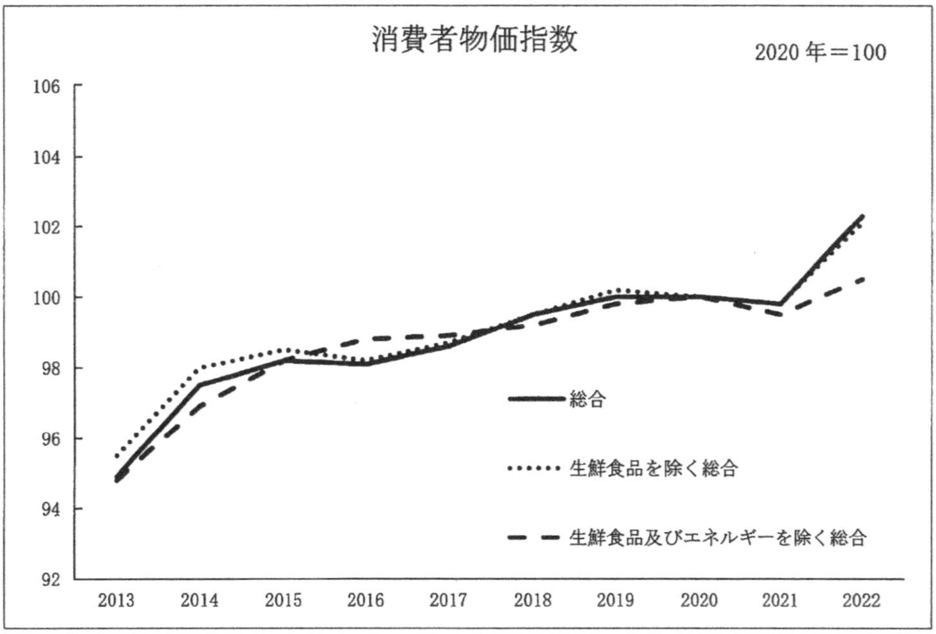

（総務省ホームページ「2020年基準　消費者物価指数」より作成）

問題は以上です

２０２４年度
ＡＩＣＪ中学校　　入学試験問題

本校入試２

理　科

（13：40～14：25）

【注　意】

１．試験開始の合図があるまで，この問題用紙に手をふれてはいけません。
２．問題用紙は７ページあります。これとは別に解答用紙があります。
３．試験開始の合図があってから，問題用紙のページ数を確かめなさい。
４．問題用紙のページが抜けていたり，破れていたり，印刷が不鮮明なところがある場合は，黙って手を挙げて試験監督に知らせなさい。
５．答えはすべて解答用紙に書きなさい。
６．試験終了後，問題用紙は表にして机の右側，解答用紙は表にして机の左側に置きなさい。

2024年度　理　科 （45分）答えはすべて別紙の解答用紙に書きなさい。　中一本校2

1　次の文を読んで，後の問いに答えなさい。

以下の説明文①～⑥の気体Ａ～Ｆは，酸素，水素，二酸化炭素，アンモニア，塩素，硫《りゅう》化水素のいずれかです。

① 気体Ａは水道水やプールの殺菌《さっきん》に使われており，鼻をさすようなにおいがある。気体Ａの水よう液は（　ア　）性を示す。

② 気体Ｂに色はないが，たまごがくさったような特有なにおいがある。火山から出るガスにもふくまれている。

③ 気体Ｃは最も軽い気体で，色やにおいはない。燃えると（　イ　）ができ，環境《かんきょう》にやさしいとされる燃料電池の燃料としても使われている。

④ 気体Ｄに色はないが，鼻をさすようなにおいがある。水にひじょうにとけやすく，その水よう液は（　ウ　）性を示す。空気よりも軽く，肥料の原料としても用いられる。

⑤ 気体Ｅに色やにおいはなく，空気中に約21％ふくまれる。生物の（　エ　）で使われ，植物の（　オ　）でつくられる。①二酸化マンガンにオキシドールを加えることでもつくることができる。

⑥ 気体Ｆに色やにおいはなく，空気より重い。水に少しとけ，その水よう液は（　カ　）といい，（　キ　）性を示す。固体にしたものは（　ク　）といい，保冷剤《ほれいざい》として利用されている。生物の（　エ　）でつくられ，植物の（　オ　）で使われる。（　ケ　）に通すと白くにごる。②石灰石にうすい塩酸を加えてつくることができる。

(1) 空らんア～ケに適する語句を答えなさい。

(2) 水上置換《かん》法で集めるのに適した気体をＡ～Ｆからすべて選び，記号で答えなさい。

(3) 下線部①に関して，この二酸化マンガンのように，ある変化をはやくしたりおそくしたりするはたらきのある物質のことを何というか答えなさい。

⑷　下線部②に関して，うすい塩酸を加えて気体Ｆが発生しない物質を以下のａ～ｄから１つ選び，記号で答えなさい。

ａ　貝がら　　ｂ　大理石　　ｃ　ガラス　　ｄ　卵のから

⑸　気体Ａ～Ｆの物質名をそれぞれ答えなさい。

2　次の文を読んで，後の問いに答えなさい。

図はヒトの呼吸に関わる器官とその中のつくりを模式的に示しています。肺は小さな袋《ふくろ》状のものが集まってできており，その表面を毛細血管があみの目のようにおおっています。

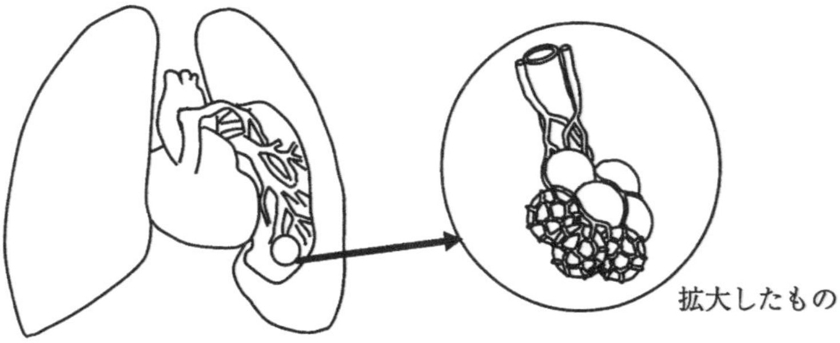

図

(1)　動物によって呼吸の仕組みはちがっています。(A)肺で呼吸する動物，(B)えらで呼吸する動物，(C)気管で呼吸する動物の組み合わせとして正しいものは次のア～エのうちどれか，記号で答えなさい。

	(A)	(B)	(C)
ア	アリ	アサリ	アメンボ
イ	イルカ	シジミ	カタツムリ
ウ	モンシロチョウ	カメ	ウサギ
エ	トカゲ	フナ	トノサマバッタ

(2)　えらで呼吸する動物をすべて選びなさい。
オットセイ　　イルカ　　シャチ　　クジラ　　サメ　　マグロ

(3)　図のように肺は小さな袋状のものが集まり，左右合わせて表面積が$100m^2$になります。この小さな袋を何というか答えなさい。

(4)　肺が大きな袋ではなく，小さな袋が集まって作られている利点は何か答えなさい。

(5)　図のように肺の小さな袋の表面を毛細血管があみの目のようにおおっています。この毛細血管は，心臓からの血液が通る血管(A)と心臓にもどる血管(B)がつながっています。血管(A)と血管(B)をそれぞれ何というか答えなさい。

(6) ヒトの心臓は４つの部屋からできています。血管(A)がつながっているのは心臓の何という部屋か答えなさい。

(7) あるヒトは１分間に12回呼吸をします。そして１回の呼吸で吸ってはく空気の体積は500mLです。吸う息の酸素は20％で，はく息の酸素が16％のとき，１分間に体に取りこまれた酸素の量は何mLか答えなさい。

二〇二四年度　国語

解答用紙

受験番号

得点

※100点満点
（配点非公表）

中―本校2

一

問一　1　2　3　4　5

問二　1　2　3　4　5

問三　1　2　3　4　5

問四　1　2　3　4　5

二

問一　a　b　c　d　e　f　g　h

問二　〜　こと。

問三

問四

問五

(3)	番目

3

(1)	g	(2)	g
(3)	g		

4

(1)	cm^2	(2)	cm^2
(3)	cm^2		

5

(1)	通り	(2)	通り
(3)	通り		

【解答欄は以上です】

100

問２

100

（解答欄は以上です）

3

(1)			(2)			(3)	
(4)	A		B		C		

小計

4

(1)	g		(2)	%		(3)	
(4)	ア		イ		ウ		
	エ		オ		カ		

小計

解答欄は以上です

2024年度　理　科　解答用紙

受験番号	得　点	中－本校2
	※75点満点 （配点非公表）	

1

(1)	ア		イ		ウ	
	エ		オ		カ	
	キ		ク		ケ	
(2)		(3)		(4)		
(5)	A		B		C	
	D		E		F	

小計

2

(1)		(2)						
(3)		(4)						
(5)	血管(A)		血管(B)		(6)		(7)	mL

小計

【解答用

2024年度　社　会　解答用紙

受験番号

得　点
※75点満点 （配点非公表）

中－本校2

1

問1		問2		問3		問4		問5	
問6		問7		問8		問9		問10	
問11		問12		問13		問14		問15	

2

問1		問2		問3		問4		問5	
問6		問7		問8		問9		問10	
問11		問12		問13		問14		問15	

3

【解答用

2024年度　算　数

解答用紙

受験番号	得　点
	※100点満点 （配点非公表）

中－本校２

1

(1)		(2)	
(3)		(4)	個
(5)	km	(6)	個
(7)	%	(8)	度
(9)	cm^2	(10)	：

2

(1)		(2)	

【解答用

問七

問八
A

B

（英里子に対して）

問九
（ルイに対して）

（解答らんは以上です）

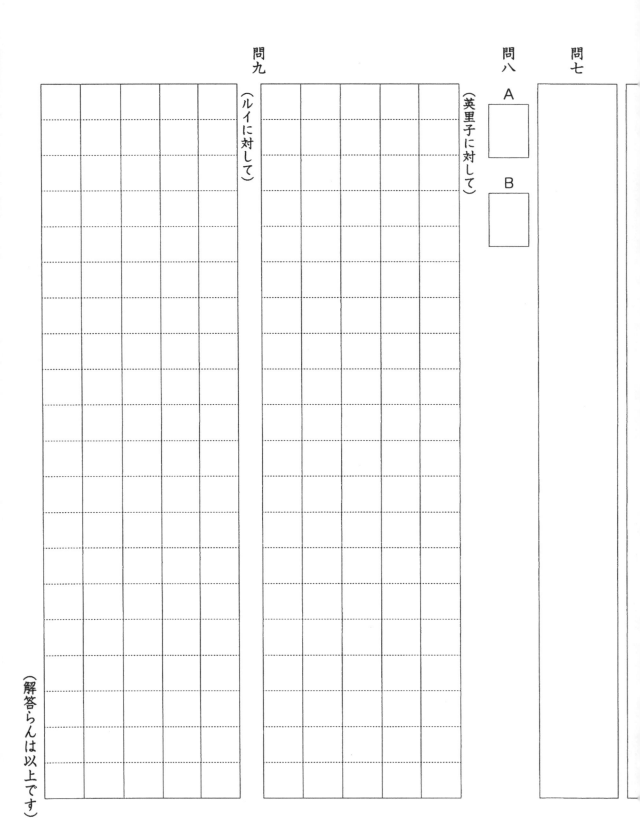

3 次の文を読んで，後の問いに答えなさい。

下の図１のような斜面《しゃめん》を使って，おもりを斜面の同じ高さから静かに手をはなして転がしてA地点を通過する速さを調べた。

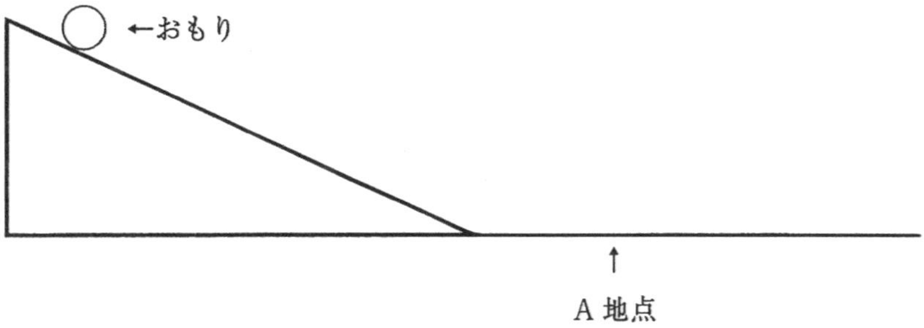

図１

(1) 速さを調べる方法として，もっとも適当なものを次のア～エから１つ選び，記号で答えなさい。

ア　１回だけ行って，その値を結果とする

イ　同じ操作を５回行って，３回目の値を結果とする

ウ　同じ操作を５回行って，一番速い値を結果とする

エ　同じ操作を５回行って，５回の平均値を結果とする

(2) 図１と同じ斜面を用いて，おもりを形・大きさは同じで重いものにして，同じ高さから静かに手をはなした場合，速さはどうなるか，次のア～ウから１つ選び，記号で答えなさい。

ア　速くなる　　イ　変わらない　　ウ　おそくなる

(3) 図１と同じ斜面とおもりを用いて、同じ高さから静かに手をはなし、斜面の中間地点で速さを調べた場合、A地点と比べて速さはどうなるか。次のア～ウから１つ選び，記号で答えなさい。

ア　速い　　イ　変わらない　　ウ　おそい

次に図２のように斜面の下に木片《もくへん》を置き，おもりの重さや静かに手をはなす斜面の高さを変えて，おもりが木片に衝突《しょうとつ》する直前の速さと木片の動いた距離《きょり》を調べる実験を行なった。表はその結果をまとめたものである。

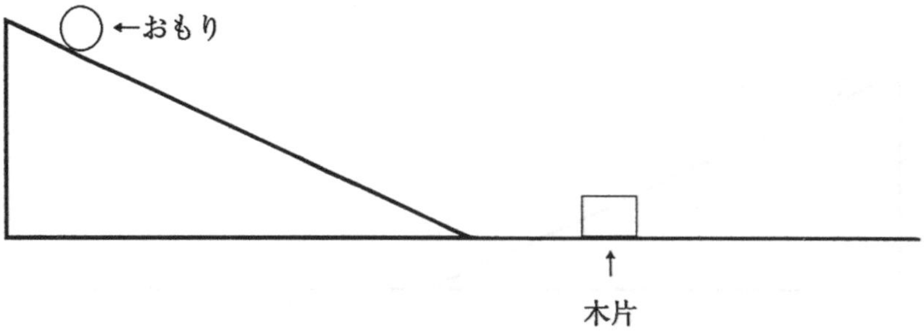

図２

表

おもりの重さ（g）	100	100	100	200	200	300	A
おもりの速さ（cm/秒）	5.0	10.0	15.0	5.0	15.0	B	10.0
木片が動いた距離（cm）	1.6	6.4	C	3.2	28.8	19.2	32.0

(4)　表のＡ～Ｃにあてはまる値を求めなさい。

4 次の文を読んで，後の問いに答えなさい。

ある冬の日，窓についた水滴《すいてき》について疑問に思ったＡくんは，理科の先生といっしょに次の実験をおこないました。

【実験】

室温20℃の理科室で，金属製のコップに水を半分くらい入れ，その水の温度が室温とほぼ同じになったことを確かめました。その後，金属製のコップの中の水をガラス棒でかき混ぜながら氷水を入れると，温度計が５℃になったとき金属製のコップがくもり始めました。

以下の表は，気温と１ m^3あたりにふくむことのできる最大の水蒸気量（飽《ほう》和《わ》水《すい》蒸《じょう》気《き》量《りょう》という）の関係を表したものです。

表

気温（℃）	5	10	15	20	25
１ m^3あたりの飽和水蒸気量（g）	6.8	9.4	12.8	17.3	23.1

(1) この実験をした日，理科室１ m^3あたりにふくまれていた水蒸気量は何ｇか答えなさい。

(2) (1)のとき，この理科室の湿度《しつど》を求めなさい。ただし小数第１位を四捨五入して整数で答えなさい。

冬の日に窓に水滴がつくのと同じ原理で，秋の終わりから冬にかけて，朝方公園にいくと雑草がぬれていることがあります。これを露《つゆ》といい，空気中の水蒸気が冷やされて水滴になったものだと先生が教えてくれました。

(3) 地表付近で空気中の水蒸気が冷やされて水滴になって浮《う》いていることがあります。これを何というか答えなさい。

(4) (3)のことを知ったＡくんは，上空にできる雲について調べました。以下はＡくんがまとめた文章です。空らん（　ア　）～（　カ　）にあてはまる語句や数値をそれぞれ答えなさい。

海や地面の水が太陽の光であたためられると，水が（　ア　）して，（　イ　）となり，空気中のちりとまざる。（　イ　）はあたたかい空気の（　ウ　）気流で，ちりといっしょに上空へと運ばれる。上空は地表付近よりも気温が（　エ　）いので，（　イ　）は冷やされて水や（　オ　）の粒《つぶ》となって雲になる。雲ができるときの上空の湿度は（　カ　）％である。

二〇二三年度
AICJ中学校　入学試験問題

本校入試1

国　語

（9時30分〜10時30分）

【注　意】

1、試験開始の合図があるまで、この問題用紙に手をふれてはいけません。
2、問題用紙は10ページあります。これとは別に解答用紙があります。
3、試験開始の合図があってから、問題用紙のページ数を確かめなさい。
4、問題用紙のページが抜けていたり、破れていたり、印刷が不鮮明なところがある場合は、黙って手を挙げて試験監督に知らせなさい。
5、答えはすべて解答用紙に書きなさい。
6、試験終了後、問題用紙は表にして机の右側、解答用紙は表にして机の左側に置きなさい。

二〇二三年度　国語

（六十分）　答えはすべて解答用紙に書き入れること。

中―本校1

一　次の問いに答えなさい。

問一　次の――線部のカタカナを漢字に直しなさい。

1　店内をカイソウする。
2　風を受けてヨットが沖をカイソウする。
3　過去をカイソウする。
4　都会のコウソウビル。
5　小説のコウソウを練《ね》る。

問二　次の四字熟語には漢字の誤りがあります。誤った漢字をぬき出したうえで、正しい漢字を書きなさい。

1　真小棒大
2　心期一転
3　言語道段
4　全代未聞
5　本末転到

問三　次の（　　　）に入る言葉として最も適当なものを次のア～オの中から選び、記号で答えなさい。

1　思い通りにならず、（　　　）。
2　（　　　）と、音のよしあしが分かるようになる。
3　電車の中で走り回る子どもを（　　　）。
4　（　　　）ような美しい星空をながめる。
5　楽をして利益を得ようなんて（　　　）考えだ。

ア　息をのむ　　イ　虫がいい　　ウ　耳が肥《こ》える　　エ　たしなめる　　オ　地団駄《じだんだ》を踏《ふ》む

問四　次の（　　）に入る語として最も適当なものを次のア～カの中から選び、記号で答えなさい。

1　一時間（　　）歩いたが、まだ到着《とうちゃく》しない。
2　雨（　　）降り出した。
3　明日（　　）早起きするぞ。
4　夜（　　）徹《てっ》して探し続ける。
5　一つ（　　）残っていない。

ア　こそ　　イ　を　　ウ　ばかり　　エ　しか　　オ　まで　　カ　に

二

「僕《ぼく》」の「ママ」は観光地の公認観光ガイドです。「ママ」は「僕」を一人で留守番させるのが心配で、「僕」をツアーに同行させました。「僕」は隣《となり》の席になった「※1題名屋」の「小父《おじ》さん」と仲良くなります。「ママ」は遊覧船に乗ったあと、「小父さん」が乗り遅《おく》れたことに気づき、このままでは自分が責任を取ってガイドを辞めさせられるのではないかと不安になりました。そこで「僕」は自分が遊覧船乗り場まで引き返し、乗り遅れた「小父さん」を見つけてタクシーで先回りすることを提案《ていあん》します。これに続く次の文章を読んで、後の問いに答えなさい。なお、（中略）後、「小父さん」は「僕」が「ガイド」の息子であることに気づいています。

男はすぐに見つかった。切符《きっぷ》売場の脇《わき》のベンチに腰掛《こしか》け、川を眺《なが》めていた。

「おや、君も、置いてきぼりを食ったのかい？」

「あなたをお迎《むか》えに来たんです」

予想どおり、男は※2憤慨《ふんがい》などしていなかった。焦《あせ》ってもいなかったし、これからどうしようかと、※3思案《しあん》に暮れてもいなかった。ただ川が眺めたいからこうしているのだ、という様子だった。

「［Ａ］、私一人を？」

「ええ、そうです」

力を込《こ》めて、僕は答えた。

「本当なら船で下るコースなんですが、非常事態のために、遊覧船の終点まで、車で川沿《ぞ》いを走ることになりました。御《ご》免《めん》なさい」

「どうして君が謝るのかね」

「ガイドの代役だからです」

「ほお、それは大役《たいやく》だ。じゃあこれからは、君の※4足手まといにならないよう、愚図愚図《ぐずぐず》していては駄目《だめ》だな」

「いいえ。ゆっくり旅を楽しんでくれていいんです。乗り遅れたのは、小父さんのせいじゃありません」
「君にぴったりくっついて、離《はな》れないようにしよう」
「※5困ったことがあったら、遠慮《えんりょ》せず言って下さい。解決方法をお探しします」
と、僕は言った。

スタンドでホットドッグと飲み物を買い、タクシーに乗ってすぐ食べた。運転手には事情を説明し、少し急いでもらうように頼《たの》んだ。ソーセージを一口飲み込んでから初めて、自分が空腹なのに気付いた。もう昼をかなり回っていた。
「遊覧船には、川魚《かわざかな》のコース料理が用意されていたんだけど……。あっ、もちろん、船代と食事代も含《ふく》めて、今日のツアー代金は全部払《はら》い戻《もど》しします」
「まあお互《たが》い、細かいことを気にするのはやめようじゃないか。川魚はあまり好きじゃないんだ。それに遊覧船に乗らなくとも、ちゃんと川はよく見える。水の匂《にお》いもかげる」
男はホットドッグを齧《かじ》るたび、紙ナプキンで口元を押さえた。
川岸は野草の花々に覆《おお》われ、そのすぐ脇をサイクリングロードと平行して道路がのびていた。開け放たれた窓から、川《かわ》面《も》を伝《つた》う風が吹《ふ》き込んできた。水量は豊かで、流れは穏《おだ》やかだった。幸い道は混んでいなかった。タクシーの運転手は、長距離《ちょうきょり》の客なので機嫌《きげん》がいいのか、鼻歌を歌っていた。
「右の前方、あそこを見て下さい」
僕はオレンジジュースの入った紙コップを持ったまま指差した。
「木のあまり生えていない、ゴツゴツした岩山があるでしょう？　あれは昔の※6石膏《せっこう》の採掘場跡《さいくつじょうあと》です。そこであの有名な、三万五千年前の女神の石像《せきぞう》が発掘されました。坑員《こういん》が偶然《ぐうぜん》に見つけたんです。石像は前史《ぜんし》博物館に展示してあったのですが、見ましたか？」

「ああ、もちろん」
男は大きくうなずいた。
「岩山を過ぎると、しばらくなだらかな丘《おか》が続きます。そこも、あそこも、斜面《しゃめん》はたいてい果樹園です。桃とか、枇杷《びわ》とか、杏《あんず》とか。日当たりがいいし、川の水面から適度な湿《しめ》り気《け》が上がってきて、いい果物が採《と》れるんです。所々に見える黒い屋根の建物は、果実酒の醸造《じょうぞう》所です」
次の説明ポイントが来る前に、①急いで僕はオレンジジュースを飲み干した。
ママのガイドを聞いていた時と変わらず、男は僕が指し示すものすべてに熱心な視線《しせん》を向けた。それが車窓《しゃそう》を流れて視界から消えるまで、目を離さなかった。
「あっ、あれ。崖《がけ》に引っ掛かるみたいに建っている※7廃墟《はいきょ》。百年前まで、この世で一番死に近い場所として恐れられた牢獄《ろうごく》でした。拷問《ごうもん》室や死刑《しけい》台も当時のまま残っていて、一時は見学できたらしいんですが、残酷《ざんこく》すぎるという理由で閉鎖《へいさ》されました。昔、恋敵《こいがたき》に無実の罪を着せられ、投獄《とうごく》された樵《きこり》が、毎夜、恋人のことを思いながら涙を流していると、やがて涙が月の光を受け、乳白色《にゅうはくしょく》の石になって河原《かわら》を埋《う》めるようになりました。樵が処刑されたあと、真実を知った恋人は、その石を両手一杯《いっぱい》に抱《だ》いて川へ身を投げたそうです。今でもあのあたりの河原では、乳白色の小石がよく見つかるんです」
「何とも味わい深い伝説じゃないか」
男は言った。
「②ほお……」
運転手までが一緒にうなずいた。
「勉強になるよ、坊《ぼ》っちゃん」
ウインクする運転手の顔が、バックミラーに映った。

喋《しゃべ》り過ぎてイガイガする喉《のど》を鎮《しず》めるためと、得意な気持《きもち》が表情に出ないようにするために、僕は咳払《せきばら》いをした。もっと飲み物を買っておけばよかったと後悔《こうかい》した。

（　中略　）

僕はこのあたり一帯に自生する植物を紹介《しょうかい》し、主だった名所《めいしょ》（見張り塔《とう》、霊廟《れいびょう》、動物公園……等々《とうとう》）の説明をしつつ、合間《あいま》には石器時代から始まる歴史の※8概略《がいりゃく》を差しはさんだ。③自分でも不思議なくらい、滑《なめ》らかに喋《しゃべ》っていた。それでいて知識があいまいなところは、間違いを口にしないよう、慎重《しんちょう》に言葉を選ぶことができた。

B 正直に告白《こくはく》すれば、ずっと緊張《きんちょう》は続いていたのだと思う。無意識のうちに何度もポケットに手を突《つ》っ込み、ママから預かったお金を落としていないか確かめていた。どんなに大丈夫《だいじょうぶ》だと言い聞かせても、そうする自分を止められなかった。

時折《ときおり》、林に遮《さえぎ》られることはあっても、いつでも川は僕たちの右手に見えた。ママの乗った遊覧船には、まだ追《お》い付けなかった。

次の説明ポイントまで間があくと、僕は口をつぐみ、男が静かに風景を眺められる時間を作った。人の話ばかり聞かされたら、お客さんだってくたびれると、いつかママが言っていた。男は窓の縁《ふち》に指を掛《か》け、気持よさそうに風に当たっていた。運転手は鼻歌を再開した。僕たちの足元には、④杖《つえ》が大人しく横たわっていた。

それでもあまりに長く沈黙《ちんもく》が続きそうな場合は、題名屋について質問した。

「題名は、どうやってお客さんに渡《わた》すのですか？」

「口で、だよ」

窓から手を離し、シートにもたれて男は答えた。

「紙に書くとか、額縁《がくぶち》に入れるとか、しないで？」

「ああ。自分だけの思い出に捧《ささ》げられた題名なんだ。そんなことをしなくても、すぐに覚えられる。お客の耳元で、一言一言、慎重にしっかりと発音する。それで十分だよ」

「小父さんのつけた題名に、満足しない人がいたら？」

「幸いにも、過去に一件《いっけん》のクレームもなかった。なかなか、優秀《ゆうしゅう》な題名屋なんだ」

男は風で乱れた髪《かみ》を整えた。

「なぜ、詩人をやめちゃったんですか？」

男は返答に困り、顎《あご》に手をやったままうつむいた。図々《ずうずう》しい質問に※9気分を害したのか、子供でも分かる言葉を探しているのか、僕には区別がつかなかった。つまらないことを聞いてすみませんと謝ろうとした時、やっと男は口を開いた。

「詩など必要としない人は大勢いるが、思い出を持たない人間はいない」

同意を求めるように、男は僕の目を見やった。間近で見ると、第一印象よりも老《ふ》けているのが分かった。皺《しわ》は深く、唇《くちびる》はひび割れ、呼吸が浅かった。※10気管支《きかんし》の奥の方で、骨の※11軋《きし》むような嫌な音が聞こえた。やはり遊覧船に乗る時、ちゃんとそばについて、手を貸《か》してあげるべきだった。

「⑤そうじゃないかな？」

「はい、分かります」

彼をがっかりさせないために、[C]、※12罪滅《つみほろ》ぼしをするように、僕はそう答えた。

「あっ」

不意に男が叫《さけ》んだ。遊覧船だった。※13甲板《かんぱん》にいる人影のどれがママなのかは見分けられないが、間違いなく、僕たちが乗るはずの遊覧船だった。※14スクリューからのびる白い波が、流線型《りゅうせんけい》の模様《もよう》を描《えが》き出していた。

（小川洋子『海』所収「ガイド」新潮文庫刊より）

※1　題名屋――「小父さん」の商売。「小父さん」は、お客さんたちが持ち込んでくる記憶《きおく》に名前をつけることを仕事としている。この仕事をする前は詩人だった。

※2　憤慨――ひどく腹を立てること。

※3　思案にくれて――あれこれと思い悩んで。

※4　足手まとい――自由な行動のさまたげとなるもの。

※5　困ったことがあったら、遠慮せず言って下さい。解決方法をお探しします――「ママ」がガイドをするときに、バスの中で最初に言う言葉。

※6　石膏――無色または白色透明《とうめい》の物質。ギプス。この物質を含ませた包帯は、骨折した部分を固定するものとして使われる。

※7　廃墟――建物、市街地《しがいち》などが荒《あ》れ果てたあと。

※8　概略――おおよそのところ。

※9　気分を害し――機嫌を悪くすること。

※10　気管支――気管の分岐《ぶんき》点から肺胞《はいほう》までの部分。この部分が炎症《えんしょう》を起こすと、ぜんそくの原因になる。

※11　軋む――物と物がこすれあって音をたてること。

※12　罪滅ぼし――良いことをして過去の罪をつぐなうこと。

※13　甲板――船の上部にある広く平らかな床《ゆか》。デッキ。

※14　スクリュー――船舶《せんぱく》の螺旋推進器《らせんすいしんき》。モーターで回転させて、船を推進させる。

問一 [A]～[C]に入る語として、最も適当なものを次のア～オの中から選び、記号で答えなさい。

ア　あるいは　　イ　さて　　ウ　わざわざ　　エ　例えば　　オ　けれど

問二 ――線部①「急いで僕はオレンジジュースを飲み干した」とありますが、「僕」がこのような行動をとった理由を説明しなさい。

問三 ――線部②「ほお……」とありますが、ここから誰のどのような気持ちが読み取れますか。解答らんに合うように書きなさい。

問四 ――線部③「自分でも不思議なくらい、滑らかに喋っていた。それでいて知識があいまいなところは、間違いを口にしないよう、慎重に言葉を選ぶことができた」とありますが、「僕」がこのような行動を取ることができたのは、「僕」が自分の役割をどのように考えていたからですか。本文中から六字でぬき出して答えなさい。

問五 ――線部④「杖が大人しく横たわっていた」に使われている表現技法として最も適当なものを次のア～エの中から選び、記号で答えなさい。

ア　反復法　　イ　擬人《ぎじん》法　　ウ　体言止め　　エ　直喩《ちょくゆ》

問六 ――線部⑤「そうじゃないかな?」とありますが、「そう」が指している一文を本文中からぬき出し、最初の五字を答えなさい。（句読点や記号も一字として数えます）

問七　このあと「僕」は「小父さん」に、今日の「僕」の一日に、題名をつけてほしいとお願いをしました。あなたならどのような題名をつけますか。「僕」がこの一日で得たものや学んだことがわかるような題名をつけ、なぜその題名をつけたのかあなたの考えを書きなさい。

評価基準

A　設問に対する応答

「僕」がこの一日で得たものや学んだことがわかるような題名がつけてある。
その題名をつけた理由が書けている。

B　理解

「僕」がこの一日で学び得たものが何かを理解していることがうかがえる。

C　言語

正しく論理的な日本語で表現できており、語彙《ごい》力の高さもうかがわせる。

（問題は以上です）

２０２３年度
ＡＩＣＪ中学校　入学試験問題

本校入試１

算　数

（10：50～11：50）

【注　意】

１．試験開始の合図があるまで，この問題用紙に手をふれてはいけません。
２．問題用紙は６ページあります。これとは別に解答用紙があります。
３．試験開始の合図があってから，問題用紙のページ数を確かめなさい。
４．問題用紙のページが抜けていたり，破れていたり，印刷が不鮮明なところがある場合は，黙って手を挙げて試験監督に知らせなさい。
５．答えはすべて解答用紙に書きなさい。
６．問題を解くために円周率が必要な場合は，3.14 を用いなさい。
７．試験終了後，問題用紙は表にして机の右側，解答用紙は表にして机の左側に置きなさい。

2023年度　算　数　（６０分）答えはすべて別紙の解答用紙に書きなさい。

中一本校１

1　次の問いに答えなさい。

(1)　$\frac{1}{15}+\left(0.6+0.5\times\frac{2}{3}\right)\div0.875$ を計算しなさい。

(2)　$89\times17+59\times17-29\times17$ を計算しなさい。

(3)　十の位を四捨五入すると 3000 になる最も大きい整数は何ですか。

(4)　A，B，C，Dの 4 チームで，どのチームとも 1 回ずつ試合をする総当たり戦を行います。全部で何試合ありますか。

(5)　ある品物に，原価の 30 ％ の利益があるように定価をつけましたが，売れなかったために定価の 20 ％ 引きで売ったところ，利益が 60 円でした。この品物の原価は何円ですか。

(6)　今，時計の針が６時をさしています。次に長針と短針がぴったり重なるのは，何時何分ですか。

(7)　水 300 g に８％の食塩水を何 g か加えたところ，６％の食塩水になりました。
加えた８％の食塩水は何 g ですか。

(8)　右の図のような AB と AC の長さが等しい二等辺三角形の辺 AC 上に点 D をとると，AD，BD，BC の長さがすべて等しくなりました。
角アの大きさは何度ですか。

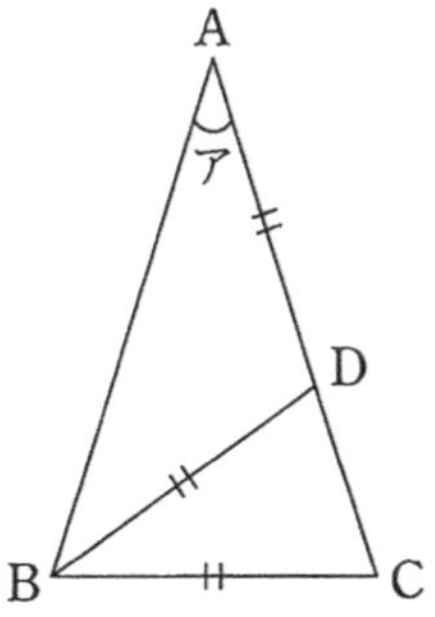

(9)　右の図のような長方形があります。点 E は辺 AB，点 F は辺 AD のそれぞれ真ん中の点です。
このとき，BG と GF の長さを最も簡単な整数の比で答えなさい。

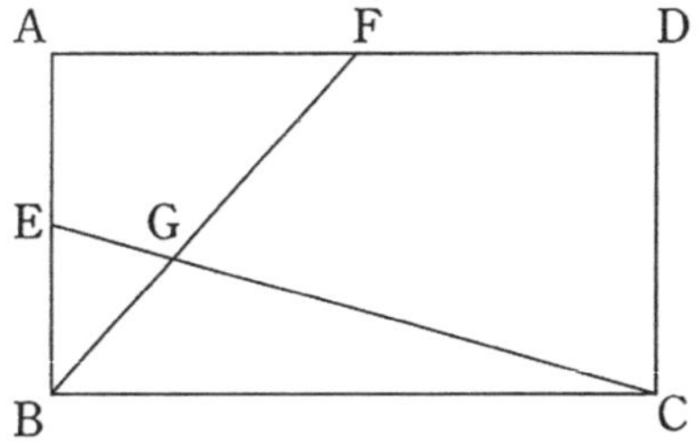

(10)　右の図のように１辺の長さが３ cm の正方形が並んでいます。
この図形を，AB を軸に１回転させてできる立体の表面積は何 cm^2 ですか。ただし，円周率は3.14とします。

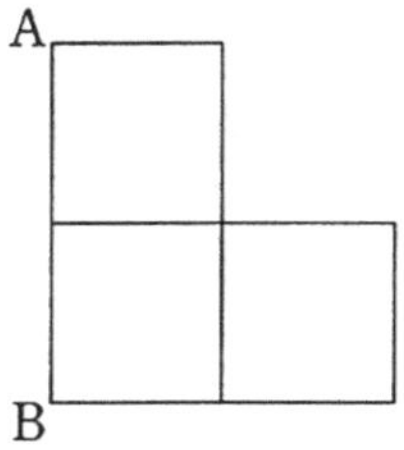

2　青色，黄色，赤色のランプが 1 個ずつあります。ランプは電源を入れてからそれぞれ 5 秒，3 秒，4 秒ごとに点灯し，すぐに消灯します。これを 1 回点灯したと数えます。電源を入れた瞬間《しゅんかん》は点灯しないとして，電源を入れてから 131 秒たちました。

このとき，次の問いに答えなさい。

(1)　黄色のランプは何回点灯しましたか。

(2)　3 個のランプが同時に点灯するのは何回ありましたか。

(3)　2 個のランプだけが同時に点灯するのは何回ありましたか。

3 濃度《のうど》の異なる食塩水 A，B があります。初めに用意していた食塩水 A は 400 g，食塩水 B は 300 g です。食塩水 A，B から 100 g ずつ取って，よく混ぜ合わせると，5 % の食塩水になりました。

このとき，次の問いに答えなさい。

(1) 取り出して混ぜた食塩水の中にふくまれる食塩の量は何 g ですか。

(2) 食塩水 A，B の考えられる濃度《のうど》の組み合わせは，何通りありますか。
ただし，濃度《のうど》は 0 より大きい整数とします。

(3) 残っている食塩水 A，B を混ぜ合わせ，100 g だけ水を蒸発させせると，5.5 % の食塩水になりました。最初の食塩水 A の濃度《のうど》は，何%ですか。

4 右の図は，直方体を 4 点 A，B，C，D を通る平面で切ってできたものです。また，この立体の体積はもとの直方体の体積の半分になっています。

このとき，次の問いに答えなさい。

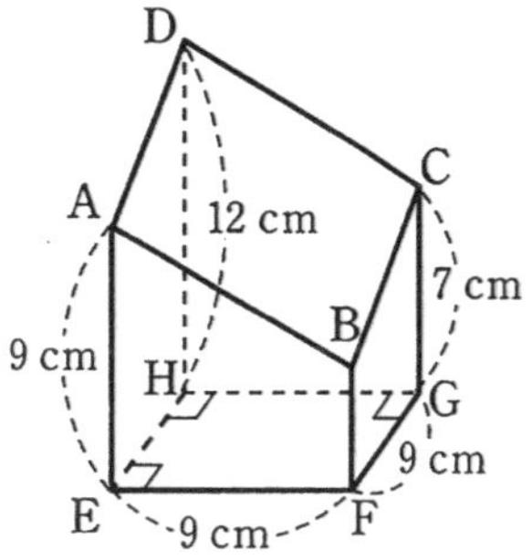

(1) 辺 AB と平行な辺を答えなさい。

(2) 辺 BF の長さは何 cm ですか。

(3) もとの直方体の体積は何 cm^3 ですか。

5 リンゴとミカンとモモとカキが 1 個ずつあります。
このとき，次の問いに答えなさい。

(1) A さんと B さんの 2 人に 2 個ずつ分ける方法は何通りありますか。

(2) 区別のつかない 2 つのかごに 2 個ずつ分ける方法は何通りありますか。

(3) A さんと B さんの 2 人に分ける方法は何通りありますか。ただし、必ず 1 個はもらうものとします。

【問題は以上です】

２０２３年度
ＡＩＣＪ中学校　入学試験問題

本校入試１

社　会

（12：35～13：20）

【注　意】

１．試験開始の合図があるまで，この問題用紙に手をふれてはいけません。
２．問題用紙は14ページあります。これとは別に解答用紙があります。
３．試験開始の合図があってから，問題用紙のページ数を確かめなさい。
４．問題用紙のページが抜けていたり，破れていたり，印刷が不鮮明なところがある場合は，黙って手を挙げて試験監督に知らせなさい。
５．答えはすべて解答用紙に書きなさい。
６．試験終了後，問題用紙は表にして机の右側，解答用紙は表にして机の左側に置きなさい。

2023年度　社　会　（45分）答えはすべて別紙の解答用紙に書きなさい。　中一本校1

1　次の文章を読み，下の問い（問１～15）に答えよ。

日本が2020年に実施した政府開発援助（ODA：Official Development Assistance）の支出総額は，約２兆1,677億円となりました。新型コロナウイルス感染症への対応，ⓐ少子高齢化対策やⓑ自然災害の復旧・対策など，日本国内で様々な課題が山積し，日本の財政や国民の経済生活に大きな影響をもたらしています。このような中で，なぜ日本はODAでⓒ開発途上国を支援するのでしょうか。

日本は，ⓓ第二次世界大戦後，戦後の荒廃の中から復興しました。そうした苦境から復興し，経済成長を成し遂げ，先進国の仲間入りを果たすにあたり，日本の復興・経済成長を支えた柱の一つとして，戦後間もない時期から開始された，ⓔ米国などの先進国や世界銀行をはじめとする国際機関などからの支援の存在がありました。

ⓕ東海道新幹線や東名高速道路，ⓖ黒部ダム，そしてⓗ愛知用水など，日本の再建と発展のため必要不可欠であった基礎的なインフラは，これらの支援によって整備されました。経済発展を遂げた日本は，国際社会で名誉ある地位を占める一国家として，ODAを活用して途上国の経済発展を後押ししてきました。実際，日本に対して世界各国から寄せられる期待は非常に大きなものです。

広く世界を見渡せば，ⓘ気候変動，自然災害，環境問題，ⓙ感染症，難民問題など，一国では解決が難しい地球規模課題が山積し，深刻化しており，その影響も一国内にとどまらず，世界中に広がっています。2015年には，ⓚ国連において持続可能な開発目標（SDGs）が採択され，2030年までに「誰一人取り残さない」社会を構築すべく，国際社会が取組を進めています。国際社会の相互依存が深まる中で，ODAを通じて途上国の発展に貢献することは，国際社会の平和や安定，更には繁栄に寄与し，それは日本国民の利益の増進にもつながっています。たとえば，新型コロナの感染拡大に際し，途上国へのワクチン等の供与やⓛコールド・チェーン整備等を行う「ラスト・ワン・マイル支援」を通じて世界規模での感染の終息に貢献することは，ユニバーサル・ヘルス・カバレッジ（UHC）の実現やⓜ世界経済の回復のみならず，国内の感染リスク軽減や日本経済のⓝ立て直しにもつながります。また，途上国における温室効果ガスの排出や海洋プラスチックごみの削減に協力することは，日本を取り巻く環境の改善にも大きく貢献することになります。さらに，日本が途上国の産業育成に取り組むことにより，日本企業の海外展開を支援するとともに，途上国から，たとえば多様なⓞ水産資源が日本に輸出され，私たちの食卓を彩ることにもなります。

日本がODAを開始して，65年以上が経ちました。これまでの日本のODAを通じた途上国への様々な分野での支援や人材育成は，今の日本に対する信頼につながり，途上国からは沢山の感謝の声が届いています。また，たとえば，日本も，東日本大震災や近年の災害後には，途上国を含め海外から沢山のお見舞いや支援を受けています。ODAは貴重な税金により実施していますので，適切に活用し，途上国のために役立てていくことは言うまでもありません。その上で，世界が抱えている課題を解決することが，日本の平和と安全，そして繁栄につながるものとなるよう，日本は，これからも世界の様々な主体と協力しながら開発協力を行っていきます。

（『2021年度版開発協力白書』外務省ホームページより引用）

問１　下線部ⓐに関連して，2021年における日本の合計特殊出生率の数値として最も適当なものを，次の①～④のうちから一つ選べ。

①　0.87　　　②　1.30　　　③　2.10　　　④　2.75

問２　下線部ⓑに関連して，1991年の雲仙岳の噴火によって火砕流がおこり大きな被害をもたらした。雲仙岳の場所として最も適当なものを，図の①～④のうちから一つ選べ。

図

問3　下線部ⓒに関連して，開発途上国の支援方法の一つとして，生産設備や大型の機械などを輸出することがある。この輸出を何というか，最も適当なものを，次の①～④のうちから一つ選べ。

①　フードマイレージ輸出
②　モノカルチャー輸出
③　プラント輸出
④　ハイブリッド輸出

問4　下線部ⓓに関連して，第二次世界大戦について述べた次の文Ⅰ～Ⅲについて，古いものから年代順に正しく配列されたものとして，次の①～⑥のうちから一つ選べ。

Ⅰ　日本軍は真珠湾を攻撃した。
Ⅱ　日本軍はミッドウェー海戦で敗れた。
Ⅲ　日独伊三国同盟が締結された。

①　Ⅰ－Ⅱ－Ⅲ　　②　Ⅰ－Ⅲ－Ⅱ　　③　Ⅱ－Ⅰ－Ⅲ
④　Ⅱ－Ⅲ－Ⅰ　　⑤　Ⅲ－Ⅰ－Ⅱ　　⑥　Ⅲ－Ⅱ－Ⅰ

問5　下線部ⓔに関連して，アメリカについて述べた文として最も適当なものを，次の①～④のうちから一つ選べ。

①　アメリカ大統領のセオドア＝ローズベルトの仲介で下関条約が締結された。
②　1854年に日米修好通商条約を締結し，日本は下田と函館の２港を開いた。
③　オバマ大統領は南北戦争中に奴隷解放を宣言した。
④　2001年のアメリカ同時多発テロ事件後，アメリカはアフガニスタンを攻撃した。

問6　下線部ⓕに関連して，東海道新幹線が東京・新大阪間で開通したあとの出来事として最も適当なものを，次の①～④のうちから一つ選べ。

①　日韓基本条約が締結された。
②　池田勇人内閣が「所得倍増計画」を発表した。
③　毛沢東を主席とする中華人民共和国が成立した。
④　サンフランシスコ平和条約が締結された。

問７　下線部ⓖに関連して，黒部ダムは富山県の黒部川上流に位置する水力発電である。次の資料は日本と世界の河川の比較したものである。資料から読み取れることとして，最も適当なものを，次の①～④のうちから一つ選べ。

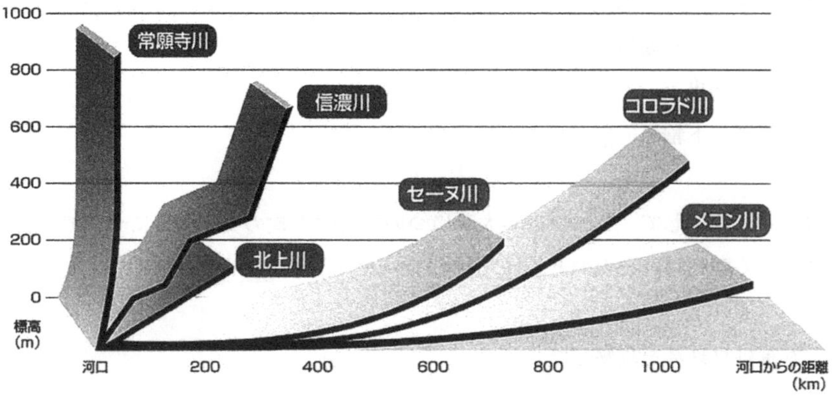

（「日本と世界の河川の比較」国土交通省ホームページより引用）

①　日本の川は流れが穏やかで，川の長さは長い。
②　日本の川は流れが急で，川の長さは短い。
③　外国の川は流れが穏やかで，川の長さは短い。
④　外国の川は流れが急なため，洪水が頻発している。

問８　下線部ⓗに関連して，愛知県について述べた文として最も適当なものを，次の①～④のうちから一つ選べ。

①　三河湾沿岸部では，うなぎやのりの養殖がおこなわれている。
②　愛知県，岐阜県，三重県にまたがる京浜工業地帯が広がっている。
③　鯖江市では日本製のメガネフレームの90％以上を生産している。
④　伝統工芸品である美濃和紙が美濃市で作られている。

問９　下線部ⓘに関連して，日本の気候について述べた文として**誤っているもの**を，次の①～④のうちから一つ選べ。

①　日本の大部分は温帯に属している。
②　瀬戸内の気候は，中国山地と四国山地が季節風をさえぎるため，１年を通じて雨が少なく晴れの天気が多い。
③　太平洋側の気候は，夏は南東からの季節風の影響で，雨が多く蒸し暑い天気が多い。
④　内陸性の気候は，冬は北西季節風を受け雪が多く，気温は低い。

問10　下線部ⓙに関連して，明治時代以降，さまざまな学者が感染症などについて研究した。明治時代以降の研究について述べた文として最も適当なものを，次の①～④のうちから一つ選べ。

① 北里柴三郎は破傷風について研究した。
② 志賀潔は黄熱病について研究した。
③ 野口英世はペスト菌を発見した。
④ 夏目漱石はアドレナリンを発見した。

問11　下線部ⓚに関連して，第一次世界大戦後に発足した国際連盟と第二次世界大戦後に発足した国際連合について述べた文として最も適当なものを，次の①～④のうちから一つ選べ。

① 国際連盟の安全保障理事会において，常任理事国は拒否権を行使することができる。
② 国際連盟は，アメリカのブッシュ大統領が提唱し，発足した。
③ 日本が国際連合に加盟したのは，1950年である。
④ 国際連合の本部はニューヨークに置かれている。

問12　下線部ⓛに関連して，コールド・チェーンの説明として最も適当なものを，次の①～④のうちから一つ選べ。

① 生鮮食品や医薬品など低温管理が必要な製品を適切な温度を維持しながら流通するシステムのこと。
② 世の中のモノやサービスの価格が継続して上昇していること。
③ 食品の生産，加工，流通などの情報を追跡できるシステムのこと。
④ 食料の重さに輸送距離をかけた数値のこと。

問13　下線部ⓜに関連して，1929年ニューヨークの株式取引所の株価が大暴落したことをきっかけにアメリカだけでなく世界的な経済危機である世界恐慌がおこった。世界恐慌までの出来事について述べた次の文Ⅰ～Ⅲについて，古いものから年代順に正しく配列されたものとして，次の①～⑥のうちから一つ選べ。

Ⅰ　ノルマントン号事件がおこった。
Ⅱ　関東大震災がおこった。
Ⅲ　日露戦争がおこった。

① Ⅰ－Ⅱ－Ⅲ　② Ⅰ－Ⅲ－Ⅱ　③ Ⅱ－Ⅰ－Ⅲ
④ Ⅱ－Ⅲ－Ⅰ　⑤ Ⅲ－Ⅰ－Ⅱ　⑥ Ⅲ－Ⅱ－Ⅰ

問14　下線部ⓝに関連して，江戸時代には幕府の財政を立て直しや飢饉による社会混乱を立て直すためにさまざまな改革がおこなわれた。江戸時代の改革について述べた文として**誤っているもの**を，次の①～④のうちから一つ選べ。

①　新井白石は徳川家宣と徳川家継に仕え，徳川綱吉が発令した生類憐みの令を廃止した。

②　徳川吉宗は年貢を増やすため，新田開発に努め，年貢を豊作・不作に関わらず一定の率にする方法に改めた。

③　水野忠邦は商人たちに株仲間の結成をすすめ，税収を増やそうとした。

④　松平定信は大名たちに飢饉や凶作に備えて米を蓄えさせる囲米を実施した。

問15　下線部ⓞに関連して，水産資源および漁業について述べた文として最も適当なものを，次の①～④のうちから一つ選べ。

①　2021年の水揚げ量全国１位は千葉県の釧路漁港である。

②　沿岸国が自国の沿岸部から100海里以内の水産資源に対する権利を主張できる水域を排他的経済水域という。

③　日本の漁業で働く人は1970年以降，増加し続けている。

④　2019年における日本の水産物輸入金額は１兆円を超えている。

2 次の文章を読み，下の問い（問１～15）に答えよ。

オリンピズムの根本原則

1．オリンピズムは肉体と意志と精神のすべての資質を高め，バランスよく結合させる生き方の哲学である。オリンピズムはスポーツをⓐ文化，教育と融合させ，生き方の創造を探求するものである。その生き方は努力する喜び，良い模範であることの教育的価値，社会的な責任，さらに普遍的で根本的な倫理規範の尊重を基盤とする。

2．オリンピズムの目的は，ⓑ人間の尊厳の保持に重きを置くⓒ平和な社会の推進を目指すために，人類の調和のとれた発展にスポーツを役立てることである。

3．オリンピック・ムーブメントは，オリンピズムの価値に鼓舞された個人と団体による，協調の取れた組織的，普遍的，恒久的活動である。その活動を推し進めるのは最高機関のⓓIOCである。活動は５大陸にまたがり，偉大なスポーツの祭典，オリンピック競技大会に世界中の選手を集めるとき，頂点に達する。そのシンボルはⓔ５つの結び合う輪である。

4．スポーツをすることはⓕ人権の１つである。すべての個人はいかなる種類のⓖ差別も受けることなく，オリンピック精神に基づきスポーツをする機会を与えられなければならない。オリンピック精神においては友情，連帯，フェアプレーの精神とともに相互理解が求められる。

5．オリンピック・ムーブメントにおけるスポーツ団体は，スポーツが社会の枠組みの中で営まれることを理解し，ⓗ政治的に中立でなければならない。スポーツ団体は自律の権利とⓘ義務を持つ。自律には競技規則を自由に定め管理すること，自身の組織の構成とガバナンスについて決定すること，外部からのいかなる影響も受けずにⓙ選挙を実施する権利，および良好なガバナンスの原則を確実に適用する責任が含まれる。

6．このオリンピック憲章の定める権利および自由は人種，肌の色，性別，性的指向，言語，ⓚ宗教，政治的またはその他の意見，国あるいは社会的な出身，財産，出自やその他の身分などの理由による，いかなる種類の差別も受けることなく，確実に享受されなければならない。

7．オリンピック・ムーブメントの一員となるには，オリンピック憲章の遵守およびIOCによる承認が必要である。

オリンピック憲章〔2020年７月17日から有効〕国際オリンピック委員会
公益財団法人　日本オリンピック委員会

問１　下線部ⓐに関連して，教育・科学・文化を通じて，世界の平和と安全を図る国際組織として最も適当なものを，次の①～④のうちから一つ選べ。

①　ILO　　②　WHO　　③　WTO　　④　UNESCO

問２　下線部ⓑに関連して，次の文章は日本国憲法第24条の一部であるが，空欄 ア ・ イ に入れるのに最も適当な語句の組み合わせを，次の①～④のうちから一つ選べ。

> ……
> ２　配偶者の選択，財産権，相続，住居の選定，離婚並びに婚姻及び家族に関するその他の事項に関しては，法律は，個人の尊厳と ア の イ 平等に立脚して，制定されなければならない。

	ア	イ
①	両性	実質的
②	夫婦	実質的
③	両性	本質的
④	夫婦	本質的

問３　下線部ⓒに関連して，国連の安全保障理事会における常任理事国として誤っているものを，次の①～⑤のうちから二つ選べ。

①　日本　　②　アメリカ　　③　中国　　④　カナダ　　⑤　フランス

問４　下線部ⓒに関連して，次の文章は日本国憲法第９条の一部であるが，空欄［ア］・［イ］に入れるのに最も適当な語句の組み合わせを，次の①～④のうちから一つ選べ。

……
２　前項の目的を達成するため，陸海空軍その他の［ア］は，これを保持しない。国の［イ］は，これを認めない。

	ア	イ
①	戦力	武力行使
②	実力	武力行使
③	戦力	交戦権
④	実力	交戦権

問５　下線部ⓓに関連して，IOCと本部が同じ国である国際組織として**誤っているもの**を，次の①～④のうちから一つ選べ。

①　ILO　　②　WHO　　③　WTO　　④　UNESCO

問６　下線部ⓔに関連して，オリンピックマークの描かれた旗は，1914年６月のIOC創設20周年記念式典でお披露目されたが，1914年に始まった第一次世界大戦中に革命が起きた国として最も適当なものを，図中の①～④のうちから一つ選べ。

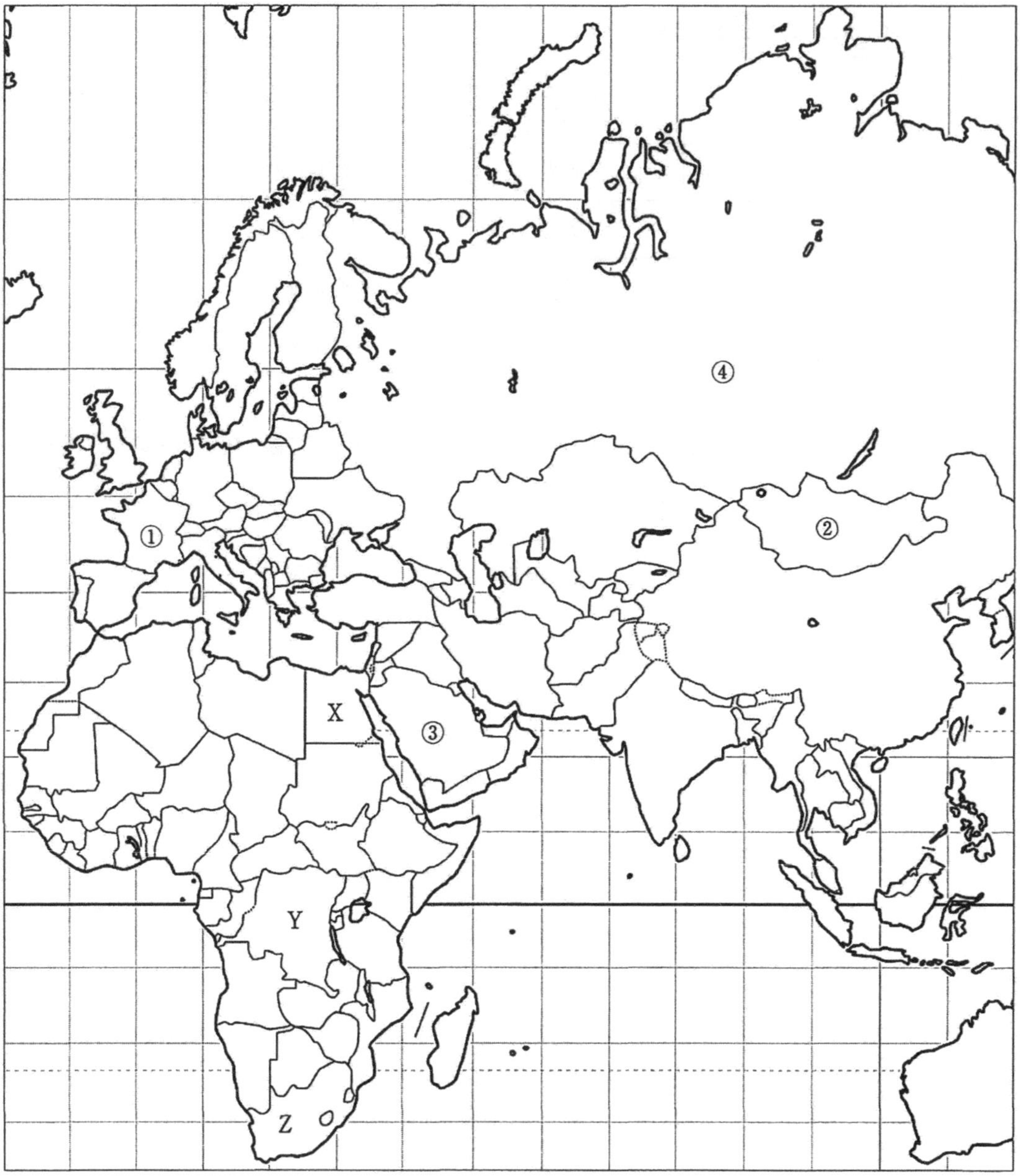

図

問7　下線部ⓕに関連して，人権には「固有性」・「普遍性」・「不可侵性」の３つの性質があるとされるが，「普遍性」にあたる日本国憲法の該当箇所として最も適当なものを，次の文章中の①～③のうちから一つ選べ。

第11条　①国民は，すべての基本的人権の享有を妨げられない。この憲法が国民に保障する基本的人権は，②侵すことのできない永久の権利として，③現在及び将来の国民に与へられる。

問8　下線部ⓕに関連して，新しい人権と呼ばれるものとして**適当でないもの**を，次の①～④のうちから一つ選べ。

①　環境権　　②　知る権利　　③　プライバシーの権利　　④　幸福追求権

問9　下線部ⓖに関連して，非白人に対する差別政策が行われた国と政策名の組み合わせとして最も適当なものを，次の①～⑥のうちから一つ選べ。

	国（図中）	政策名
①	X	アパルトヘイト
②	X	インティファーダ
③	Y	アパルトヘイト
④	Y	インティファーダ
⑤	Z	アパルトヘイト
⑥	Z	インティファーダ

問10　下線部ⓗに関連して，議会で多数をしめる政党が内閣をつくって行う政治を政党政治というが，2022年７月現在の日本の政権与党として最も適当な組み合わせを，次の①～④のうちから一つ選べ。

①　自由民主党・立憲民主党　　②　自由民主党・公明党
③　立憲民主党・公明党　　④　立憲民主党・社民党

問11　下線部ⓘに関連して，日本国民の三大義務の組み合わせとして最も適当なものを，次の①～④のうちから一つ選べ。

①　教育を受けさせる・勤労・納税　　②　教育を受ける・福祉・納税
③　教育を受けさせる・勤労・防衛　　④　教育を受ける・福祉・防衛

問12　下線部ⓙに関連して，次の文章は日本国憲法第15条であるが，［ア］に入れるのに最も適当な語を，次の①～④のうちから一つ選べ。

> 第15条　公務員を選定し，及びこれを罷免することは，国民固有の権利である。
> 2　すべて公務員は，全体の奉仕者であつて，一部の奉仕者ではない。
> 3　公務員の選挙については，成年者による［ア］を保障する。
> 4　すべて選挙における投票の秘密は，これを侵してはならない。選挙人は，その選択に関し公的にも私的にも責任を問はれない。

①　普通選挙　　②　平等選挙　　③　直接選挙　　④　自由選挙

問13　下線部ⓙに関連して，衆議院議員，参議院議員の比例代表選挙における各政党の当選者数の決定方式をドント式という（当選者に○）。以下の例を参考に，表の内容をドント方式にて議席配分を行った場合読み取れる内容として最も適当なものを，次の①～④のうちから一つ選べ

例

政党	A	B	C	D
得票数	10,000	8,000	6,000	3,500
得票数÷1	10,000	8,000	6,000	3,500
得票数÷2	5,000	4,000	3,000	1,750
得票数÷3	3,333	2,666	2,000	1,166
得票数÷4	2,500	2,000	1,500	875
配分議席	4	3	2	1

※議員定数：10

表

政党	A	B	C	D
得票数	840	600	360	200

※議員定数：5

①　ドント方式による議席配分を行った結果，A党の獲得議席数が最も多い。
②　ドント方式による議席配分を行った結果，C党の獲得議席数が最も少ない。
③　ドント方式による議席配分を行った結果，すべての政党が最低でも一議席は獲得する。
④　ドント方式による議席配分を行った結果，獲得議席数の同じ政党が出る。

問14　下線部ⓚに関連して，日本国憲法第20条第一項前段には「信教の自由は，何人に対してもこれを保障する。」という文言があるが，ここでいう自由の意味として最も適当なものを，次の①～④のうちから一つ選べ。

①　国家からの自由　　②　国家による自由　　③　国家への自由　　④　国家のための自由

問15　下線部ⓚに関連して，地域紛争の主な要因が宗教であるものとして最も適当なものを，次の①～④のうちから一つ選べ。

①　朝鮮戦争　　②　ベトナム戦争　　③　東ティモール紛争　　④　カンボジア内戦

3　下の問い（問１～２）に答えよ。

問１　キャッシュレス決済における「使う側のメリット」・「使う側のデメリット」・「お店側のメリット」を100字以内で答えよ。なお「お店側のメリット」については，以下のグラフを参考に記述すること。

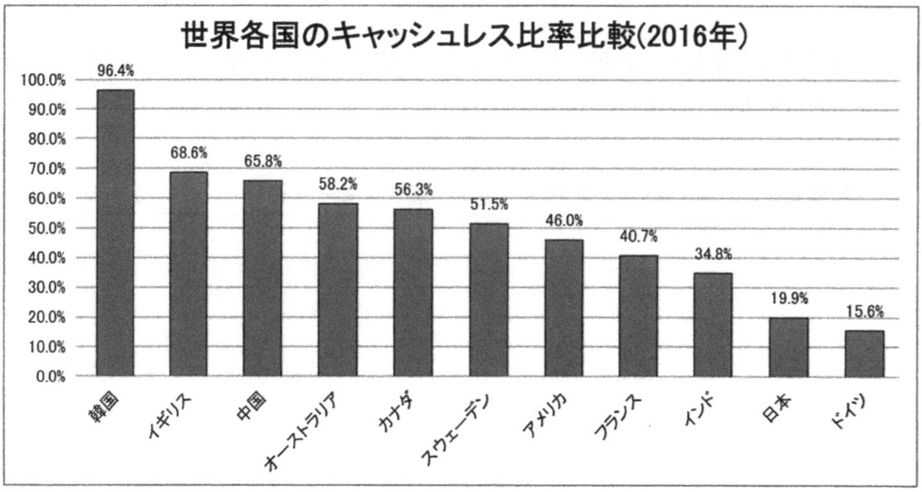

（「キャッシュレスロードマップ」）

問２　あなたなりの「人間観（人間とは何か，人間の特質）」を「人間は○○である」という形で示すとともに，そのように示した理由を100字以内で答えよ。

（問題は以上です）

２０２３年度
ＡＩＣＪ中学校　入学試験問題

本校入試１

理　科

（13：40～14：25）

【注　意】

１．試験開始の合図があるまで，この問題用紙に手をふれてはいけません。
２．問題用紙は10ページあります。これとは別に解答用紙があります。
３．試験開始の合図があってから，問題用紙のページ数を確かめなさい。
４．問題用紙のページが抜けていたり，破れていたり，印刷が不鮮明なところがある場合は，黙って手を挙げて試験監督に知らせなさい。
５．答えはすべて解答用紙に書きなさい。
６．試験終了後，問題用紙は表にして机の右側，解答用紙は表にして机の左側に置きなさい。

2023年度　理　科 （45分）答えはすべて別紙の解答用紙に書きなさい。

1　次の文を読んで，後の問いに答えなさい。

水はさまざまなものを溶《と》かす性質があり，ものが水に溶けている液を水溶液《すいようえき》という。①水溶液は，水に液体や固体，気体といった様々な状態のものが溶けてできている。

ものが溶ける量には限界があり，100 g の水に溶かすことができるものの限界量のことを（A）といい，限界まで溶かした状態を（B）という。②温度の変化にともない（A）が大きく変化するものがあり，それを利用して溶けているものを取り出すことができる。

(1)　水溶液の特徴《とくちょう》をふまえ，次のア～ウのうち水溶液とはいえないものを理由と共に答えなさい。

ア　食塩水　　　イ　牛乳　　　ウ　砂糖水

(2)　下線部①について，水に溶けているものの状態が同じ組み合わせになっているものを，次のア～エから一つ選び，記号で答えなさい。

ア	食塩水	アルコール水
イ	炭酸水	塩酸
ウ	さく酸水	石灰水
エ	食塩水	アンモニア水

(3)　文中の空らんA，Bに適切な語句をそれぞれ答えなさい。

(4)　下線部②について，この操作のことを何というか答えなさい。

③食塩，ミョウバン，硝酸《しょうさん》カリウム，硫酸《りゅうさん》銅をそれぞれ35ｇずつはかりとり，60℃の水100ｇに溶かした。なお，それぞれの水100ｇに溶かすことができる限界量（ｇ）は以下の表の通りである。

表

温度（℃）	0	20	40	60
食塩	35.7	35.8	36.3	37.1
ミョウバン	5.6	11.4	23.8	57.4
硝酸カリウム	13.3	31.6	63.9	109.2
硫酸銅	23.7	35.6	53.5	80.4

(5) 下線部③について，はかりとるために上皿てんびんを用いた。右利きの人の場合に，はかりとる操作手順について説明した以下の文章の空らんア～ウに適切な語句を答えなさい。なお，ウは左か右かで答えなさい。

・左右の皿に（ア）をのせる。

↓

・左の皿に，はかりとりたい重さの（イ）をのせる。

↓

・（ウ）の皿に，薬品を少しずつ加えていき，左右のうでをつりあわせる。

(6) 60℃の水100ｇに食塩を35ｇ溶かした水溶液の濃度《のうど》は何％か，小数第一位を四捨五入して，整数で答えなさい。

(7) それぞれの水溶液を20℃まで冷やしたときに，最も多く結晶《けっしょう》がでてくるものはどれか。出てくる結晶の質量とともに答えなさい。

2　次の文を読んで，後の問いに答えなさい。

植物の葉にある（ア）では，光合成に必要な（イ）の取り込みや，（ウ）などが行われている。（ア）は2個の孔辺細胞《こうへんさいぼう》の間のすきまであり，孔辺細胞が変形して（ア）が開く。

(1) 次のヒントを参考にして，文中の（ア）～（ウ）にあてはまる語句を答えなさい。

（ア）は葉の表側よりも裏側に多い

（イ）は気体であり，石灰水を白くにごらせる

（ウ）は水を吸い上げるはたらきがある

図1のように水が入った試験管にオオカナダモを入れ，光をあてた。しばらくすると，気体の粒《つぶ》がたくさん葉についていた。

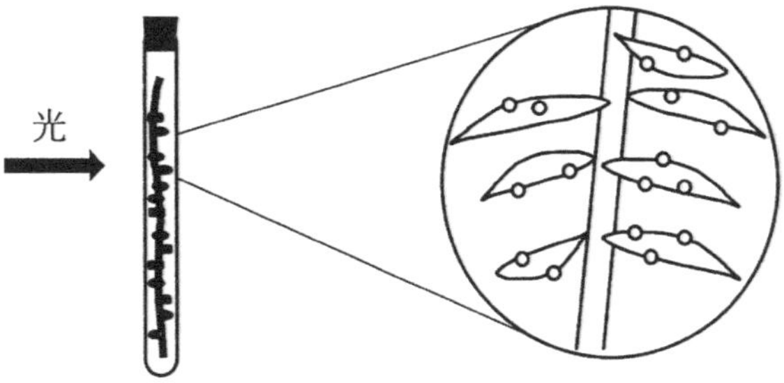

図1

(2) この気体の粒について説明した次のア～エの文章から正しいものを1つ選び，記号で答えなさい。

ア　水に溶けていた二酸化炭素が溶けきれずに気体の粒となって出てきた

イ　水に溶けていた酸素が溶けきれずに気体の粒となって出てきた

ウ　オオカナダモが作り出した二酸化炭素が気体の粒となって出てきた

エ　オオカナダモが作り出した酸素が気体の粒となって出てきた

２本の試験管ＡとＢに，水のかわりに息を吹き込んで緑色にしたBTB溶液を入れ，オオカナダモを入れた。Ｂの試験管はアルミニウムはくで包んだ。２本の試験管ＡとＢに光をあてた。しばらくすると，いずれもBTB溶液の色に変化が起きた。

(3)　試験管Ａの変化した後のBTB溶液の色は何色か答えなさい。

(4)　試験管Ｂの変化した後のBTB溶液の色は何色か答えなさい。

アオミドロは水中で育つ植物である。アオミドロを顕微鏡《けんびきょう》で観察すると，図２のように細胞が細長くつながり，細胞の中に緑色の粒がらせん状に並んでいた。

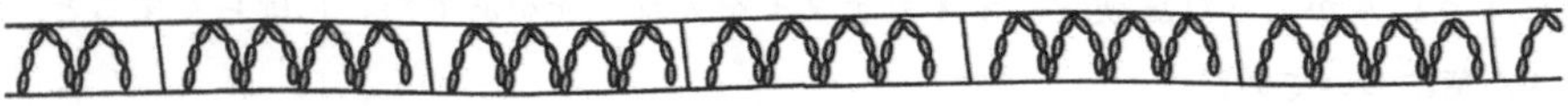

図２

(5)　アオミドロの緑色の粒は何か漢字で答えなさい。

図３はある種のバクテリア（細菌《さいきん》）を加えてアオミドロに光をあてたようすを示している。日光をあてたところでは，アオミドロの緑色の粒の近くに，ある種のバクテリアが集まった。

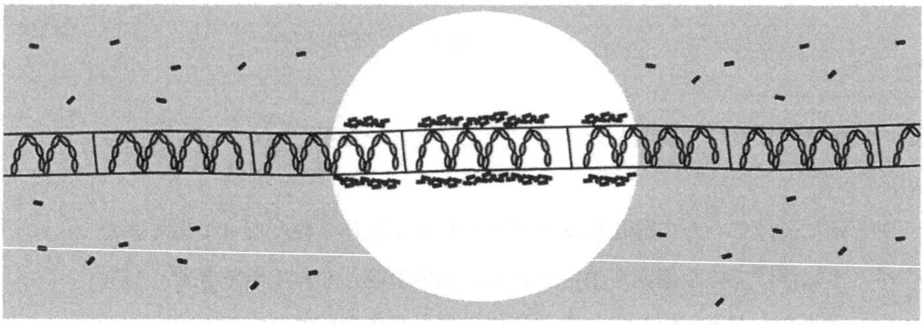

図３

(6)　図３のバクテリアについて説明した次のア～エの文章から正しいものを１つ選び，記号で答えなさい。

ア　酸素が多いところに集まるバクテリアである
イ　酸素が少ないところに集まるバクテリアである
ウ　養分が少ないところに集まるバクテリアである
エ　二酸化炭素が多いところに集まるバクテリアである

二〇二三年度　国語　解答用紙

受験番号

得　点

※100点満点
（配点非公表）

中―本校1

一

問一
1
2
3
4
5

問二
1 誤 正
2 誤 正
3 誤 正
4 誤 正
5 誤 正

問三
1
2
3
4
5

問四
1
2
3
4
5

二

問一
A
B
C

問二

3

(1)	g	(2)	通り
(3)	%		

4

(1)		(2)	cm
(3)	cm^3		

5

(1)	通り	(2)	通り
(3)	通り		

【解答欄は以上です】

	100
問２	100

（解答欄は以上です）

3

(1)	ア		イ		(2)		(3)	
(4)			(5)	km	(6)	m		

小計

4

(1)			(2)					
(3)	ア		イ		ウ		(4)	
(5)	i		ii		(6)	%		

小計

解答欄は以上です

2023年度　理　科

解答用紙

受験番号

得　点
※75点満点 （配点非公表）

中－本校１

1

(1)	記号		理由					
(2)		(3)	A		B		(4)	
(5)	ア		イ		ウ		(6)	%
(7)	名前		量	g				

小計

2

(1)	ア		イ		ウ			
(2)		(3)		(4)		(5)		

【解答用

2023年度　社　会

解答用紙

受験番号

得　点
※75点満点 （配点非公表）

中－本校１

1

問１		問２		問３		問４		問５	
問６		問７		問８		問９		問10	
問11		問12		問13		問14		問15	

2

問１		問２		問３		問４		問５	
問６		問７		問８		問９		問10	
問11		問12		問13		問14		問15	

3

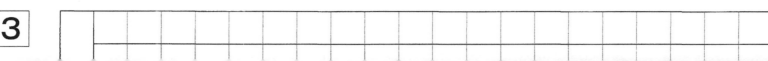

2023年度　算　数

解答用紙

受験番号

得　点
※100点満点 （配点非公表）

中－本校１

1

(1)		(2)	
(3)		(4)	試合
(5)	円	(6)	時　　分
(7)	g	(8)	度
(9)		(10)	cm^2

2

(1)	回	(2)	回

【解答

問三

誰の

気持ち

問四

問五

問六

問七

題名

（解答らんは以上です）

図4のように，日光をプリズムという三角柱のガラスに当てると，虹《にじ》のようにいろいろな色の光に分かれる。つまり，日光にはいろいろな色の光がふくまれていることが分かる。

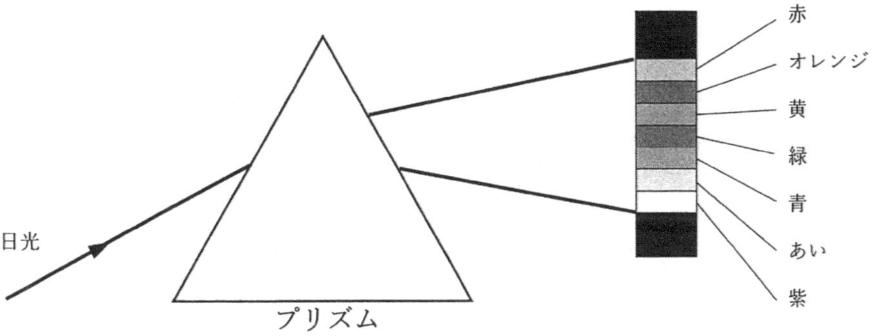

図4

【実験1】　日光をプリズムでいろいろな色の光に分けて，アオミドロに当てた。このとき，(6)のバクテリアがアオミドロに集まるところと集まらないところができた。

【実験2】　日光をいろいろな色の紙に当てた。このとき，(6)のバクテリアはどの色の紙にも集まることはなかった。

(7)　【実験1】でアオミドロにいろいろな色の光をあてたとき，(6)のバクテリアがアオミドロに集まらなかったのはどの色の光をあてたときか，次のア～ウから1つ選び，記号で答えなさい。

ア　青色の光

イ　緑色の光

ウ　赤色の光

(8)　【実験1】と【実験2】の結果を説明した次のア～オの文章から正しいものを1つ選び，記号で答えなさい。

ア　このバクテリアは緑色に集まる

イ　アオミドロは青色の光では光合成をしない

ウ　アオミドロは緑の光を吸収するので緑色に見える

エ　このバクテリアは赤色よりも黄色に集まりやすい

オ　光合成には光の色も関係する

3　次の文を読んで，後の問いに答えなさい。

音の高さ，音の（　ア　），音色を音の三要素という。音は音を出しているもの（音源）のしん動が（　イ　）に伝わり，その（　イ　）のしん動が耳の鼓膜《こまく》に伝わり聞こえる。音の高さは1秒間にしん動する回数が多いほど高くなる。下の図1のように，試験管の中に水の量を変えて入れ，試験管のふちをたたいて音の違《ちが》いを調べた。

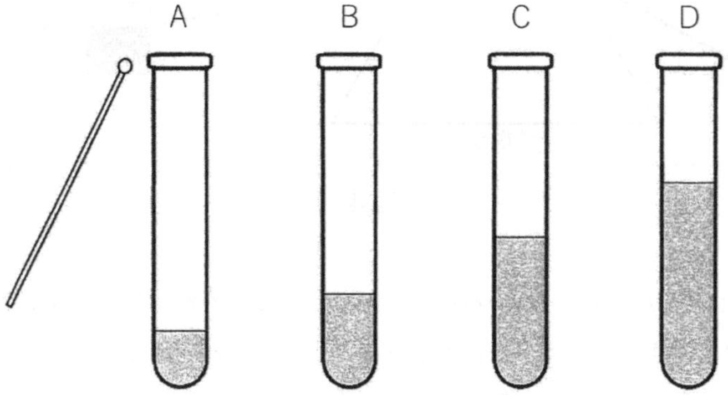

図1

(1)　上の文章の（　ア　），（　イ　）にあてはまる語句を答えなさい。

(2)　水は試験管がしん動する回数をおさえている。最も高い音が出るのはどの試験管か。A～Dから選び，記号で答えなさい。

次に音の違いについて，パソコンを用いて調べた。パソコンを用いると，音の違いがパソコンの画面上に波の形の違いとして表示される。図１の試験管A～Dをたたく強さ（強・中・弱で表記）をかえて違いを調べた。Cをたたく（中）と図２の波形が表示された。また，試験管Dをたたく（強）と図３の波形が表示された。

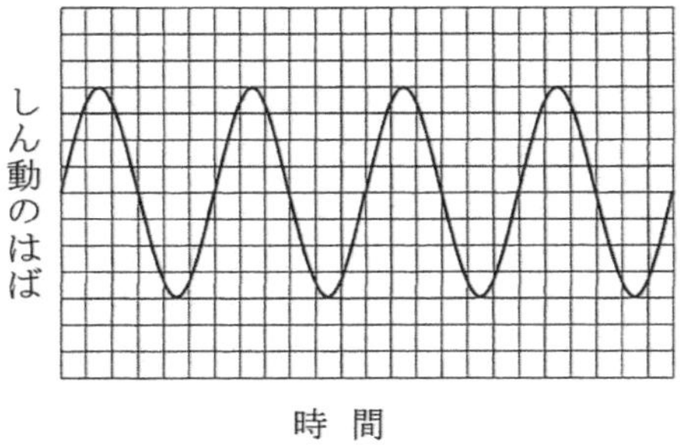

図２

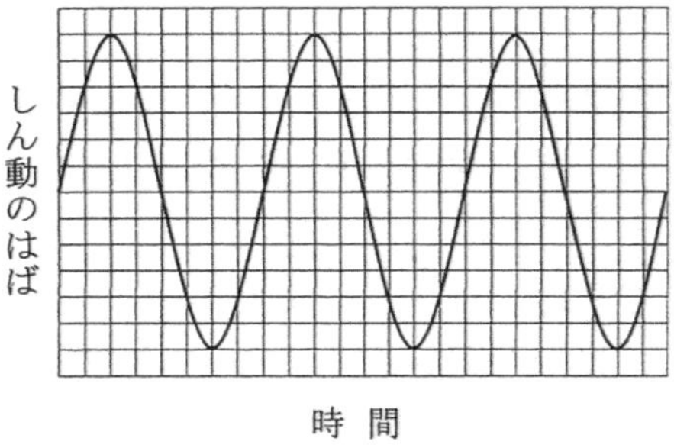

図３

(3) Bをたたく（弱）と，どの波形が表示されると考えられるか。次のア～ウから１つ選び，記号で答えなさい。

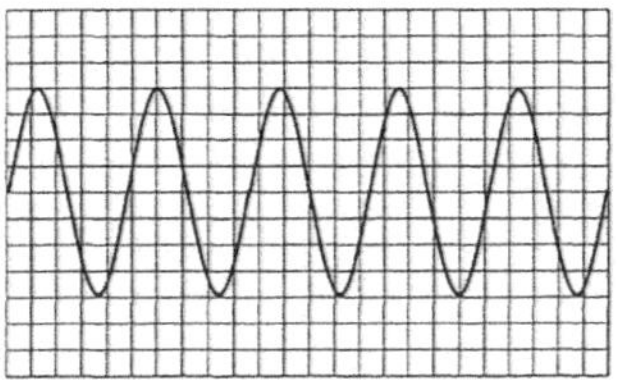

ア

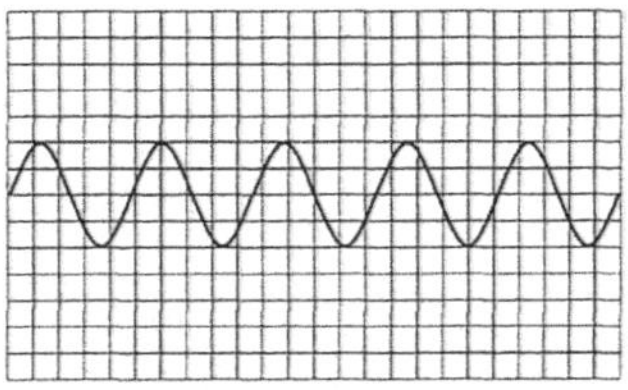

イ

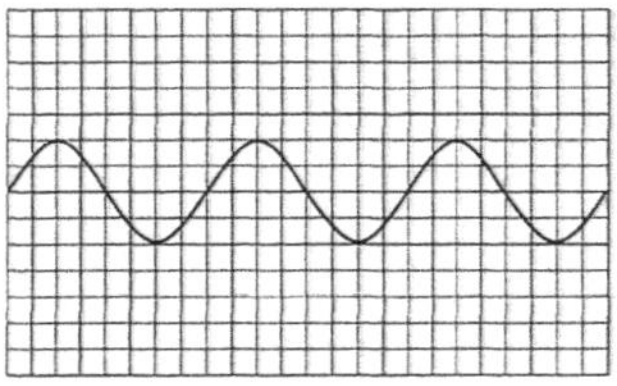

ウ

(4) Aをたたく（中）と，どの波形が表示されると考えられるか。次のア～ウから１つ選び，記号で答えなさい。

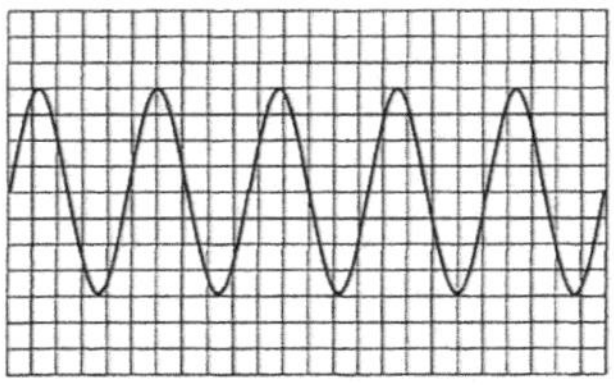

ア

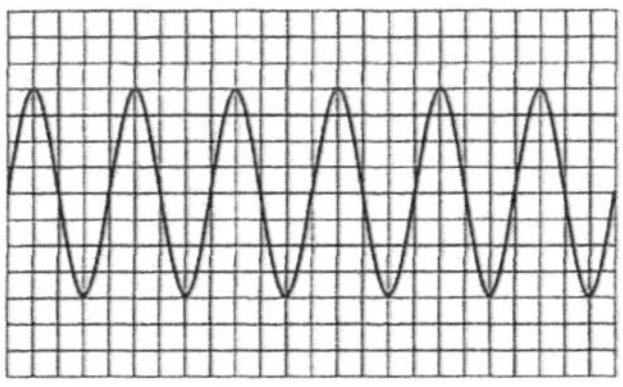

イ

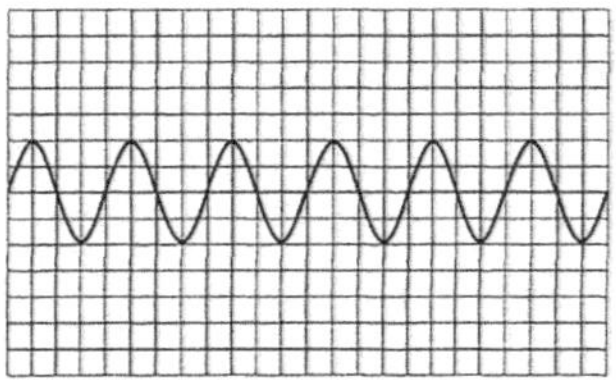

ウ

空気中での音の速さは気温によって異なる。気温が○℃のときの音の速さは次の式で求めることができる。

音の速さ（m/秒）＝331＋0.6×○

(5) 気温30℃の日に花火を見てから，５秒後に「ドーン」という音が聞こえた。花火までの距離《きょり》は何kmか。小数第二位を四捨五入して答えなさい。

(6) 気温15℃の海上で，岸壁《がんぺき》に向かって秒速12mで進んでいる船から岸壁に向かって音を出したところ，４秒後にはね返ってきた音が聞こえた。音を出した地点から岸壁までの距離は何mか答えなさい。

4　次の文を読んで，後の問いに答えなさい。

岩石は，砂，泥《どろ》，小石などが固められてできたたい積岩と，マグマが冷え固まってできた火成岩の2つに大きく分けられる。たい積岩は①砂岩，②泥岩《でいがん》，③れき岩などが存在する。一方，火成岩はマグマの冷え方によって④深成岩と⑤火山岩の2つに分けられ，さらにマグマの成分や岩石の色によってそれぞれ3つに分けられる。また，⑥火成岩の色は，ふくまれる有色の鉱物の割合，つまり「色指数」という数値で表すことができる。色指数の値は，黒い岩石ほど大きく，白い岩石ほど小さくなる。

(1)　化石が存在すると考えられる岩石はどれか。本文中の下線部①～⑤の中からすべて選び，番号で答えなさい。

(2)　砂岩，泥岩，れき岩をつくるそれぞれの粒《つぶ》の大小として正しいものを次のア～カの中から1つ選び，記号で答えなさい。

ア　砂岩＞泥岩＞れき岩　　イ　砂岩＞れき岩＞泥岩　　ウ　泥岩＞砂岩＞れき岩
エ　泥岩＞れき岩＞砂岩　　オ　れき岩＞砂岩＞泥岩　　カ　れき岩＞泥岩＞砂岩

(3)　図1のように，河口では主にたい積する土砂に特ちょうがみられる。図1のア～ウの場所で主にたい積するものは，れき，泥，砂のうちどれか，それぞれ答えなさい。

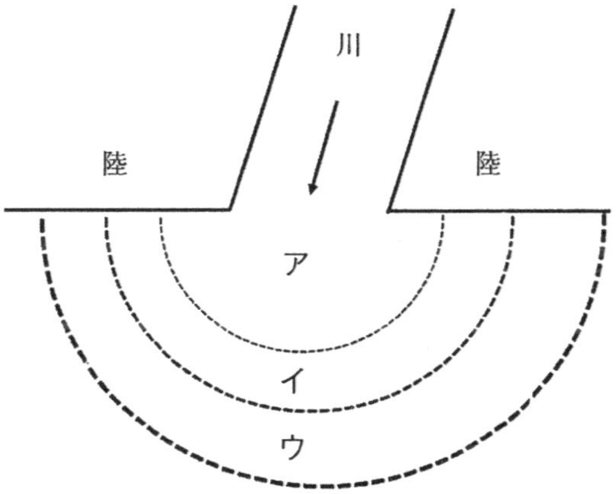

図1

図２は火成岩の岩石について，鉱物の割合をまとめたものである。

火山岩	（ｉ）	安山岩	玄武岩
深成岩	花こう岩	（ii）	斑れい岩

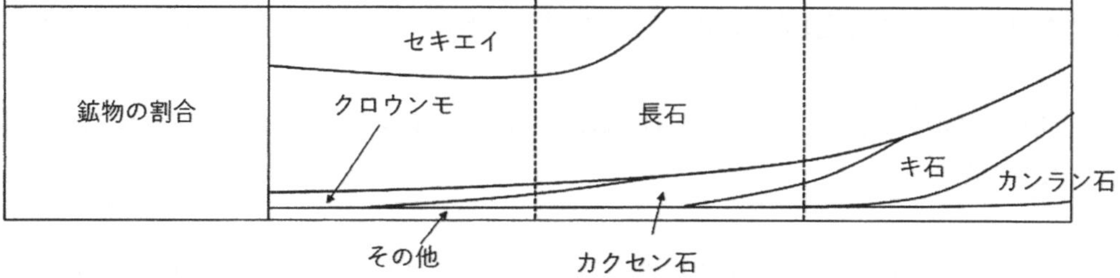

図２

(4) マグマがゆっくり時間をかけてできた火成岩は，深成岩と火山岩のどちらか答えなさい。

(5) 図２の（ｉ），（ii）に当てはまる岩石名をそれぞれ答えなさい。

(6) 下線部⑥について，図３はキ石，斜長石，カクセン石から構成される，ある深成岩の組織に１mm間かくの方眼を重ねて観察したものである。図３の25個の交点（黒丸）のうち，有色鉱物と重なる交点（黒丸）の数を数え，その割合からこの岩石の色指数は何％か答えなさい。

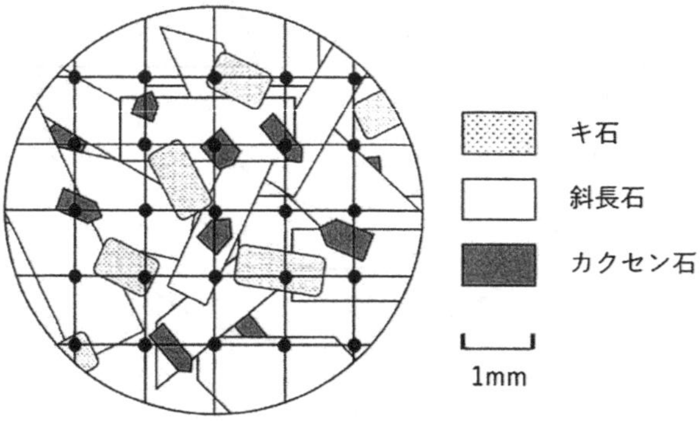

図３

（問題は以上です）

二〇二三年度　ＡＩＣＪ中学校　入学試験問題

本校入試２

国語

（９時30分～10時30分）

【注意】

1、試験開始の合図があるまで、この問題用紙に手をふれてはいけません。
2、問題用紙は13ページあります。これとは別に解答用紙があります。
3、試験開始の合図があってから、問題用紙のページ数を確かめなさい。
4、問題用紙のページが抜けていたり、破れていたり、印刷が不鮮明なところがある場合は、黙って手を挙げて試験監督に知らせなさい。
5、答えはすべて解答用紙に書きなさい。
6、試験終了後、問題用紙は表にして机の右側、解答用紙は表にして机の左側に置きなさい。

二〇二三年度　国　語

（六十分）　答えはすべて 解答用紙 に書き入れること。

中—本校2

一　次の問いに答えなさい。

問一　次の□にあてはまる色を漢字で入れて慣用句を完成させ、その意味をア～オの中から選び、記号で答えなさい。

1　□写真をえがく
2　腹が□い
3　朱《しゅ》に交われば□くなる
4　くちばしが□い
5　□を切る

ア　関係する人間によって影響を受けること。
イ　知らないふりをすること。
ウ　心の中に悪だくみを持つこと。
エ　年若く経験が浅いこと。
オ　予定や計画を立てること。

問二　次の各文の――線部の敬語表現が正しければ○を書き、誤っていれば正しく直しなさい。

1　母が先生のもとにうかがいます。

2　どうぞ昼食をいただいてください。

3　先生が教室にいらっしゃりなさった。

4　先生が私の母に申した。

5　父が先生におみやげをくださった。

問三　次の各文の――線部と働きが同じものをそれぞれア～エの中から一つ選び、記号で答えなさい。

1　夏になると、祖母の家にいたことが思い出される。

ア　他人から意地悪だと思われるのは嫌《いや》だ。

イ　転校して地元に帰られる先輩《せんぱい》にあいさつをした。

ウ　これくらいの高さの山なら登れる。

エ　転校した先輩のことがしのばれる。

2　祖母の家はここから遠い。

ア　友人に妹の花子を紹介《しょうかい》する。

イ　弟の筆箱を落としてしまった。

ウ　このペンはわたしのだ。

エ　父の書いた手紙を読んでもらう。

二　次の文章は『思いはいのり、言葉はつばさ』の一節です。主人公のチャオミンは友達のジュアヌに見せてもらった女性だけが読み書きできるというニュウシュ（女文字）に魅了され、女の子だけの集まりで様々なことを学び始めます。裁縫《さいほう》やニュウシュを学ぶ中で、美しく、裁縫も上手なシューインという年上の少女と仲良くなり、※1結交《けっこう》姉妹という特別な関係になりますが、そのシューインが顔も知らない男性と結婚することになったことを聞き、結婚までの三日間を共に過ごすことになりました。次の文章を読んで、後の問いに答えなさい。なお、出題の都合上、見出しを削除《さくじょ》して表記しています。（句読点や記号も一字として数えます）

三日間はあっという間にすぎてしまった。
次の日はジュアヌの家に行き、またごちそうを食べたりお裁縫をしたりした。
最後の日はシューインの家で布《ぬの》を a オり、刺《し》しゅうをした。
シューインはチャオミンたちのために前もって刺しゅうをしたハンカチを準備してくれていた。お祭りのときに、胸《むね》についていたものと同じ花の刺しゅうが、ハンカチの真ん中に施《ほどこ》されている。その周りに、ニュウシュで、三人の名前を刺しゅうした。
コ・シューイン
ホ・ジュアヌ
ゴォ・チャオミン
三人の永遠の友情を誓《ちか》うように、丁寧《ていねい》に丁寧に息を詰《つ》めるようにして、チャオミンはひと針《はり》ずつ名前を刺《さ》した。
こうして楽しかった三日間は終わり、シューインは結婚式《けっこんしき》の日を迎《むか》えた。
チャオミンとジュアヌが書いた手紙は、結婚のしきたりにしたがい、シューインの※2実家に b アズけられることになった。※3三朝書《さんちょうしょ》は、実家から贈《おく》られる品物と一緒《いっしょ》に大切に納められ、結婚式の三日目にシューインに届けられるのだ。

結婚式の前日、チャオミンは机《つくえ》に向かい自分の書いた三朝書をもう一度読み直した。
まだあまりうまくはない。けれどもせめて人一倍の願いだけはこめた。
封《ふう》をしようとしたところに、母さんがやってきた。
「チャオミン、この手紙も一緒に入れてちょうだい」
母さんは、小さく折《お》りたたんだ紙を差しだした。
「母さん、手紙を書いたの？」
チャオミンは①目を丸くした。
「ええ。母さんも②どうしても気持ちが送りたかったから」
母さんは恥《は》ずかしそうに笑った。
「読んでもいい？」
チャオミンは返事もきかないうちに紙を広げてしまった。そして、にっこり笑った。そこには、短いけれど大切な言葉が書いてあった。チャオミンも大好きな言葉だった。

あわただしく結婚準備を終え、シューインは住み慣れた愛おしい町から花駕籠《はなかご》に乗った。紅色《べにいろ》の木製の駕籠は、窓に美しい彫刻《ちょうこく》が施《ほどこ》してあり、屋根がついている。嫁《とつ》ぎ先までは四人の担《かつ》ぎ手に担いでもらい、一日近くかかった。川をこえ、見知らぬ町中を抜《ぬ》けると、車窓《しゃそう》から切り立った屏風《びょうぶ》のような山が見えてきた。嫁ぎ先はその山のふもとにあった。
新しい家では三日三晩《みばん》祝宴《しゅくえん》が続いた。
はじめて会った夫とその両親、それから弟や妹たち。見知らぬ人たちの間で、シューインは自分がどこに座っているのかもわからなかった。強張《こわば》るシューインにみんなは意地悪をするようなことはなかったけれど、やはり不安でいっぱいだった。
　これからは知らない人たちと暮らすのだ。
　そんな不安をしばし吹きとばしてくれたのは、祝宴の途中で届いた、実家からの荷物だった。
　シューインは飛びつくように荷物を受け取り、焦《あせ》る手つきで結び目をほどいた。何はさておき三朝書だ。自分の愛しい人たちにつながる物がほしかった。
「まあ、こんなに」
　入っていた三朝書を胸に抱《だ》く。愛《いと》おしい重さを感じた。生みｃハグクんでくれた母や、慈《いつく》しみをかけてくれた叔母《おば》や兄《あに》嫁《よめ》、そして長い付き合いだった※4ユンエイ。
　それぞれがくれた言葉の数々《かずかず》を、シューインは吸《す》い取るように丹念《たんねん》に読んだ。

（中略）

　もちろん二人の大切な結交姉妹からも三朝書をもらった。ジュアヌは誇《ほこ》り高く整った文章で結婚を祝《いわ》ってくれた。そして、チャオミンは素直《すなお》な思いを祈《いの》るようにつづってくれた。チャオミンらしいかわいらしい字だ。

〝わたしの小さなサンゴの筆で、シューインお姉さんに言葉を送ります
まずはありがとうと伝えます
本当に嬉《うれ》しいご縁《えん》があって、わたしたちは姉妹になりました
わたしにとって、どんなに幸《さいわ》いなことだったでしょう
シューインお姉さんには、たくさんのことを教えていただきました

それなのにわたしには、あなたのためにできることがないのです
それが残念でなりません
だからせめて祈ります。この先のシューインお姉さんの幸せを祈ります
この手紙を書いている筆は、サンゴの飾《かざ》りがついています
サンゴは海の底に眠《ねむ》っているのだそうです
深い深い海の底。その海のように深く深く、わたしは祈ります
刺しゅうもお裁縫も上手なシューインお姉さんは
新しい家のみなさんにきっと大事にされることでしょう
シューインお姉さん、どうかお元気で
ずっと、ずっと、大好きです

チャオミン〟

シューインは言葉のひとつひとつをすくい取るように三朝書を読んだ。③今から先の生活はきっとこれらの言葉が助けてくれる。そう確信できた。

「あら」

シューインが、その紙に気がついたのは三朝書を戻《もど》そうとしたときだった。チャオミンからの三朝書の中に、もう一枚紙が入っていたのだ。シューインはその小さく折りたたまれた紙を引っ張りだした。

そこには、こう書いてあった。

〝辛《つら》いときは、書きましょう
苦しいときは、歌いましょう

ヤン　インシェン〟

「チャオミンのお母さんからだ」
シューインは思わず叫《さけ》んだ。驚《おどろ》きと喜びで胸がいっぱいになる。
チャオミンのお母さんは、もう書くことをやめてしまったというニュウシュで、④自分に言葉をくれたのだ。不器用だけれどあたたかみのある文字をながめながら、シューインはあの日のことを思いだしていた。
あの日。シューインはチャオミンの母、インシェンからdフシギな話をきいたのだった。
それは結婚式の前に、チャオミンの家をeオトズれたときのことだった。
「私ね、歌を歌えなくなったことがあったんだよ」
インシェンがぽつりと言ったのは、チーズの鍋《なべ》をかき回しているときだった。チーズ作りは、火にかけた生乳《せいにゅう》を長時間絶えずかき回す、根気のいる仕事だったが、シューインはちっとも退屈《たいくつ》に思わなかった。すぐそばで蒸《む》しまんじゅうの皮をこねていたインシェンが、歌を歌ってくれたからだ。透《す》きとおった声は、シューインの心だけではなく、周りの景色まで明るくするようだった。
「本当にお歌が上手ですね」とうっとり言ったシューインに、インシェンは手を止めると、「歌を歌えなくなったことがあった」と、言ったのだった。
「歌えなくなった？」
すぐには意味がわからず、首をかしげたシューインに、インシェンも困ったように首をすくめた。
「ええ、最初はね、歌えなかったのではなくて、歌わなかった。実家にいたときは歌いながら料理を作っていたんだけど、それはこの家のfシュウカンに合わないと、お義母《かあ》さんに教えられてね」
インシェンは言葉を選びながら言ったが、シューインにはすぐに見当がついた。

きっと歌うことをお姑《しゅうとめ》さんに止められたのだろう。

「それで、歌わないように気をつけていたら、本当に歌えなくなってしまった」

インシェンの言いかたは淡々《たんたん》としていたが、それだけにシューインの心は騒《さわ》いだ。大好きなことを止められるなんて、どんなにか辛かっただろう。

「歌を歌おうとすると、のどの奥《おく》が苦しくなるようになった。家の中だから歌えないのかと思って、誰《だれ》にもきこえないように山のふもとまで行ってみたんだけれど、やっぱり歌は歌えなかった」

「言葉はしゃべれるんですか？」

「ええ。でも歌おうとするとのどが締《し》めつけられる。そのうち体全体が苦しくなってしまって」

「……」

シューインはうなだれるようにうつむいた。鍋の中の生乳はずいぶん手ごたえを増していて、自分の心の重さのようにも感じた。

と、インシェンは急に明るい声を出した。

「そんなとき、フシギなことがおこったんだよ」

「フシギなこと？」

シューインは思わず顔をあげた。そのときのことを思いだしたのだろうか。インシェンは目を大きく見開き、頬《ほお》もうっすら赤く染《そ》まっている。

「そう。そのころはまだ山水を引いてなくて、水くみは私の仕事だった。あれは寒い冬の日に、川で水をくんで帰る途中《とちゅう》のことだった」

凍《こお》りつきそうな寒い日の朝だったという。天秤棒《てんびんぼう》に桶《おけ》ふたつ分の水を肩《かた》に担ぎ、家路《いえじ》を急いでいたインシェンは、見知らぬ女性《じょせい》に声をかけられた。

とてもきれいな人だった。豊かな黒髪《くろかみ》を結いあげて、天女《てんにょ》のような羽衣《はごろも》を着ていた、と、夢でも見るような目をしてインシェンは話した。

「その人が私に近寄ってきてね。それだけで私はなぜか胸がいっぱいになってしまった。私の胸の内をすべてわかってくれていることを感じたから」

女の人はインシェンのそばに来ると、穏《おだ》やかなほほえみを浮《う》かべたそうだ。心から安心するような笑顔《えがお》だったという。

彼女《かのじょ》は懐《ふところ》から一本の扇《おうぎ》を差しだすと、こう言った。

「あなたに［A］を与《あた》えます。辛いときは書きなさい。書いているうちにきっと歌も取り戻せます」

そうして扇をインシェンの懐に差しこみ、女の人はすっと消えてしまったのだそうだ。

「家に帰って扇を開いてみたら、そこにはニュウシュがびっちりと書いてあった。何が書いてあるかはすぐにわかった。それは私がいつも歌っていた歌。※5ハル族に歌い継《つ》がれている山や川に感謝する歌だとわかりました」

それからインシェンは、家族の目を盗《ぬす》んでは、ニュウシュの練習をした。そうして覚えたニュウシュで、口には出せない思いをつづるようになったという。

「本当にフシギね。湧《わ》きでるような辛い思いを夢中《むちゅう》で書いているうちに、胸が軽くなっていった。胸が軽くなると、また歌が歌えるようになったんだから。それからはチャオミンに子守歌をたくさん歌った」

なんともフシギな話だったが、シューインは真剣《しんけん》にきいた。なぜならニュウシュにまつわる謎《なぞ》めいた話をほかにもきいたことがあったからだ。

「その人は、ホ・ユイシューだったかもしれません」

シューインは言いながら確信した。

「ホ・ユイシュー？」
「はい。ニュウシュを作ったといわれる人の名前です。昔ある村に、ユイシューという美しく賢《かしこ》い女性がいたそうです。その人が言うに言えない女性の悲しみを訴《うった》えるために、たったひとりで作ったものが、ニュウシュだと言われています。ユイシューさんは、同じ苦しみを持っているインシェンさんに、文字を教えにきてくれたのではないでしょうか」
言いながらシューインは息があがるのを感じた。※6荒唐無稽《こうとうむけい》なことだとはわかっていた。ユイシューは大昔の人だ。

その伝説は宋《そう》時代にさかのぼる。
〃ある村にホ・ユイシューという娘《むすめ》がいた。
その美貌《びぼう》と秀《ひい》でた賢さで、その名は遠くの町にまで広まっていた。
あるとき明《みん》の朝廷《ちょうてい》の偉《えら》い人が、美人を求めてその地にやってきた。
そこで直ちにユイシューが選びだされ、宮廷《きゅうてい》に召《め》し入れられることになった。
ユイシューは、西の宮殿《きゅうでん》に住まわせられ、西宮の位《くらい》が与えられた。
しかし、宮中《きゅうちゅう》の日々は寂《さび》しく、殺気《さっき》と良くない思惑《おもわく》に満ち、恐怖《きょうふ》のために心休まるときもない。田舎《いなか》の暮らしのほうがずっと幸せだったと、嘆《なげ》き暮らす日々だった。
やむにやまれずユイシューは文字を作った。
その文字で自分の心の苦しさ、身の不幸を母親や結交姉妹たちに伝えようとしたのだ〃

そうしてできたのが、ニュウシュと呼《よ》ばれる女文字だと伝えられている。
ユイシューに当時のインシェンが会おうはずもない。でも、どうしても、その女性がユイシューだと思わずにはいられなかった。

なぜなら、ホ・ユイシューはすべての女性に文字を与えたからだ。すべての女性たちに自らを苦しみから開放するh術を授《さず》けたからだ。

今もなお。

「……きっと、そうね」

インシェンは少し考えて、深くうなずいた。その目はもう夢ではなく、現実をじっと見つめているようだった。インシェンが言葉と歌により乗りこえた苦しみが、シューインには少しだけわかったような気がした。

でもね、シューイン、と、インシェンは穏《おだ》やかにほほえんだ。

「結婚は辛いことばかりでは決してないのよ。私は夫から新しいことをたくさん教わって、世界が広がった。そしてなによりチャオミンを授かることができた。あの子の成長を見守ることは、私にとって幸せでしかありません」

あの日のことを隅々《すみずみ》まで思いだしてから、シューインはインシェンのくれた手紙を読みかえしてみる。

「辛いときは、書きましょう。苦しいときは、歌いましょう」

声に出すと、胸の底《そこ》がじわりとあたたかくなった。

（まはら三桃『思いはいのり、言葉はつばさ』）

※１　結交姉妹――血縁《けつえん》のない二人以上の娘たちが、実の姉妹以上に親密《しんみつ》な関係となる姉妹の約束をかわすもの。
※２　実家――結婚して嫁入りする者から見て自分の生まれた家のこと。
※３　三朝書――結婚三日目に結交姉妹や母、おば、実の姉妹などから新婦《しんぷ》に贈られるニュウシュで書かれた手紙。
※４　ユンエイ――チャオミンが裁縫やニュウシュを習っていた家の娘で、女の子だけの集まりのリーダーのような少女。
※５　ハル族――中国の少数民族をモデルにした架空《かくう》の民族。インシェンは他民族の男性と結婚し、チャオミンを産んだ。
※６　荒唐無稽――言説や考えがとりとめなく根拠のないこと。

問一　——線部a「オ」、b「アズ」、c「ハグク」、d「フシギ」、e「オトズ」、f「シュウカン」、g「直」、h「術」について、カタカナは漢字に直し、漢字は読みを答えなさい。

問二　——線部①「目を丸くした」の意味を簡潔《かんけつ》に答えなさい。

問三　——線部②「どうしても気持ちが送りたかった」、④「自分に言葉をくれた」とありますが、インシェンからシューインへの手紙にこめられた気持ちとはどのようなものか、説明しなさい。

問四　——線部③「今から先の生活はきっとこれらの言葉が助けてくれる」とありますが、それはシューインが三朝書をどのようなものだと感じているからですか、本文中から十五字で抜き出しなさい。

問五　［A］に入る語として最も適当なものを本文中から漢字二字で抜き出しなさい。

問六　あなたは辛い時や上手くいかない時にはどのような行動を取り、自分の考えや気持ちを整理しますか。本文中のインシェンの行動と比較して、その方法が最も良いと思う理由も添《そ》えて二百字以内で述べなさい。

評価基準

A　設問に対する応答

辛い時や上手くいかない時に取る行動についての自分の考えが、理由と共に説明してある。

B　理解

本文中の、インシェンが辛い時に取る行動について理解していることがうかがえる。

C　言語

正しく論理的な日本語で表現できており、語彙《ごい》力の高さもうかがわせる。

（問題は以上です）

２０２３年度
ＡＩＣＪ中学校　入学試験問題

本校入試２

算　数

（10：50～11：50）

【注　意】

1．試験開始の合図があるまで，この問題用紙に手をふれてはいけません。
2．問題用紙は６ページあります。これとは別に解答用紙があります。
3．試験開始の合図があってから，問題用紙のページ数を確かめなさい。
4．問題用紙のページが抜けていたり，破れていたり，印刷が不鮮明なところがある場合は，黙って手を挙げて試験監督に知らせなさい。
5．答えはすべて解答用紙に書きなさい。
6．問題を解くために円周率が必要な場合は，3.14を用いなさい。
7．試験終了後，問題用紙は表にして机の右側，解答用紙は表にして机の左側に置きなさい。

2023年度　算　数

（60分）答えはすべて別紙の解答用紙に書きなさい。　**中一本校2**

1　次の問いに答えなさい。

(1)　$5 \div \left(\frac{3}{4} - 0.3\right) + 5 \times \left(0.8 - \frac{1}{6}\right)$ を計算しなさい。

(2)　$0.625 \times \frac{2}{3} - \frac{1}{7} \times (\square - 0.25) = \frac{1}{6}$ の□にあてはまる数はいくつですか。

(3)　時速 36 km で 3 秒間進むと何 cm 進みますか。

(4)　縮尺 50000 分の 1 の地図で，6 cm^2 の土地は実際には何 km^2 ですか。

(5)　毎週水曜日に記念としてドライフラワーを 1 本プレゼントされます。10 本目のプレゼントが 2 月 14 日のとき，1 本目は何月何日にプレゼントされましたか。

(6)　1 から 100 までの整数のうち，3 がどの桁《けた》にも含まれないものは何個ありますか。

(7)　子供が長いすに座るのに，1 脚《きゃく》に 3 人ずつ座ると 3 人分不足し，1 脚《きゃく》に 5 人ずつ座ると最後の長いすには 1 人が座り，長いすは 13 脚《きゃく》あまります。子どもは何人いますか。

(8)　[ベ]，[テ]，[ル]，[ギ]，[ウ]，[ス] の 6 文字が，それぞれ 1 文字ずつ各面に書かれたサイコロがあります。サイコロを 3 回ふって出た文字を順番に並べます。そのとき [ベ] と [ギ] の文字がその中にともに含《ふく》まれるものは何通りありますか。

(9)　右の図は半径が 2 cm の 3 つの円がそれぞれ他の 2 つの円の中心を通っている図です。このとき，斜線《しゃせん》部分の周の長さは何 cm ですか。ただし，円周率は 3.14 とします。

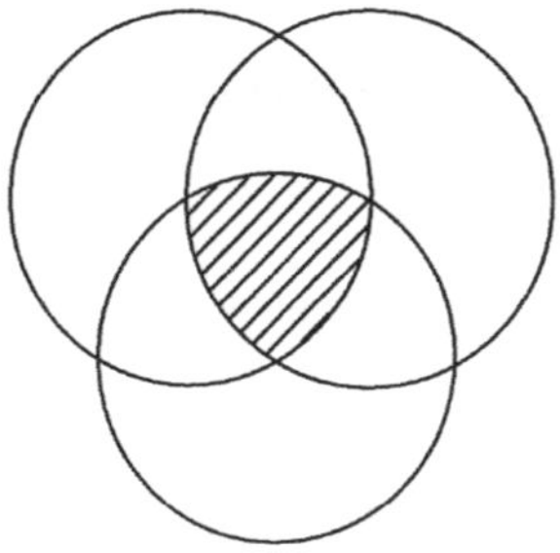

(10)　右の図において，直線 ℓ を軸として，三角形を 1 回転させてできる立体の体積は何 cm^3 ですか 。ただし，円周率は 3.14 とします。

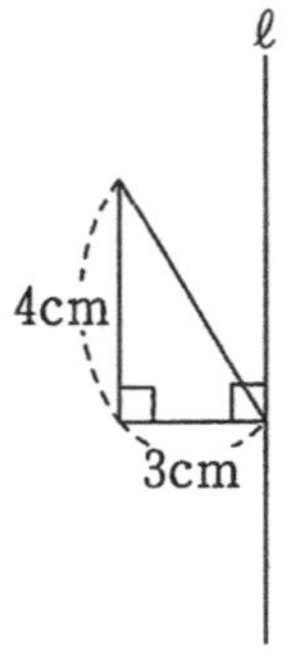

2　右の図のように，ある規則にしたがって数字が順に並んでいます。
例えば，上から 4 段目の左から 2 番目の数字は 8 です。
このとき，次の問いに答えなさい。

1
2　3
4　5　6
7　8　9　10
11　12　13　14　15
⋮

(1)　20 は上から何段目の左から何番目にありますか。

(2)　上から 20 段目の左から 20 番目の数字はいくつですか。

(3)　800 は上から何段目の左から何番目にありますか。

3　Ａくんは毎朝家を7時30分に出発し，一定の速さで学校に向かい，8時に着きます。
ある日，いつものように家を出発しましたが，途中《とちゅう》でお弁当を忘れたことに気づき，すぐに同じ速さで家に向かいました。母親は，Ａくんが出発して10分後にお弁当に気づき，Ａくんの2倍の速さで追いかけました。7時45分に2人は出合い，Ａくんはお弁当を受け取ったあと，速さを変えて学校に向かい，8時に着きました。
このとき，次の問いに答えなさい。

(1)　Ａくんと母親が同じ道のりを進むのにかかる時間の比を最も簡単な整数で答えなさい。

(2)　Ａくんがお弁当を忘れたことに気づいたのは何時何分何秒ですか。

(3)　Ａくんがお弁当を母親から受け取ったあと，学校に向かうときの速さは，もとの速さの何倍ですか。

4

右の図は，1 辺が 10 cm の立方体から円柱を 4 等分した立体を切り取ったものです。

図に書かれている数字はその面の面積です。

このとき，次の問いに答えなさい。

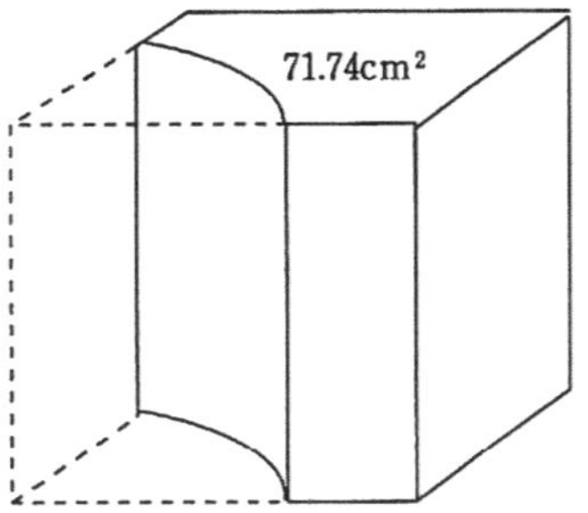

(1) 切り取った立体の底面の半径は何 cm ですか。

(2) 図の立体の底面の周の長さは何 cm ですか。

(3) 図の立体の表面積は何 cm^2 ですか。

5

[0]，[1]，[2]，[3]，[4] の5枚のカードがあります。
このとき，次の問いに答えなさい。

(1) 5枚のカードのうち，2枚を使ってできる2桁《けた》の整数は何通りありますか。

(2) 5枚のカードのうち，3枚を使ってできる3桁《けた》の整数は何通りありますか。

(3) (2)のうち，3の倍数は何通りありますか。

【問題は以上です】

２０２３年度
ＡＩＣＪ中学校　入学試験問題

本校入試２

社　会

（12：35～13：20）

【注　意】

１．試験開始の合図があるまで，この問題用紙に手をふれてはいけません。
２．問題用紙は12ページあります。これとは別に解答用紙があります。
３．試験開始の合図があってから，問題用紙のページ数を確かめなさい。
４．問題用紙のページが抜けていたり，破れていたり，印刷が不鮮明なところがある場合は，黙って手を挙げて試験監督に知らせなさい。
５．答えはすべて解答用紙に書きなさい。
６．試験終了後，問題用紙は表にして机の右側，解答用紙は表にして机の左側に置きなさい。

2023年度　社　会　（４５分）答えはすべて別紙の解答用紙に書きなさい。　中一本校２

1　次の表を見て，下の問い（問１～14）に答えよ。

	国別合計特殊出生率　2019年		都道府県別合計特殊出生率　2019年	
アジア	インドネシア	2.29	秋田	1.33
	シンガポール	1.14	ⓕ山形	1.40
	大韓民国	0.92	岩手	1.35
	ⓐ中国	1.70	宮城	1.23
	日本	1.36	埼玉	1.27
アフリカ	ⓑエチオピア	4.15	ⓖ神奈川	1.28
	カメルーン	4.51	東京	1.15
	ナイジェリア	5.32	静岡	1.44
	南アフリカ共和国	2.38	愛知	1.45
ヨーロッパ	イギリス	1.65	三重	1.47
	ⓒオランダ	1.57	和歌山	1.46
	ドイツ	1.54	大阪	1.31
	フランス	1.87	ⓗ奈良	1.31
アメリカ	ⓓアメリカ合衆国	1.71	島根	1.68
	カナダ	1.47	ⓘ広島	1.49
	ブラジル	1.72	山口	1.56
	アルゼンチン	2.25	福岡	1.44
オセアニア	オーストラリア	1.66	長崎	1.66
	ニュージーランド	1.72	ⓙ熊本	1.60
	トンガ	3.52	鹿児島	1.63
	ⓔフィジー	2.75	ⓚ沖縄	1.82

（UNDP資料より作成）

問１　表に記載されている国・都道府県や表から読み取れる内容として誤っているものを，次の①～⑧のうちから二つ選べ。

① 国別合計特殊出生率をみると先進国より，途上国のほうが比較的高い数値になることが読み取れるが，これは子どもを労働力としてとらえられてきた名残もあるようだ。
② 日本が占領下においたことのある国はすべて合計特殊出生率が1.10以上になっている。
③ 赤道が通る国の合計特殊出生率は1.50以上である。
④ イスラム教徒が多数を占める国はインドネシアとナイジェリアだけである。
⑤ 県庁所在地の人口が100万人以上の都道府県の合計特殊出生率は，いずれも1.50以下である。
⑥ 岩手県，宮城県，三重県，長崎県には共通した海岸地形が存在するが，そこでおこる産業は必ずしも同一ではない。
⑦ 日本国内では，過疎地域の合計特殊出生率は地方中枢都市や首都圏に比べ，いずれも低い傾向にある。
⑧ 海に面していない都道府県が２つある。

問２　下線部ⓐに関連して，中国の歴史書にはたびたび日本に関しての記述がある。下の資料を参考にし，５世紀のことを記されたものとして最も適当なものを，次の①～④のうちから一つ選べ。

…興死《こうし》して弟《おとうと》武《ぶ》立《た》つ。自《みずか》ら使持節都督倭《しじせつととくわ》・百済《くだら》・新羅《しらぎ》・任那《みまな》・加羅《から》・秦韓《しんかん》・慕韓七国諸軍事《ぼかんしちこくしょぐんじ》安東大将軍倭国王《あんとうだいしょうぐんわこくおう》と称《しょう》す。

① 『魏志』倭人伝　　② 『後漢書』東夷伝
③ 『宋書』倭国伝　　④ 『漢書』地理誌

問３　下線部ⓐに関連して，中国は現在世界最大の二酸化炭素排出国であるが，世界的には二酸化炭素削減に向けて様々な対策を講じている。その一つとして，出発地点から目的地まですべての道のりをトラック輸送していた貨物を，途中で鉄道や船に積みかえて輸送し，二酸化炭素排出量を削減するだけではなく，エネルギーの消費量を抑え，運賃も安くすることのできる方法が注目を浴びているがそれを何というか，次の①～④のうちから一つ選べ。

① トラックファーミング　　② モータリゼーション
③ デジタルトランスフォーメーション　　④ モーダルシフト

問4　下線部ⓑに関連して，エチオピアについて**誤っているもの**を，次の①～④のうちから一つ選べ。

① アフリカのほとんどの国は長い間，ヨーロッパ列強各国の植民地で1960年前後まで支配されていたが，この国は一時期のみイタリアに併合されたが，数年で独立を回復した珍しい国である。

② おもな産業は農業で主要穀物のほかに商品作物としてコーヒーが有名である。コーヒーの原産地はこの国のカッファ地方と言われている。

③ アフリカ大陸の中でも一人当たりのGDPが低く，多くの機関から援助を受けている。

④ 第二次世界大戦後，最初のアジア・アフリカ会議の開催地となったのが，エチオピアの首都，アジスアベバである。

問5　下線部ⓒに関連して，オランダについて**誤っているもの**を，次の①～④のうちから一つ選べ。

① オランダにはヨーロッパ最大の貿易港であるユーロポートがある。

② オランダでは国土の４分の１が海面より低い干拓地となっており，チーズやバターを作る酪農が盛んである。

③ 江戸時代，日本とオランダは貿易を継続していたが，それはオランダ人のほとんどが信仰するキリスト教のプロテスタントが貿易と宗教を分離して考えていたからである。

④ オランダは第二次世界大戦後，東側陣営の先頭に立ち反EU路線を提唱し，現在もその政策を貫いている。

問6　下線部ⓓに関連して，アメリカ合衆国について**誤っているもの**を，次の①～④のうちから一つ選べ。

① アメリカ合衆国では民主党のトランプ大統領から共和党のバイデン大統領に代わり様々な政策転換がはかられた。

② アメリカ合衆国はアラスカ州，ハワイ州などもあり国土が広大なため標準時が一つではなく，サマータイムも設けられている。

③ 首都のワシントンは政治都市であり，ニューヨークやロサンゼルスに比べて人口が少なく経済的な主要都市ではない。

④ 世界的なIT関連企業が集まっているシリコンバレーはアメリカ西海岸，サンフランシスコ郊外にある。

問7　下線部ⓓに関連して，アメリカ合衆国について最も適当なものを，次の①～④のうちから一つ選べ。

① 18世紀，イギリスの植民地だったアメリカは，独立戦争を経て当初51州からアメリカ合衆国が始まった。

② 1853年アメリカ合衆国のペリーが軍艦４隻を率いて，下田に来航し大統領の国書を幕府に差し出して，強く開国を求めた。

③ 大老，井伊直弼はアメリカ総領事として来日したハリスに通商条約を結ぶことを強く要求され，朝廷の許可を得ず日米修好通商条約を結んだ。

④ 日米和親条約にのっとり，日本とアジア太平洋地域の平和と秩序のために，米軍基地の敷設，使用を日本の各地に認めた。

問8　下線部ⓔに関連して，フィジーの位置（首都のスバはおよそ南緯18度・東経178度）について最も適当なものを，図１の①～④のうちから一つ選べ。

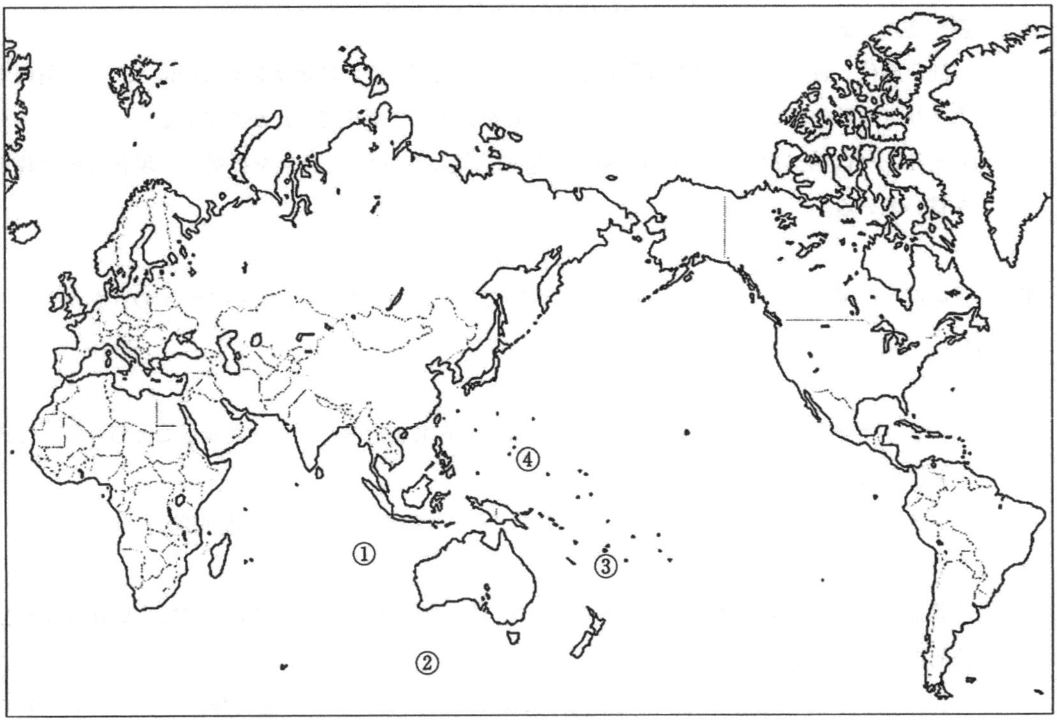

図１

問９　下線部ⓕに関連して，山形県が全国生産量１位のものを，次の①～④のうちから一つ選べ。

①　ぶどう（マスカットなども含む）
②　パイナップル
③　おうとう（さくらんぼ）
④　キウイフルーツ

問10　下線部ⓖに関連して，神奈川県について**誤っているもの**を，次の①～④のうちから一つ選べ。

①　横浜市，川崎市，相模原市など市街地機能，ベッドタウンとしても充実しているこれら三市を含む神奈川県は都道府県別人口（2019年）において全国第２位である。
②　江戸末期，横浜は開港場の一つとされ，日本と外国を結ぶ窓口となったことから西洋文明がいち早く流入してくる場所となり，横浜を中心とした経済圏が次第に確立していった。
③　県西部には富士箱根伊豆国立公園が広がり，有名な大涌谷では火山が作り出した独特な景観を楽しめるだけでなく，ご当地グルメや有名なショップなど多数出店している。
④　鎌倉に本拠地を置いた幕府の執権，北条義時は源頼朝以来の先例や，道理と呼ばれた武家社会での慣習や道徳をもとに，武家政権のための御成敗式目を定めた。

問11　下線部ⓗに関連して，奈良県について**誤っているもの**を，次の①～④のうちから一つ選べ。

①　女帝・推古天皇の時代に豪族・蘇我馬子が創建した日本で最初の本格的な仏教寺院が飛鳥寺である。朝鮮半島から多くの先進技術者が呼ばれ，この寺を中心に学問や芸術が盛んになり，飛鳥文化が栄えた。
②　710年，藤原京から平城京に遷都した天皇は女帝・元明天皇である。南側にある羅城門をくぐると大きな朱雀大路中心に北を向いて，左側が右京，右側が左京となる。また左京の東には外京が隣接しており，そこには興福寺など有名寺院も存在する。
③　奈良時代，校倉造の正倉院が建立された。そこには聖武天皇や光明皇后ゆかりの品々や螺鈿《らでん》紫檀五絃《したんのごげん》琵琶《びわ》など中央・西・南アジア起源のものもあり，天平文化を中心とした宝物が収蔵されている。
④　足利尊氏に敗れた後鳥羽上皇は吉野の山に逃れ南朝をたて，そこで自ら政治を行った。その後，南朝勢力は勢いを弱め，1392年足利義満によって南北朝が統一された。

問12　下線部ⓘに関連して，図２は日本におけるある工場の分布地域である。しかし近年日本はその工業製品の世界シェアを失いつつある。その工業製品の世界シェアを表わすものとして最も適当なものを，次の①～④のうちから一つ選べ。

図２

	1位	2位	3位	4位
①	中国 57.6%	インド 5.4%	日本 4.5%	ロシア 4.0%
②	中国 32.5%	アメリカ 11.4%	日本 10.4%	ドイツ 4.8%
③	中国 28.8%	日本 13.0%	韓国 11.7%	アメリカ 11.0%
④	カナダ 14.3%	日本 13.4%	ロシア 8.4%	中国 8.3%

統計年次2020年　　（『2022データブックオブザワールド』より作成）

問13　下線部ⓙに関連して，水俣病など公害が発生した当初に比べ，現代では環境に対する意識が少しずつ高まってきた。2015年の９月，ニューヨーク国連本部において,「国連持続可能な開発サミット」が開催され地球環境を含んだ持続可能な開発目標を発表した。2030年までに達成するいわゆるSDGsであるが，SDGsとは何の略か，次の①～④のうちから一つ選べ。

①　Sky Deep Great Systems
②　Sustainable Development Goals
③　Sweet Dust Greens
④　Super Dream Geography Silence

問14　下線部ⓚに関連して，沖縄県は多くの島々から成り立っているが尖閣諸島について最も適当なものを，次の①～④のうちから一つ選べ。

①　尖閣諸島は，南西諸島西端に位置する魚釣島，奄美大島，屋久島，竹島，大正島，沖ノ北岩，沖ノ南岩，飛瀬などから成る島々の総称である。かつて鰹節工場があり日本人が住み着いたこともあるが，現在は無人島。久場島（及び周辺小島）は私有地であり，その他は国有地。行政的には沖縄県石垣市の一部である。
②　尖閣諸島は台湾，中国，香港，ベトナム，フィリピンで領有権が争われているが現在は中国が実効支配している。国際連合の退去勧告にもかかわらず日本の奪還は大変厳しい現状が続いている。
③　日本の最南端の沖ノ鳥島から西に約100kmのところにある尖閣諸島はアジア・太平洋における軍事上きわめて重要な海域であり，アメリカが主権を握っているが中国やロシアからの威嚇行動が度重なり軍事衝突が繰り返されている。
④　尖閣諸島が我が国固有の領土であることは,歴史的にも国際法上も疑いのないところであり,現に我が国はこれを有効に支配している。尖閣諸島をめぐり，解決すべき領有権の問題は存在していない。

2　次の文章を読み，下の問い（問１～９）に答えよ。

2020年のⓐ新型コロナウイルス感染症の拡大によるⓑパンデミック（以下「パンデミック」という。）は，ⓒ地球規模の課題であり，各国・地域の経済や社会に大きな影響を与えています。

2015年９月，国連ⓓ持続可能な開発目標（SDGs）が策定されました。同年12月に国連気候変動枠組条約第21回締約国会議（COP21）で，途上国を含む全ての締約国が各自の削減目標の達成に向けて取り組むこと，長期的には工業化以前より温度上昇を２℃より十分低い，1.5℃に抑える努力を継続することを記したⓔパリ協定が採択され，2020年から本格的な運用が始まりました。また，2018年に気候変動に関する政府間パネル（IPCC）は「1.5℃特別報告書」で，世界の平均気温がⓕ産業革命前より人間活動によって約１℃上昇し，現在の度合いで増加し続けると2030年から2052年までの間に気温上昇が1.5℃に達する可能性が高いこと，現在と1.5℃の上昇との間，および1.5℃と２℃上昇との間には，生じる影響に有意な違いがあることを示しました。

こうした予測や国際的な開発目標や条約の目的を達成し，ⓖ持続可能な社会となるために，ⓗ地球温暖化への対応を，経済成長の制約やコストではなく，成長の機会と捉えるような従来の発想を転換する，ⓘ新たな様式への活動を起こすことが重要です。

（令和３年度版『環境・循環型社会・生物多様性白書』，環境省HPより一部抜粋）

問１　下線部ⓐに関連して，特定地域からのまん延を抑えるために，各都道府県からの要請を受けて適用が決定される，事業者への時短要請などを行った政策として最も適当なものを，次の①～④のうちから一つ選べ。

①　まん延防止等重点措置　②　緊急事態措置　③　まん延防止措置　④　特定地域重点措置

問２　下線部ⓑに関連して，14世紀頃にヨーロッパで拡がりをみせ，パンデミックとなった感染症で，別名「黒死病」と呼ばれたものとして最も適当なものを，次の①～④のうちから一つ選べ。

①　スペイン風邪　②　インフルエンザ　③　ペスト　④　SARS

問３　下線部ⓒに関連して，ある世界的課題について述べた次の資料を見て，(1)・(2)の問いに答えよ。

第一条　…人種，宗教，国籍もしくは特定の社会的集団の構成員であることまたは政治的意見を理由に迫害を受けるおそれがあるという十分に理由のある恐怖を有するために，国籍国の外にいるものであって，その国籍国の保護を受けられない者またはそのような恐怖を有するためにその国籍国の保護を受けることを望まない者…

(1)　資料の中で定義されている課題として最も適当なものを，次の①～④のうちから一つ選べ。

①　移民　②　難民　③　民族　④　戦争孤児

(2) 資料中に示されている課題の支援や解決に取り組んでいる団体の略称として最も適当なものを，次の①～④のうちから一つ選べ。

① UNICEF　② UNHCR　③ WHO　④ UNESCO

問４　下線部ⓓに関連して，持続可能な開発目標（SDGs）について次の(1)～(3)の問いに答えよ。

(1) SDGsの前身として，2000年に採択された先進国と発展途上国の格差是正をめざす取り組み目標として最も適当なものを，次の①～④のうちから一つ選べ。

① パリ開発目標　② トロント開発目標　③ 東京開発目標　④ ミレニアム開発目標

(2) SDGsの17の目標の内容として，**誤っているもの**を，次の①～④のうちから一つ選べ。

① 平和と希望をすべての人に
② つくる責任　つかう責任
③ 働きがいも　経済成長も
④ 陸の豊かさも守ろう

(3) SDGsの開発目標の一つに「飢餓をゼロに」というものがある。その目標に合った私たちの取り組みとして**誤っているもの**を，次の①～④のうちから一つ選べ。

① 買い物をする前に，家にある食材を確認する。
② コンビニやスーパーなどで商品を購入するときは手前にあるものからとる。
③ 商品を購入するときは期限をみて，必要なものだけを購入する。
④ 外食をしたときは，まず食べたいものからたくさん注文する。

問５　下線部ⓔに関連して，パリ協定では，2030年を目安とした二酸化炭素削減目標が定められた。2013年比で，日本が目標とした二酸化炭素削減量として最も適当なものを，次の①～④のうちから一つ選べ。

① 26％　② 53％　③ 75％　④ 92％

問6　下線部ⓕに関連して，産業革命について次の(1)・(2)の問いに答えよ。

(1)　世界で初めて産業革命が起こった国として最も適当なものを，次の①〜④のうちから一つ選べ。

①　フランス　　②　イギリス　　③　日本　　④　アメリカ

(2)　明治以降の日本の産業・工業の発展の流れとして最も適当なものを，次の①〜④のうちから一つ選べ。

①　紡績・製糸⇒金属・機械⇒製鉄・造船⇒機械工業・合成繊維
②　紡績・製糸⇒金属・機械⇒機械工業・合成繊維⇒製鉄・造船
③　金属・機械⇒紡績・製糸⇒製鉄・造船⇒機械工業・合成繊維
④　金属・機械⇒紡績・製糸⇒機械工業・合成繊維⇒製鉄・造船

問7　下線部ⓖに関連して，持続可能な社会について次の(1)・(2)の問いに答えよ。

(1)　再生可能で動植物に由来する有機性資源をもとにしたエネルギーとして最も適当なものを，次の①〜④のうちから一つ選べ。

①　有機物エネルギー
②　クリーンエネルギー
③　バイオマスエネルギー
④　自然エネルギー

(2)　2022年7月現在，持続可能な社会づくりを目指して日本が取り組んでいるものとして最も適当なものを，次の①〜④のうちから一つ選べ。

①　SDGs達成に向けた優れた取り組みを選定し，その中でも特に優れた取り組みを実施する都市を「SDGs未来都市」として認定する動きが近年活発となっている。
②　プラスチックごみ流出による海の生態系への影響を考え，プラスチックの利用を制限する法律を制定したことで，プラスチックごみ流出が90％以上減少した。
③　日本政府は「女性の活躍推進のための開発戦略」を発表し，それに対応して「女性雇用機会均等法」が制定された。
④　SDGs達成に向けて，優れた取り組みを行った企業や団体を表彰するための「ジャパンSDGsアワード」が創設された。

問８　下線部ⓗに関連して，地球温暖化について次の(1)・(2)の問いに答えよ。

(1)　太陽から放出される熱を地球に閉じ込めて地表を温める働きをもつ，メタンやフロンガスなどの総称として最も適当なものを，次の①～④のうちから一つ選べ。

①　地温効果ガス　　②　オゾンガス　　③　温室効果ガス　　④　ハイドロガス

(2)　2020年10月，菅元首相が「2050年を目途に実質ゼロをめざそう」と所信表明をし，日本でもその目標に向けて取り組みが進められている，30年後めざす社会の総称として最も適当なものを，次の①～④のうちから一つ選べ。

①　脱炭素社会　　②　脱窒素社会　　③　脱エネルギー社会　　④　脱原子力社会

問９　下線部ⓘに関連して，各国が行っている今後に向けた環境対策として最も適当なものを，次の①～④のうちから一つ選べ。

①　中国では，PM5.5をきっかけに，大気汚染のみならず，「排ガス」「排水」「産業廃棄物」の「三廃」による汚染防止対策に努めている。

②　ブラジルでは，依然として環境問題への関心が低いことから，対策への遅れを指摘されているが，一方で再生可能エネルギーの利用を積極的に進められるよう，国内整備が行われている。

③　フランスでは，大気汚染による酸性雨が問題となったため，排気ガスの削減のため市民が車をあまり使わないような工夫がなされている。

④　ドイツでは，プラスチックや食品廃棄物に関する規制が厳しく，2022年１月からは野菜や果物のプラスチック包装が禁止された。

3　下の問い（問１～２）に答えよ。

問１　近年，13～14世紀を「モンゴル時代」ととらえる見方が提唱されている。それは「大航海時代」に先立つこの時代に，モンゴル帝国がユーラシア大陸の大半を統合したことによって，広域にわたる交通・商業ネットワークが形成され，ヒト・モノ・カネ・情報がさかんに行き交うようになったことを重視した考え方である。

以上のことを踏まえて，この時代に広域において見られた交流について，100字以内で説明せよ。なお，太線で囲われた領域がモンゴル帝国の最大版図である。

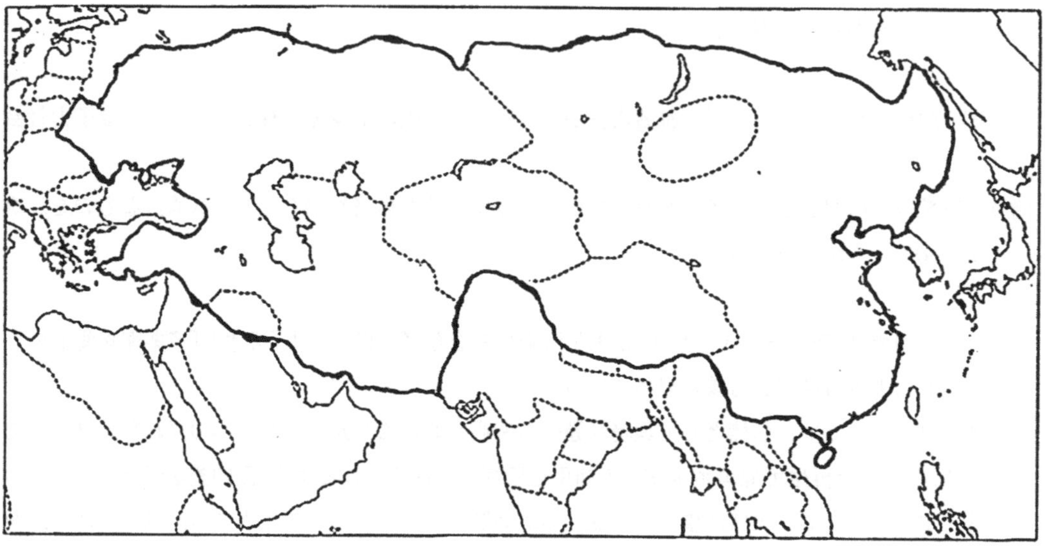

問２　人類は，新型コロナウイルスによって，３度目の感染症の危機にさらされている，とする説がある。１度目は14世紀の黒死病，これによりカトリック体制が崩壊した。２度目は20世紀のスペイン風邪，これにより帝国主義体制が崩壊した。さて，コロナウイルス後の世界は何体制が崩壊すると思うか，100字以内で説明せよ。

問題は以上です

２０２３年度
ＡＩＣＪ中学校　入学試験問題

本校入試２

理　科

（13：40～14：25）

【注　意】

１．試験開始の合図があるまで，この問題用紙に手をふれてはいけません。
２．問題用紙は15ページあります。これとは別に解答用紙があります。
３．試験開始の合図があってから，問題用紙のページ数を確かめなさい。
４．問題用紙のページが抜けていたり，破れていたり，印刷が不鮮明なところがある場合は，黙って手を挙げて試験監督に知らせなさい。
５．答えはすべて解答用紙に書きなさい。
６．試験終了後，問題用紙は表にして机の右側，解答用紙は表にして机の左側に置きなさい。

2023年度　理　科 （45分）答えはすべて別紙の解答用紙に書きなさい。 中一本校2

1 次の文章を読み，後の問いに答えなさい。

水は温度によって固体，液体，気体の状態となる。図1は，水の状態変化の一部を表している。

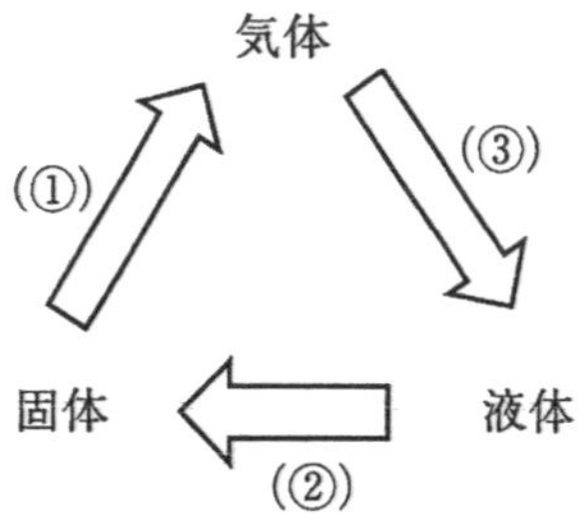

図1

(1) 図1の空らん①～③に，あてはまる状態変化の名称を答えなさい。

(2) 水と氷の密度をそれぞれ1.0 g / cm^3，0.9 g / cm^3とすると，250 cm^3の水を氷にしたときの体積と質量はそれぞれ何倍になるか。小数第二位を四捨五入して小数第一位まで求めなさい。ただし，密度とは1 cm^3あたりの質量のことである。

図２のグラフは，氷を加熱したときの温度変化を示している。

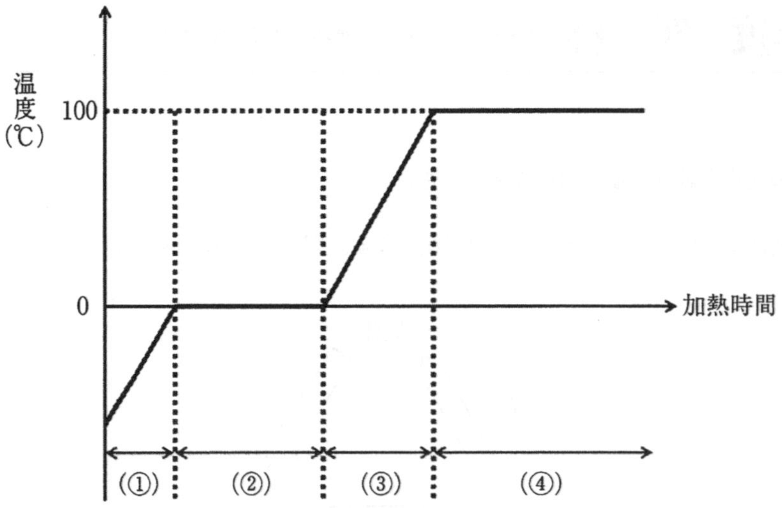

図２

⑶　図２の空らん①～④で存在する物質の状態をすべて答えなさい。

⑷　図２のグラフの０℃と100℃では状態変化が起こっている。この温度をそれぞれ何というか答えなさい。

プールの中では体が軽く感じる。これは，水の中では浮力《ふりょく》という上向きの力を受けていることが原因である。浮力の大きさはその物体が押《お》しのけた水の重さと同じになる。例えば，図３のように，体積1000 cm^3の物体がすべて水に沈《しず》んだ場合，その物体が押しのけた水の体積は1000 cm^3であり，その重さは1000 g である。したがって，物体が1000 g より重ければ沈み，1000 g より軽ければ浮力により浮《う》かぶ。

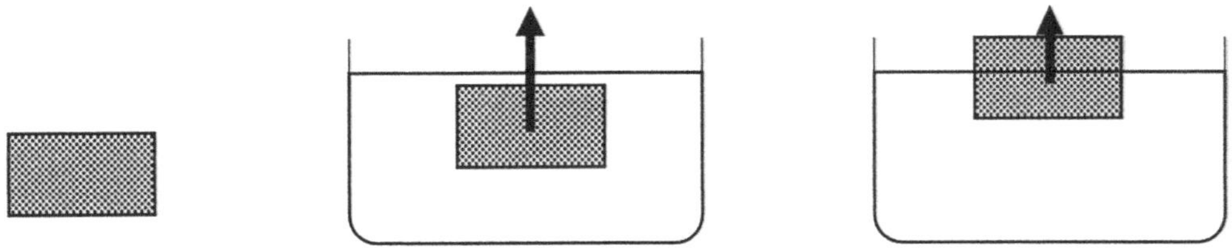

体積1000cm^3の物体

物体がすべて沈んだとき、上向きに、1000g分の浮力を受ける。

物体が1000gより軽いとき、浮力で物体は浮かぶ。

図３

(5) 200 cm^3で140 g の物体を油に入れたとき，この物体が油から何 g 分の浮力を受けるか答えなさい。なお，油の密度は0.8 g／cm^3とする。

(6) (5)のとき，油に入っている物体の体積は何cm^3か答えなさい。

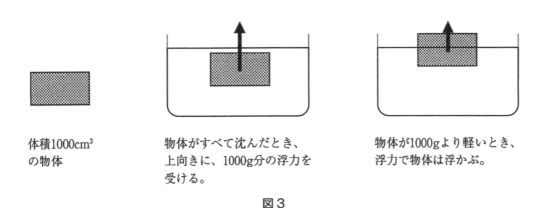

浮力と同じように，空気中にある物体もその物体が押しのけた空気の重さの分に等しい大きさの上向きの力を受けている。気球が浮かぶのは，この上向きの力による。図４は気球のつくりを示している。気球が押しのけた空気の重さと比べて，気球の中のあたためられた空気の重さと気球の機体の重さ（球皮，バーナー，バスケット，人など）の和の方が小さいとき，気球は浮き上がる。

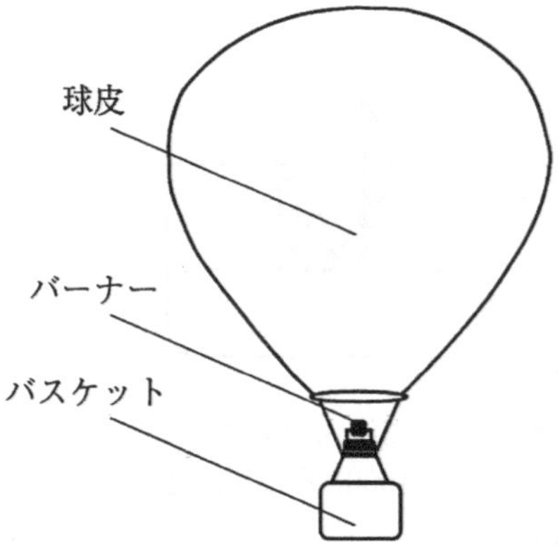

図４

空気にも重さがあり，体積あたりの重さは温度によって変化する。図５のグラフは，温度と１ m^3 あたり空気の重さの関係を示している。

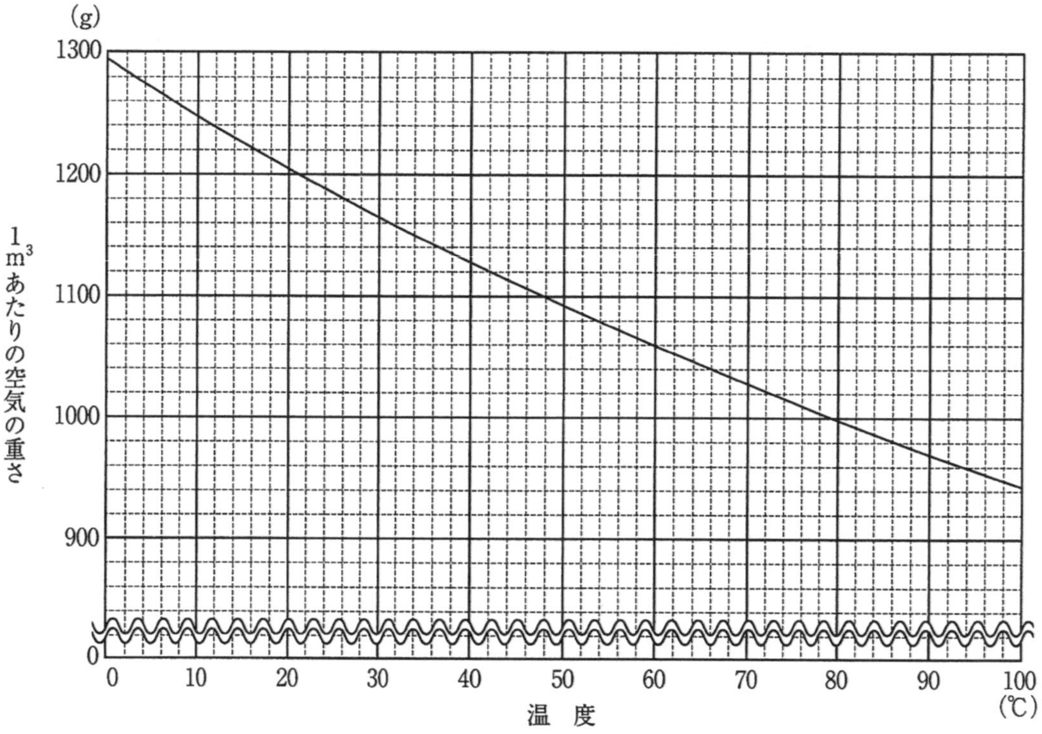

図５

体積2000m^3，機体の重さが480kgの気球を離陸《りりく》させるには，気球内の空気をどれくらいあたためるとよいか考えてみる。気温が10℃だとすると，気球が押しのける空気の重さは（　ア　）kgとなるから，気球が浮き上がるには，気球内の空気が（　イ　）kgより軽くなるとよい。従って，気球内の空気をあたためて，温度が（　ウ　）℃をこえたときに離陸すると考えられる。

(7)　文中の空らんア～ウにあてはまる適切な数をそれぞれ答えなさい。ただし，気球の体積と球皮の内部にある空気の体積は同じであり，気球内の空気の温度はどこも同じとする。

2　次の文章を読み，後の問いに答えなさい。

表１と表２は昆虫《こんちゅう》の産卵場所と食べ物について調べ，まとめたものである。

表１

昆虫	①	②	③
産卵する場所	水中	土の中	葉

表２

昆虫	ナナホシテントウ	オオカマキリ	ショウリョウバッタ	カブトムシ	アゲハ
食べ物	④	⑤	⑥	⑦	⑧

(1)　表１の①～③にあてはまる昆虫を次のア～エからそれぞれすべて選び，記号で答えなさい。

ア　モンシロチョウ　　　イ　ショウリョウバッタ

ウ　アキアカネ（トンボ）　　　エ　カブトムシ

(2)　表２の④～⑧にあてはまる昆虫の成虫の主な食べ物を次のア～オからそれぞれひとつ選び，記号で答えなさい。

ア　花のみつ　　イ　アブラムシ　　ウ　樹液（木の汁）

エ　コオロギ　　オ　イネ科の植物

ミツバチが匂《にお》いと色を結び付けて学習できるか，図１のような実験装置で調べた。ミツバチは入り口から部屋Ａに入り，部屋Ｂに進んでから二つの出口の一方から次の部屋に入る。

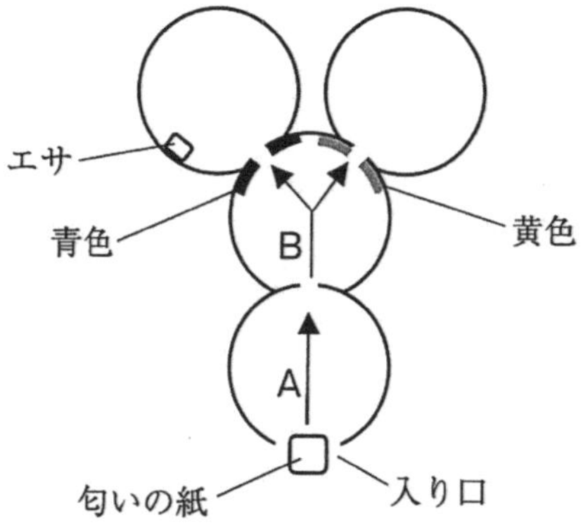

図１

【実験１】　部屋Aの入り口にレモンの匂いを付けた紙かマンゴーの匂いを付けた紙を置く。レモンの匂いを置いたときは部屋Bの青色の出口の次の部屋にエサを置き，マンゴーの匂いを置いたときは部屋Bの黄色の出口の次の部屋にエサを置く。この条件で，ミツバチを入り口からエサにたどり着くようにくり返した。

【実験２】　部屋Aの入り口にレモンの匂いを付けた紙かマンゴーの匂いを付けた紙を置く。レモンの匂いを置いたときは部屋Bの黄色の出口の次の部屋にエサを置き，マンゴーの匂いを置いたときは部屋Bの青色の出口の次の部屋にエサを置く。この条件で，ミツバチを入り口からエサにたどり着くようにくり返した。

表３は【実験１】と【実験２】の結果である。

表３

	入り口の匂い	青色出口を出た割合	黄色出口を出た割合
【実験１】	レモン	80	20
	マンゴー	20	80
【実験２】	レモン	20	80
	マンゴー	80	20

(3)　この結果から考えられることとして適当なものを次のア～ケから２つ選び，記号で答えなさい。

ア　ミツバチは青色と黄色の区別ができない
イ　ミツバチは青色はわかるが黄色はわからない
ウ　ミツバチは黄色はわかるが青色はわからない
エ　ミツバチは黄色と青色の区別ができる
オ　ミツバチはマンゴーとレモンの匂いのちがいが分かる
カ　ミツバチはレモンの匂いは好きだがマンゴーの匂いは嫌いである
キ　ミツバチはレモンの匂いは嫌いだがマンゴーの匂いは好きである
ク　ミツバチはレモンと青色の関係を学習できるが，レモンと黄色の関係は学習できない
ケ　ミツバチは匂いに関係なく青色が好きである

ミツバチに図２で示したような模様をかいた板を見せ，グループＡの模様とグループＢの模様のちがいが分かるか調べた。図３のように，模様の板の下にミツバチが好きな砂糖水か嫌いな苦い水の皿を置くと，ミツバチは模様の前でしばらく飛んでから皿の水をなめる。ただし，ミツバチはなめるまで皿の水が砂糖水か苦い水か分からない。

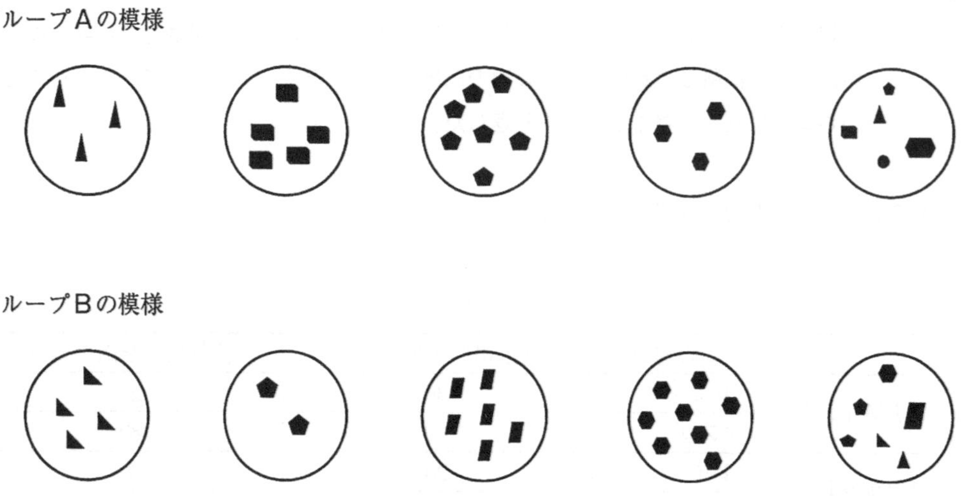

図２

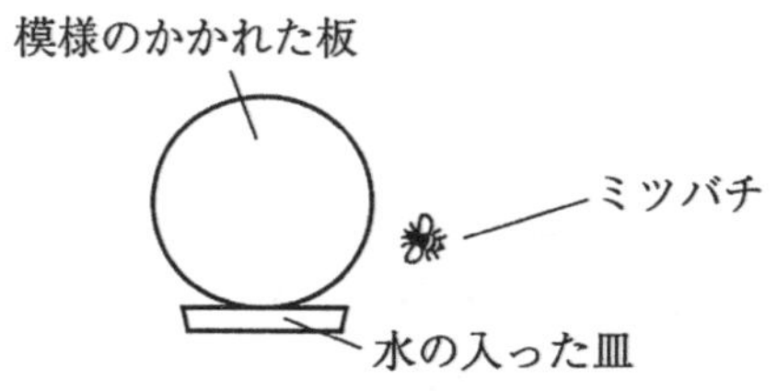

図３

二〇二三年度　国語

解答用紙

受験番号

得点

※100点満点
（配点非公表）

中—本校2

一

問一

1 色 意味

2 色 意味

3 色 意味

4 色 意味

5 色 意味

問二

1

2

3

4

5

問三

1

2

二

問一

a

b

c

d

e

f

g

h

問二

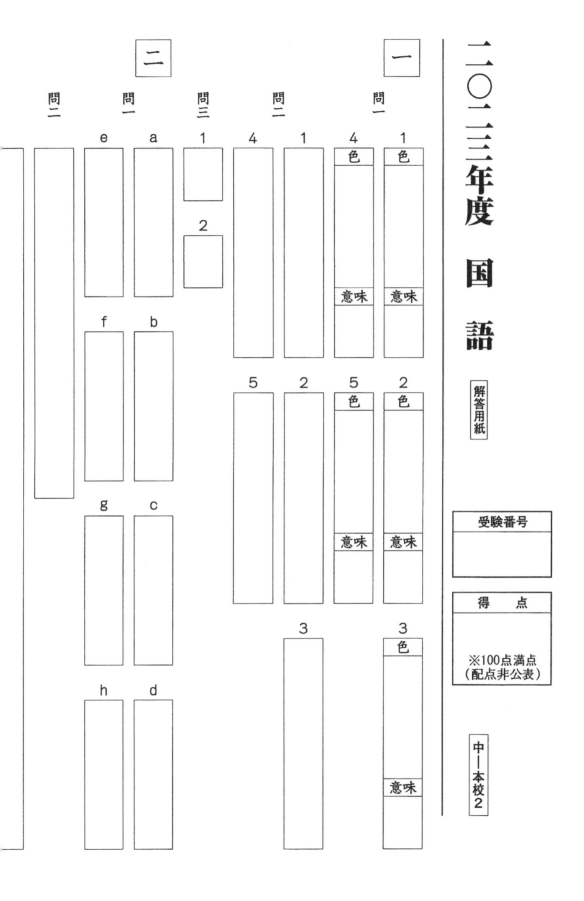

3

(1)	：	(2)	時　　分　　秒
(3)	倍		

4

(1)	cm	(2)	cm
(3)	cm^2		

5

(1)	通り	(2)	通り
(3)	通り		

【解答欄は以上です】

100

問２

100

（解答欄は以上です）

3

(1)		(2)		(3)		(4)	
(5)		(6)		(7)			

小計

4

(1)		(2)		(3)	

(4)	B		C		D	
(5)	B		C		D	

小計

解答欄は以上です

教英出版

2023年度　理　科　解答用紙

受験番号

得　点
※75点満点 （配点非公表）

中－本校２

1

(1)	①		②		③			
(2)	体積		質量					
(3)	①		②		③		④	
(4)	0℃		100℃		(5)		(6)	
(7)	ア		イ		ウ			

小計

2

(1)	①		②		③					
(2)	④		⑤		⑥		⑦		⑧	
(3)			(4)							
(5)										

小計

【解答

2023年度　社　会　解答用紙

受験番号

得　点
※75点満点 （配点非公表）

中一本校2

1

問1				問2		問3		問4		
問5		問6		問7		問8		問9		
問10		問11		問12		問13		問14		

2

問1		問2		問3 (1)		問3 (2)		問4 (1)	
問4 (2)		問4 (3)		問5		問6 (1)		問6 (2)	
問7 (1)		問7 (2)		問8 (1)		問8 (2)		問9	

3

【解答

2023年度　算　数　解答用紙

受験番号

得　　点
※100点満点 （配点非公表）

中－本校２

1

(1)		(2)	
(3)	cm	(4)	km^2
(5)	月　日	(6)	個
(7)	人	(8)	通り
(9)	cm	(10)	cm^3

2

(1)	上から　段目の左から　番目	(2)	

問四

問五

問六

（解答らんは以上です）

【実験3】

図4のように，グループAの模様と砂糖水，グループBの模様と苦い水を組み合わせておく。ミツバチは模様の前でしばらく飛んでから皿の水をなめた。この条件をくり返した。このあとに，グループAとグループBの模様を見せ，どちらの模様を選ぶか調べた。

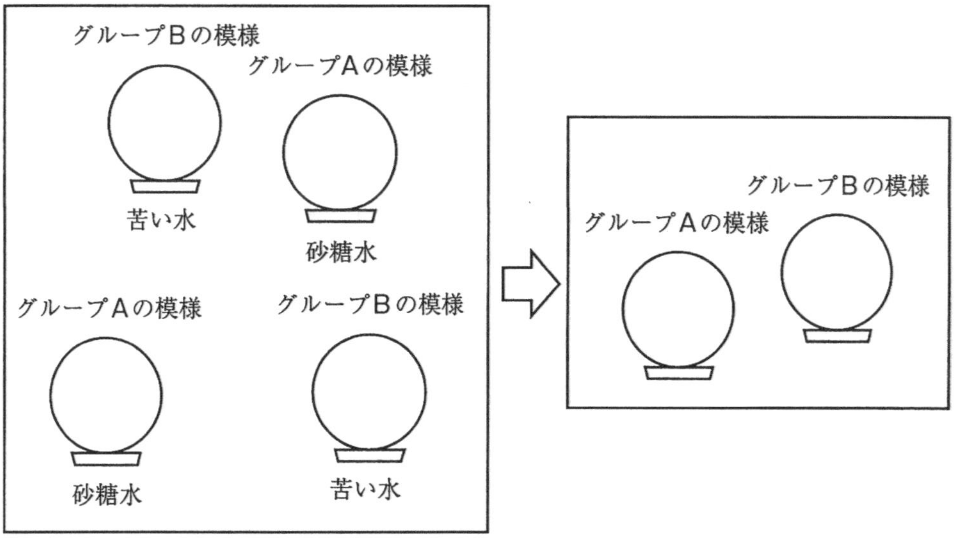

図4

【実験4】

図5のように，グループBの模様と砂糖水，グループAの模様と苦い水を組み合わせておく，ミツバチは模様の前でしばらく飛んでから皿の水をなめた。この条件をくり返した。このあとに，グループAとグループBの模様を見せ，どちらの模様を選ぶか調べた。

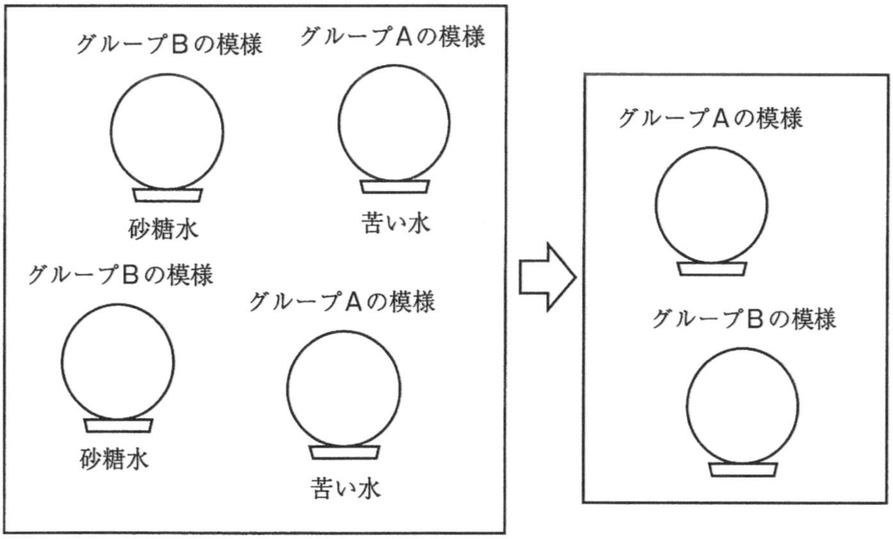

図5

表４は【実験３】と【実験４】の結果である。

表４

	グループＡを選ぶ割合	グループＢを選ぶ割合
【実験３】	80	20
【実験４】	20	80

(4) 【実験３】と【実験４】から考えられることとして適当なものを次のア～オから１つ選び，記号で答えなさい。

ア　ミツバチはグループＡの模様とグループＢの模様の区別ができない

イ　ミツバチはグループＡの模様は好きだがグループＢの模様は嫌いだ

ウ　ミツバチはグループＡの模様と砂糖水の組み合わせは学習できるが，グループＢの模様と砂糖水の組み合わせは学習できない。

エ　ミツバチはグループＡの模様とグループＢの模様を区別できる

オ　ミツバチは砂糖水と苦い水の区別ができない

【実験５】

【実験３】のあとに，次のアとイの模様を見せ，どちらの模様を選ぶか調べた。

ア

イ
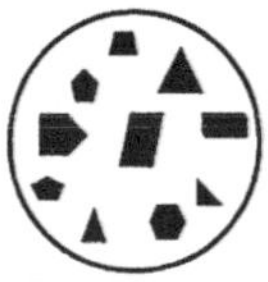

【実験６】

【実験４】のあとに，次のアとイの模様を見せ，どちらの模様を選ぶか調べた。

ア

イ
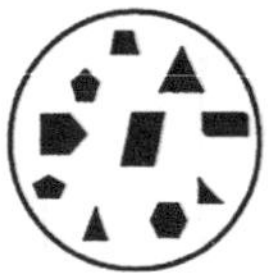

表５は【実験５】と【実験６】の結果である。

表５

	アを選ぶ割合	イを選ぶ割合
【実験５】	70	30
【実験６】	30	70

(5) 【実験３】～【実験６】から，ミツバチはグループＡとグループＢで何がちがうと学習したのか，考えられることを答えなさい。

3　次の文章を読み，後の問いに答えなさい。

図１のように，おもりに糸をつけ天井からつり下げてふりこをつくった。ふりこの長さ，おもりをはなす高さを変えて，ふりこが10往復する時間を調べた。下の表１は，その結果をまとめたものである。これに関して，次の問いに答えなさい。ただし，ふりこの長さとは，天井と糸をつないだ点（支点）からおもりの中心までの距離《きょり》とし，おもりは糸がたるまないように，静かにはなしたものとする。

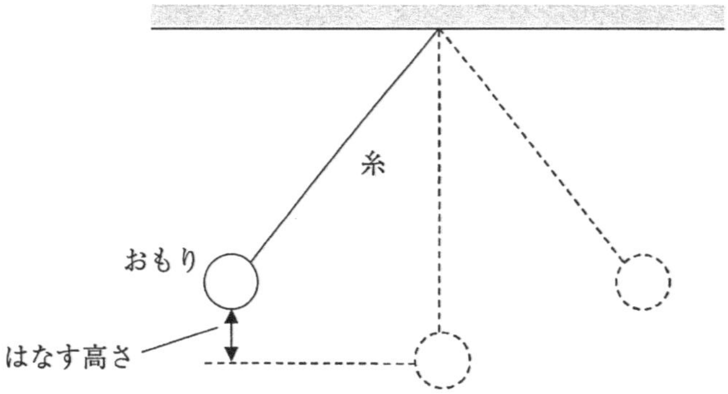

図１

表１

実験番号	①	②	③	④	⑤	⑥	⑦	⑧
ふりこの長さ（cm）	6	12	24	36	54	6	12	24
おもりをはなす高さ（cm）	2	2	2	2	2	4	8	12
10往復の時間（秒）	4.0	5.7	7.9	9.8	（あ）	4.1	（い）	8.0

(1)　実験番号①で手をはなしてから，おもりが初めて最も低い位置を通過するまでの時間を求めなさい。

(2)　表１の（あ）にあてはまる時間としてもっとも適当なものを次のア～エから１つ選び，記号で答えなさい。

ア　8.0　　　イ　10.0　　　ウ　12.0　　　エ　14.0

(3)　表１の（い）にあてはまる時間としてもっとも適当なものを次のア～エから１つ選び，記号で答えなさい。

ア　4.5　　　イ　5.6　　　ウ　6.2　　　エ　7.5

次に，実験番号①〜⑧で使ったおもりと大きさは等しく，重さはちがうおもりに変えて，同様の実験⑨〜⑫を行った。表２は，その結果をまとめたものである。

表２

実験番号	⑨	⑩	⑪	⑫
ふりこの長さ（cm）	6	12	24	36
おもりをはなす高さ（cm）	2	2	4	4
10往復の時間（秒）	3.9	5.8	8.0	9.9

(4)　実験①〜⑫の結果を元に，ふりこが往復する時間に影響《えいきょう》すると考えられるものを次のア〜エからすべて選び，記号で答えなさい。

ア　ふりこの長さ　　　イ　おもりをはなす高さ

ウ　おもりの重さ　　　エ　すべて影響しない

次に，図１と同じおもり，糸を用いて，図２のようにふりこの支点の真下にくぎを打ち，実験を行った。

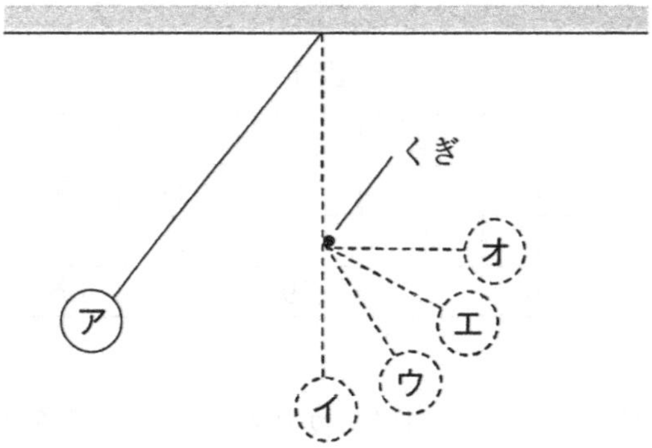

図２

(5)　図２のアの位置でおもりを静かにはなしたとき，おもりはイ〜オのどの位置まで上がるか，記号で答えなさい。

(6)　ふりこをはなす高さを８cm，ふりこの長さを24cm，支点からくぎまでの距離を12cmにしたとき，ふりこが10往復するのにかかる時間としてもっとも適当なものを次のア〜エから１つ選び，記号で答えなさい。

ア　4.1　　　イ　6.8　　　ウ　8.2　　　エ　9.8

(7) ふりこをはなす高さを８cm，ふりこの長さを36cm，支点からくぎまでの距離を24cmにしたとき，ふりこが10往復するのにかかる時間としてもっとも適当なものを次のア～エから１つ選び，記号で答えなさい。

ア 6.8　　イ 7.8　　ウ 8.8　　エ 9.8

4 次の文章を読み，後の問いに答えなさい。

空気中にふくむことができる最大の水蒸気の量は，気温が高いほど多くなる。下の表は，それぞれの気温での空気１ m^3 中にふくむことができる最大の水蒸気の量（g）を表している。

表

気温（℃）	0	5	10	15	20	25	30	35
空気１ m^3 中にふくむことができる最大の水蒸気の量（g）	4.8	6.8	9.4	12.8	17.3	23.1	30.4	39.6

また，空気のしめりぐあいを湿度《しつど》といい，パーセント（%）で表すことができる。この湿度は次の公式を用いて求めることができる。

$$\frac{\text{（空気１}\,m^3\text{中にふくまれている水蒸気の量（g））}}{\text{（その気温での空気１}\,m^3\text{中にふくむことができる最大の水蒸気の量（g））}} \times 100 = \text{湿度（\%）}$$

(1) 気温15℃で１ m^3 中に9.4 g の水蒸気をふくむ空気①と，25℃で１ m^3 中に9.4 g の水蒸気をふくむ空気②がある。湿度が高いのはどちらの空気か。

(2) 気温25℃で１ m^3 中に12.8 g の水蒸気をふくむ空気の湿度は何％か。小数第一位を四捨五入して答えなさい。

気温と水蒸気の量の関係をふまえて，フェーン現象について考える。フェーン現象とは，風が山をこえて吹《ふ》き降りるときに，あたたかく乾《かわ》いた風になる現象である。図は，風が標高０mのＡ地点から，標高2500mの山頂のＣ地点を越えて，山の反対側のふもとである標高０mのＤ地点まで吹き降りたときのフェーン現象を表している。

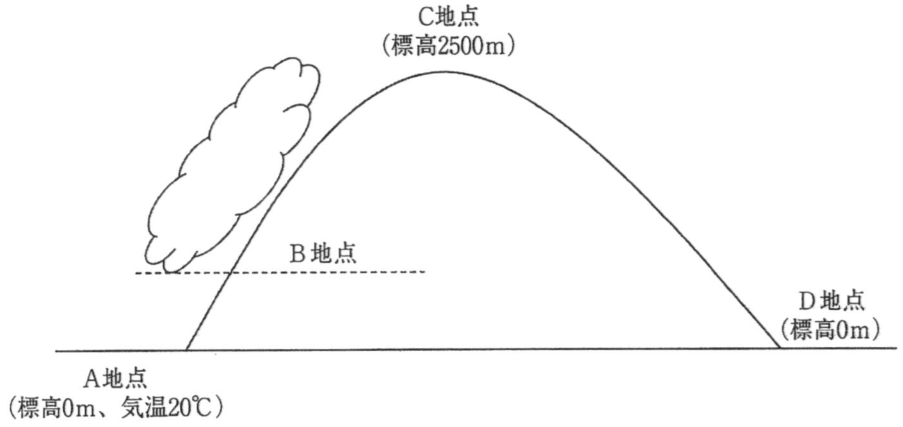

図

Ａ地点では気温が20℃で，ふくまれている水蒸気の量が12.8ｇであった。この空気が山を上っていくと，Ｂ地点付近で雲ができ，雨をふらせて山頂のＣ地点付近で雲は消え，乾いた空気は山を下って反対側のふもとＤ地点に達した。ただし，気温は雲がない場合は標高100mあたり１℃，雲がある場合は標高100mあたり0.5℃変化するものとする。

(3)　Ｂ地点の標高を求めなさい。

(4)　Ｂ地点，Ｃ地点，Ｄ地点での気温はそれぞれ何℃か。

(5)　Ｂ地点，Ｃ地点，Ｄ地点での湿度はそれぞれ何％か。小数第一位を四捨五入して答えなさい。

（問題は以上です）

二〇二二年度　ＡＩＣＪ中学校　入学試験問題

本校入試１

国　語

（９時30分～10時30分）

【注　意】

1、試験開始の合図があるまで、この問題用紙に手をふれてはいけません。
2、問題用紙は８ページあります。これとは別に解答用紙があります。
3、試験開始の合図があってから、問題用紙のページ数を確かめなさい。
4、問題用紙のページが抜けていたり、破れていたり、印刷が不鮮明なところがある場合は、黙って手を挙げて試験監督に知らせなさい。
5、答えはすべて解答用紙に書きなさい。
6、試験終了後、問題用紙は表にして机の右側、解答用紙は表にして机の左側に置きなさい。

2022(R4) ＡＩＣＪ中　本校１
教英出版

二〇二二年度　国語

（六十分）　答えはすべて 解答用紙 に書き入れること。

中―本校１

一　次の問いに答えなさい。

問一　次の――線部のカタカナを漢字に直しなさい。

1　彼女はコンクールでタイショウをとった。

2　タイショウ的な二人だが仲が良い。

3　中学生タイショウの説明会を開く。

4　自画像はカイシンの出来ばえだ。

5　カイシンして仕事をがんばる。

問二　次の各文の□に体に関する漢字を入れて慣用句を完成させ、その意味として最も適当なものを次のア～オの中から選び、記号で答えなさい。

1　□塩にかける　　2　□であしらう　　3　□をつっこむ

4　□もふたもない　　5　□がない

ア　相手の言葉にとりあおうとせず冷たくあつかうこと。

イ　自ら世話をして大切に育てること。

ウ　我を忘れるほど好きなこと。

エ　言葉が直接的すぎて奥深さが全くないこと。

オ　関心や興味をもって、その事に関係すること。

問三　次の□に適切な漢字二字を入れて、四字熟語を完成させなさい。

1　□小異　細かい違いはあるがほぼ同じであること。

2　一進□　事態や病状がよくなったり悪くなったりすること。

3　一長□　良いところもあり、欠点もあること。

4　心機□　あることをきっかけにして気持ちがすっかり変わること。

5　無我□　あることに心をうばわれて我を忘れてしまうこと。

問四　次の——線部の敬語表現が正しければ○を、誤っていれば正しく直しなさい。

1　社長が花に水やりをするのを見た。

2　弟が教授の絵をご覧になる。

3　明日は私が家におります。

4　お客様がこちらにいらっしゃられる予定だ。

5　私のお母さんは図書館へ向かいました。

二　将棋《しょうぎ》は、将棋盤《ばん》（盤）の上で、「飛車《ひしゃ》」「銀」などと記した駒《こま》を互いに動かして相手をせめ、相手の「王将」という駒を取った方を勝ちとするゲームです。将棋をすることを将棋を指《さ》す、対局すると言います。「研修会」では、「奨励会《しょうれいかい》」というプロ※1棋士《きし》養成機関を目指すことなどを目的とする少年少女が、A～Fクラスに分かれてうでをみがきます。「奨励会」にも、プロになるにも年齢制限が設けられています。次の文章を読んで、後の問いに答えなさい。（句読点や記号も一字として数えます）

今年の4月、祐也《ゆうや》は中学生になった。兄の秀也《しゅうや》は東北大学医学部に進学した。医学部は合格するのも大変だが、入学してからがさらにいそがしくなるという。じっさい、仙台《せんだい》での慣れない独り暮らしで、兄はかなり苦労しているようだった。それでも兄は祐也のことを気にかけて、電話のたびに、将棋も勉強もがんばるようにと励《はげ》ましてくれた。

祐也は、勉強ではとても兄にかなわなかった。父も母も、それはしかたがないと思っているようなのが悔《くや》しかった。

「①絶対に棋士になってやる」

祐也は毎日のように誓《ちか》ったが、負けたくない気持ちが先に立ち、思いきった将棋が指せなくなっていた。とくに自分より実力が上のCクラスが相手だと、ほとんど勝てない。これでは、まぐれで奨励会試験に合格しても、そこから先はさらに険しい道のりになる。金剛《こんごう》さんも、江幡《えばた》さんも、奨励会の途中《とちゅう》でプロになるのを②断念していた。

しかし、プロの棋士になる以外に、国立大学の医学部に現役で合格した兄と肩を並べる方法はない。棋士になれば、兄に対して引け目を感じなくて済む。

中学生になってから、祐也は夜中に目をさますことが増えた。授業中も、ふと気がつくと将棋のことを考えている。反対に、将棋を指しているときには、学校の勉強をおろそかにしていることが気になってしまう。

それでも、1学期の成績はそこそこ良かった。がんばれば、もっと点を取れたはずだが、8月半ばに2度目の奨励会試験をひかえていたので、祐也は期末テストの前日もネット将棋を5局も指した。

それだけに、奨励会試験には万全の態勢でのぞんだ。初日の研修会員どうしでの対局はなんとか勝ち越したが、２日目の奨励会員との対戦では１勝もあげられなかった。［Ａ］よりも［Ｂ］で圧倒されて、祐也は落ちこんだ。

「みんな、鬼のようだった。おれは、とてもあんなふうにはなれない」

内心で白旗をあげながらも、祐也は両親と兄にむかい、来年こそは奨励会試験に合格してみせると意気込みを語った。両親と兄も、がんばるようにと言ってくれた。しかし、将棋にうそはつけない。祐也は研修会の対局でさっぱり勝てなくなった。

中学校の勉強もしだいに難しくなり、２学期の中間テストではどの教科も10点以上点数をさげた。数学と理科にいたっては※2赤点に近かった。驚いた両親はテストの解答用紙を見て、祐也がいかに勉強していなかったかを見抜いた。二人とも教師だけに、感情にまかせて怒鳴ることはなかったが、祐也は※3立つ瀬《せ》がなかった。

「将棋と勉強を両立させてみせるというおまえのことばを信じてきたが、あれはうそだったのか」

「将棋のプロになれるかどうかが不安で勉強が手につかなかったというなら、もう将棋はさせられないぞ」

おもに父が話し、母は悲しそうな顔でじっと考えこんでいた。２学期の期末テストで点数がさらに落ちるようなら将棋はやめると、祐也は誓《ちか》った。

しかし、③背水の陣《じん》を敷《し》いても、なにも変わらなかった。④あいかわらず、授業中には将棋のことを考えてしまい、研修会での対局中に苦手な数学や理科のことが頭をよぎる。まさに悪循環《あくじゅんかん》で、なんでもない局面なのに迷いが生じ、つまらないミスをおかして、負けを重ねた。10月の第２日曜日には、ついに初の４連敗を※4きっして二度目の※5降級点を取り、祐也はＣ２からＤ１に降級した。

その後は持ち直したが、前回、11月第４日曜日の研修会で再び４連敗して、気持ちが折れた。今日も、正直に言えば、研修会にくるのがこわかった。自信を失った状態で勝てるほど、研修会の将棋は甘《あま》くない。

⑤悪い予感は当たり、祐也は午前中の２局に連敗して降級点がついた。立ち直りのきっかけすらつかめない、最悪の内

容だった。
これまでは、午前中の対局で2連敗しても、お昼に父と電話で話すうちに気力がわいた。しかし、祐也はもはや※6虚《きょ》勢《せい》を張ることすらできなかった。
鳩森八幡《はとのもりはちまん》神社の電話ボックスから将棋会館に戻り、祐也は4階の桂《かつら》の間《ま》で幕《まく》の内《うち》弁当を食べた。胃が痛いし、まるで味がしないのに、どんどん食べられるのがふしぎだった。
「小倉君。※7持ち時間なしの一手10秒で一局指さない？」
今日の2局目に対戦した野崎君が声をかけてくれたが、祐也は首を横に振った。1年前、野崎君は将棋を始めてわずか2年で研修会に入ってきた。入会試験の1局目を祐也が指したので、よくおぼえていた。朝霞《あさか》こども将棋教室に通っていて、※8二段になったばかり、歳《とし》は祐也よりひとつ上だという。
「中一で二段？　それで、どうやってプロになるんだよ。こいつ研修会をなめてるだろ」
むやみに腹が立ち、祐也は野崎君を容赦《ようしゃ》なく叩《たた》きつぶした。じっさい、野崎君は入会試験の8局を3勝5敗の成績で、E2クラスでの入会となった。
「あんなやつはE2が最高で、あとは落ちていくだけさ」
祐也がいつになくイジワルな気持ちになったのは、野崎君と同じ朝霞こども将棋教室に通っていた山沢貴司《やまさわたかし》君にまったく⑥歯が立たなかったからだ。祐也より4ヵ月あとに入会してきた山沢君は小学3年生にして※9四段だった。評判通り、※10破格の強さで、8月の奨励会試験に合格して小学4年生での奨励会入りとなり、ちょっとしたニュースになった。
一方、野崎君も派手さはないが、着実に自力《じりき》をつけていた。祐也の予想に反してE2からE1へ、そしてさらにD2へと昇級し、2ヵ月ほど前から祐也とも対局が組まれるようになった。もっとも祐也のほうが力は上で、最初の試験対局と合わせて3連勝していたが、今日の2局目でついに初黒星を喫《きっ》してしまったのである。

⑦祐也は、野崎君に密《ひそ》かに感心していた。D2では、奨励会試験に合格するのはかなり難しい。野崎君はもう中学2年生なのだから、かりにこのままのペースで昇級したとしても、合格ラインであるC2にあがるのは1年後だ。奨励会へは※11 6級で入会するのが普通だから、高校1年生での入会では、20歳の誕生日までに※12初段というハードルはまず越えられない。

つまり野崎君は祐也以上に焦《あせ》らなければならないはずなのに、いまもひとりで黙々《もくもく》と※13詰《つ》め将棋を解いている。その落ち着いた態度は、祐也がまねしたくても、まねようのないものだった。

やがて1時15分が近づき、ひとりまたひとりと対局場である大広間にむかっていく。祐也も桂の間を出て盤《ばん》の前にすわったが、とたんに緊張しだして、呼吸が浅くなるのがわかった。

3局目の将棋も、まるでいいところがなかった。飛車《ひしゃ》を振る位置を三度も変える※14体《てい》たらくで、かつてなくみじめな敗戦だった。

4局目も、※15中盤《ちゅうばん》の入り口で、銀をタダで取られるミスをした。祐也は大広間から廊下《ろうか》に出て、頭を抱えた。

（佐川光晴『駒音高く』所収「それでも、将棋が好きだ」実業之日本社より）

※1　棋士——将棋を職業にする人。
※2　赤点——ある基準に満たない点数のこと。落第点。
※3　立つ瀬がない——自分の立場がなくなること。
※4　きっして（喫して）——身に受ける。こうむる。
※5　降級点——将棋の成績が悪い場合に降級点がつく。降級とはクラスが下がること。
※6　虚勢を張る——弱さをかくすために強がったふるまいをすること。
※7　持ち時間——対局中、考えるのに使ってよい時間。
※8　二段——アマチュアの二段。

※9　四段――アマチュアの四段。
※10　破格――標準をはるかにこえること。
※11　６級――奨励会の６級。大体アマチュアの四段に相当。
※12　初段――奨励会の初段。
※13　詰め将棋――将棋盤に配置されたある状態から王将をとるゲーム。
※14　体たらく――情けないありさま。
※15　中盤――将棋の勝負の流れを三つに分けて、順に序盤《じょばん》・中盤・終盤《しゅうばん》と呼ぶ。

問一　――線部①「絶対に棋士になってやる」とありますが、祐也が棋士になりたい理由として最も適当なものを次のア～エの中から選び、記号で答えなさい。

ア　金剛さんたちの無念な気持ちを自分が晴らしたいと考えているから。
イ　強いライバルを倒すことに生きがいを感じているから。
ウ　何よりも将棋が得意だというプライドを保ちたいから。
エ　医学部に現役で合格した兄に負けたくないから。

問二　[A]・[B]に入れるのに最も適当な語を次のア～エの中から選び、記号で答えなさい。

ア　年齢《ねんれい》　イ　技術　ウ　気魄《きはく》　エ　体温

問三　――線部②「断念して」、⑥「歯が立たなかった」の意味を簡潔に答えなさい。

問四　――線部③「背水の陣を敷い（く）」とはここでは具体的にどうすることですか。本文中の言葉を用いて答えなさい。

問五　――線部④「あいかわらず」とはどの段落をふまえて言っていますか。段落の初めの五字を抜き出して答えなさい。

問六　――線部⑤「悪い予感」とはどういうことですか。十字以内で簡潔に答えなさい。

問七　――線部⑦「祐也は、野崎君に密かに感心していた」とありますが、「祐也」は「野崎君」のどのようなところに感心しているのか説明しなさい。

問八　あなたは、「祐也」が夢をかなえるためにはどうする必要があると考えますか。本文をふまえ、あなたの考えを百五十字以内で書きなさい。

評価基準

A　設問に対する応答

「祐也」が夢をかなえるために必要なことが書けている。

B　理解

「祐也」の将棋に対する姿勢を理解していることがうかがえる。

C　言語

正しく論理的な日本語で表現できており、語《ご》彙《い》力の高さもうかがわせる。

（問題は以上です）

２０２２年度
ＡＩＣＪ中学校　　入学試験問題

本校入試１

算　数

（10：50～11：50）

【注　意】

１．試験開始の合図があるまで、この問題用紙に手をふれてはいけません。
２．問題用紙は６ページあります。これとは別に解答用紙があります。
３．試験開始の合図があってから、問題用紙のページ数を確かめなさい。
４．問題用紙のページが抜けていたり、破れていたり、印刷が不鮮明なところがある場合は、黙って手を挙げて試験監督に知らせなさい。
５．答えはすべて解答用紙に書きなさい。
６．問題を解くために円周率が必要な場合は、3.14 を用いなさい。
７．試験終了後、問題用紙は表にして机の右側、解答用紙は表にして机の左側に置きなさい。

1　次の問いに答えなさい。

(1)　$10-5\times(0.75\div0.625+0.5\times0.4)$ を計算しなさい。

(2)　$33\times91-55\times52$を計算しなさい。

(3)　4人の選手がリレーで走る順番は何通りありますか。

(4)　3％の食塩水300ｇに8％の食塩水を何ｇ加えると、6％の食塩水になりますか。

(5)　正方形のタイルをすきまなくしきつめて大きな正方形を作ると、できた正方形の周上には全部で40枚のタイルが並びました。このとき、しきつめたタイルは全部で何枚ありますか。

(6)　家から学校までの道のりを、行きは時速４kmで歩いて、帰りは時速６kmで走って往復したら合計１時間かかりました。家と学校の間の道のりは何kmですか。

(7)　５で割っても８で割っても１余るような整数のうち、300に最も近い数はいくらですか。

(8)　正二十角形の１つの内角は何度ですか。

(9)　右の図は、半円とおうぎ形を組み合わせた図形です。
かげをつけた部分の面積は何 cm^2 ですか。
ただし、円周率は3.14とします。

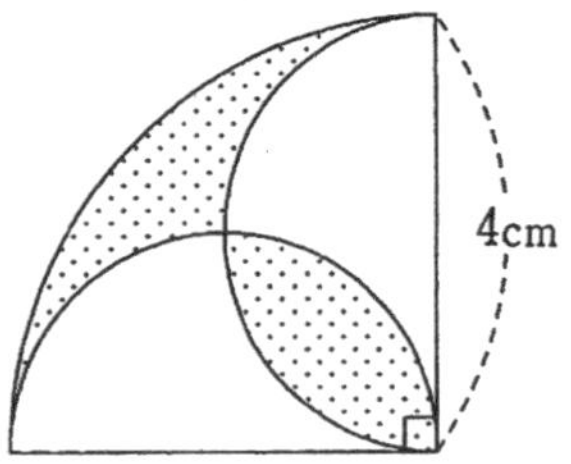

(10)　右の図のような直方体があり、AP＝2 cm，BQ＝3 cm，CR＝4 cmです。3点P，Q，Rを通る平面で切断したとき、大きいほうの立体の体積は何 cm^3 ですか。

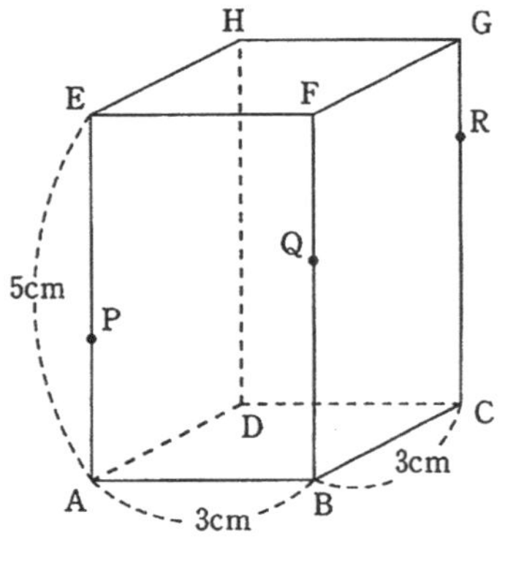

2 下のような規則にしたがって数字が並んでいます。

$$1,\ \underbrace{}_{+2}3,\ \underbrace{}_{+1}4,\ \underbrace{}_{+3}7,\ \underbrace{}_{+2}9,\ \underbrace{}_{+1}10,\ \underbrace{}_{+3}13,\ \underbrace{}_{+2}15,\ \underbrace{}_{+1}16,\ \underbrace{}_{+3}19,\ \cdots\cdots$$

このとき、次の問いに答えなさい。

(1) 1番目の数から数えて13番目の数は何ですか。

(2) 1番目の数から16番目までの数の和はいくつになりますか。

(3) 177は1番目の数から数えて何番目の数ですか。

3 ペットボトルはリサイクルをすることでシャツなどを作ることができます。
あるリサイクル工場ではペットボトル8本ごとにシャツが3枚作られます。
このとき、次の問いに答えなさい。

(1) ペットボトル280本をリサイクルして作れるシャツは何枚ですか。

(2) シャツを30枚作るためにはペットボトルは最低何本必要ですか。

(3) ある地域では出荷されたペットボトルのリサイクル回収率は85.3％であり、もし回収できなかったペットボトルをリサイクルできればシャツをあと4410枚作ることができました。この地域に出荷されたペットボトルは最低何本ですか。

4 下の図のような長方形 ABCD と辺 AD を直径とする半円があります。AB＝10 cm, BC＝4 cm です。半円上には点 E があり、三角形 EBC は二等辺三角形です。

また、点 F は辺 EB を 3：2、点 G は辺 EC を 1：1 に分ける点とします。

このとき、次の問いに答えなさい。ただし、円周率は 3.14 とします。

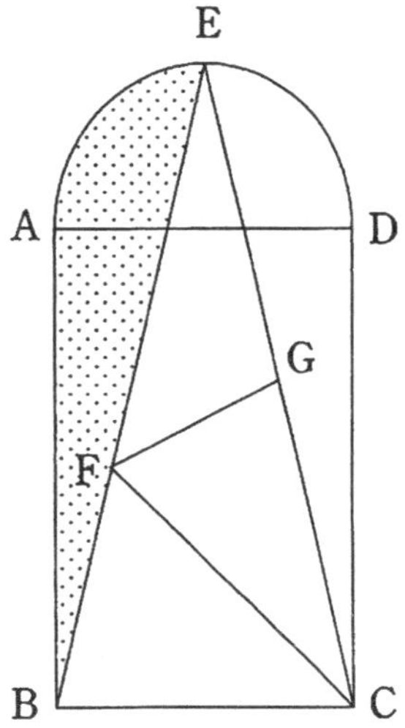

(1) 三角形 EBC の面積は何 cm^2 ですか。

(2) 三角形 EFG の面積は何 cm^2 ですか。

(3) かげをつけた部分の面積は何 cm^2 ですか。

5 車を借りて、父、母、私、妹、弟の家族全員でドライブに行きます。
このとき、次の問いに答えなさい。

(1) 車は、乗車人数（7人乗り，5人乗り），車体の色（赤，白，青），動力源（ガソリン，電気）から選ぶことができます。1台を借りるとき何通りの選び方がありますか。

(2) 5人乗りの車を借りたとき、全員が運転できるとして、席の座り方は何通りありますか。

(3) 7人乗りの車を借りたとき、父と母のみが運転できるとして、席の座り方は何通りありますか。

【問題は以上です】

２０２２年度
ＡＩＣＪ中学校　　入学試験問題

本校入試１

社　会

（12：35～13：20）

【注　意】

１．試験開始の合図があるまで、この問題用紙に手をふれてはいけません。
２．問題用紙は11ページあります。これとは別に解答用紙があります。
３．試験開始の合図があってから、問題用紙のページ数を確かめなさい。
４．問題用紙のページが抜けていたり、破れていたり、印刷が不鮮明なところがある場合は、黙って手を挙げて試験監督に知らせなさい。
５．答えはすべて解答用紙に書きなさい。
６．試験終了後、問題用紙は表にして机の右側、解答用紙は表にして机の左側に置きなさい。

2022年度　社　会　（45分）答えはすべて別紙の解答用紙に書きなさい。

1　次の文章を読み，下の問い（問1～15）に答えよ。

地図とはいつから始まったのでしょうか。国が大きくなるにつれて遠くの他国より，来訪者や物が集まると，人々はその地域への興味を持ち，多くの知識があふれ，記録されるようになりました。紀元前2000年頃ⓐメソポタミア地方のバビロニアで，粘土板に書かれた地図が作成されていたようですが，現存しているのは紀元前700年頃のものと言われています。世界地図と言っていますが，当時の彼らの知る世界のことであり，バビロニアの周辺，ペルシャ湾やユーフラテス川と死後の世界があらわされているようです。

ヘレニズム文化期のプトレマイオス朝エジプト，アレクサンドリアのⓑ図書館長エラトステネスⓒ（紀元前276頃～紀元前196）は計算によって地球の円周を測定しました。ⓓ地球の周囲は約４万kmなのですが，彼は44500kmまで測定したとされています。またアジア，ヨーロッパ，ⓔアフリカを含む地域の世界地図を作成しました。

２世紀頃，地理学者プトレマイオスが作成した地図はヨーロッパ，北アフリカ，西アジア，ⓕインド，ⓖ東南アジアにも及ぶもので，当時としては相当精度が高かったようです。『天文学大全』，『地理学』など有名な本を残し，1300年以上も経たのちのコロンブスなどにも影響を与えました。

科学的な世界観が否定されたⓗ中世ヨーロッパを代表する地図がTOマップです。ⓘキリスト教の世界観に立ち，陸地を円盤状に，図の中心が聖地エルサレム，上方にアジア，右下にアフリカ，左下にヨーロッパを表わしており，宗教的要素が強く非科学的なものになってしまいました。

1474年，ⓙイタリアの医師でもあり地理学者でもあったトスカネリは，地球球体説を発表しました。親交のあったジェノバの船乗りコロンブスはこの説により，西回りでの航海を決意し，1492年ⓚ西インド諸島到達という偉業を成し遂げたのであります。ⓛネーデルラントの地理学者，近代地図学の祖とされるメルカトルは1569年にメルカトル図を完成させ，より精度の高い航海が容易になりました。このメルカトル図は一部改良されユニバーサル横メルカトル図法として確立し，国土地理院発行の２万5000分の１，５万分の１の地形図に採用されています。

日本ではⓜ奈良時代の僧，行基が作ったとされる行基図があります。実存せず真偽も不確かではあります。ⓝ京都仁和寺が所蔵しているものは書写年代が明らかな最古のものと言われています。

江戸時代になると，より実際の地形に近い日本地図が描かれるようになりました。1821年に完成したⓞ「大日本沿海輿地全図」はヨーロッパの識者たちを驚愕させたと言います。また同じころ，長崎オランダ商館付の医師が日本の地図を海外に持ち出した事件も起きました。なぜ事件かというと，国防において地図は重要な役割を果たすからなのです。明治時代に入ると現在の国土地理院の前身の一つである日本陸軍参謀本部の外局である陸地測量部が地図作成を担当したことも納得できます。

現代では航空写真などをつなぎ合わせて実測，編集作業を行い地図を作成しています。さらに様々な地理情報を重ねあわせビッグデータとして運用，解析をすすめ，暮らしに役立てています。今や地図は単に場所を知るためのものではなく，多くの情報をやり取りできるツールとなり，次世代において発展が期待される分野だということを認識し，進路選択の一つに考えるのもお勧めであります。

問１　下線部ⓐに関連して，メソポタミア地方は現在のイラク付近であるが，図１よりイラクの場所を選び，さらにイラクの主な宗教との組合せとして最も適当なものを，次の①～⑯のうちから一つ選べ。

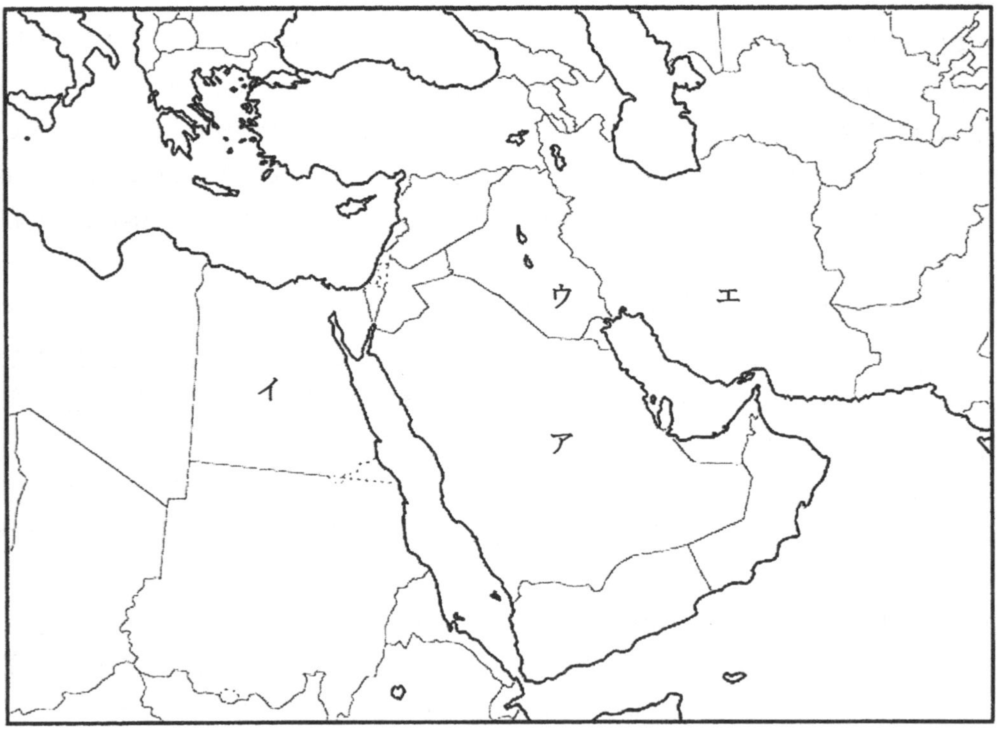

図１

	国の位置	主な宗教		国の位置	主な宗教
①	ア	キリスト教	⑨	ウ	キリスト教
②	ア	イスラム教	⑩	ウ	イスラム教
③	ア	仏教	⑪	ウ	仏教
④	ア	ユダヤ教	⑫	ウ	ユダヤ教
⑤	イ	キリスト教	⑬	エ	キリスト教
⑥	イ	イスラム教	⑭	エ	イスラム教
⑦	イ	仏教	⑮	エ	仏教
⑧	イ	ユダヤ教	⑯	エ	ユダヤ教

問2　下線部ⓑに関連して，日本最初の公開図書館は奈良時代末期の大納言，石上宅嗣《いそのかみのやかつぐ》が開いた芸亭《うんてい》とされている。同じ頃に成立した20巻からなる和歌集として，最も適当なものを，次の①～④のうちから一つ選べ。

①　古今和歌集　　②　日本書紀　　③　懐風藻　　④　万葉集

問3　下線部ⓒに関連して，この時代の出来事の記述として最も適当なものを，次の①～④のうちから一つ選べ。

①　日本の各地に古墳文化が広がり，一部は巨大な前方後円墳が建設された。
②　漢の光武帝が奴国の王に金印を授けた。
③　秦王の政は他国を滅ぼし，中国を統一し始皇帝と名乗った。
④　稲作や青銅器が大陸より伝わり，幕府を中心とした中央集権が確立した。

問4　下線部ⓓに関連して，地球の自転のおよその時速（赤道上）として，最も適当なものを，次の①～⑥のうちから一つ選べ。

①　246km　②　333km　③　1225km　④　1667km　⑤　1852km　⑥　3776km

問5　下線部ⓔに関連して，黄熱病の研究中アフリカで病死した野口英世と同じ時期，破傷風の血清療法を確立し，ペスト菌の発見にも貢献した医学者として最も適当なものを，次の①～④のうちから一つ選べ。

①　高峰譲吉　　②　志賀潔　　③　坪内逍遥　　④　北里柴三郎

問6　下線部ⓕに関連して，インドの国民の多くはヒンドゥー教を信仰しており，聖なる川で沐浴することが日常である。その聖なる川として最も適当なものを，次の①～④のうちから一つ選べ。

①　インダス川　　②　メコン川　　③　ガンジス川　　④　チャオプラヤ川

問7　下線部ⓖに関連して，日本と東南アジア（11か国）の国々とは近年，貿易がますます盛んになってきているが取引額で最も高いものはどれか，次の①～④のうちから一つ選べ。

①　食料品　　②　機械類　　③　石油　　④　衣服

問8　下線部ⓗに関連して，中世ヨーロッパの盛期は日本における鎌倉時代に相当する。初代将軍頼朝公以降，実質的政治を指導してきた北条氏が代々世襲してきた役職を何というか，次の①～④のうちから一つ選べ。

①　六波羅探題　　②　政所　　③　管領　　④　執権

問9　下線部ⓘに関連して，キリスト教弾圧と重い年貢に反対して，日本最大の宗教反乱が起こった島原，原城のある都道府県で多く見られる地形名称として最もふさわしいものを，次の①～④のうちから一つ選べ。

①　カルデラ　　②　リアス式海岸　　③　陸繋砂州　　④　カルスト

問10　下線部ⓙに関連して，イタリアは地中海性気候に属しており，温暖で夏の降水量が比較的少ないのが特徴であるが，日本で同じような気候区はどこか，またそこで多く生産される農産物の組合せとして最も適当なものを，次の①～⑯のうちから一つ選べ。

	気候区	農産物		気候区	農産物
①	南西諸島	さとうきび	⑨	太平洋側	さとうきび
②	南西諸島	レモン	⑩	太平洋側	レモン
③	南西諸島	リンゴ	⑪	太平洋側	リンゴ
④	南西諸島	パイナップル	⑫	太平洋側	パイナップル
⑤	日本海側	さとうきび	⑬	瀬戸内海	さとうきび
⑥	日本海側	レモン	⑭	瀬戸内海	レモン
⑦	日本海側	リンゴ	⑮	瀬戸内海	リンゴ
⑧	日本海側	パイナップル	⑯	瀬戸内海	パイナップル

問11　下線部ⓚに関連して，図２からインドと西インド諸島の位置を選び，正しい組合せとして最も適当なものを，次の①～⑯のうちから一つ選べ。

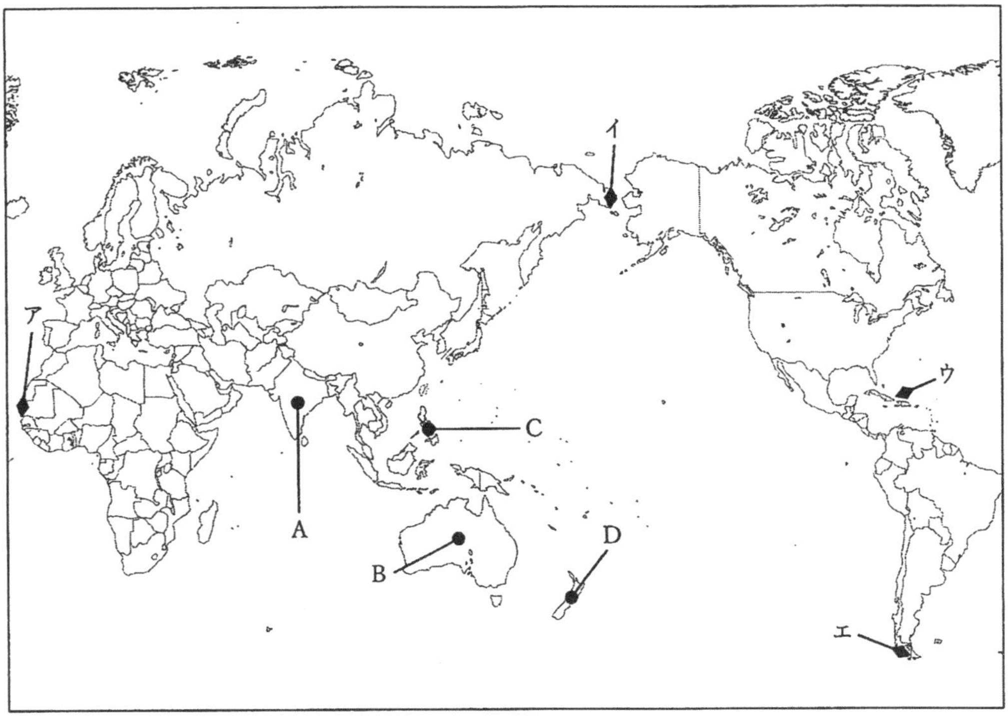

図２

	インド	西インド諸島		インド	西インド諸島
①	A	ア	⑨	C	ア
②	A	イ	⑩	C	イ
③	A	ウ	⑪	C	ウ
④	A	エ	⑫	C	エ
⑤	B	ア	⑬	D	ア
⑥	B	イ	⑭	D	イ
⑦	B	ウ	⑮	D	ウ
⑧	B	エ	⑯	D	エ

問12　下線部ⓛに関連して，ネーデルラント（オランダ）が江戸時代，日本と貿易を続けられた理由として最も適当なものを，次の①～④のうちから一つ選べ。

① オランダは武力を背景に圧力をかけるとともに将軍家から人質を得ていたため。
② 毎年多額の貿易料を江戸幕府に支払っていたため。
③ キリスト教の布教と貿易を切り離して考える，プロテスタントだったため。
④ オランダは江戸の出島に毎年，海外の珍しいものを届けていたため。

問13　下線部ⓜに関連して，同じ時代に活躍した人物として誤っているものを，次の①～④のうちから一つ選べ。

① 鑑真　　② 光明皇后　　③ 栄西　　④ 太安万侶

問14　下線部ⓝに関連して，仁和寺は現在，真言宗御室派の総本山になっている。日本に真言宗を伝えた人が，嵯峨天皇よりある土地を賜り金剛峯寺を開創したというが，その場所として最も適当なものを，図3の中の①～④のうちから一つ選べ。

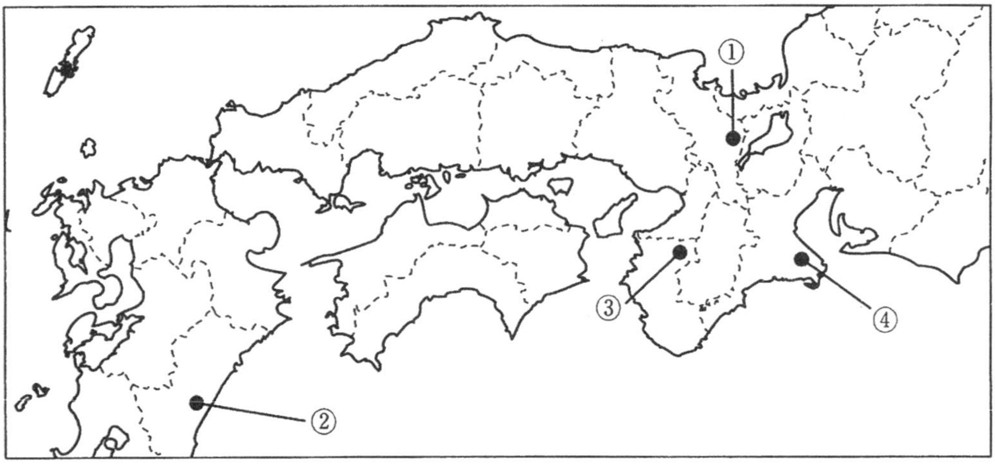

図3

問15　下線部ⓞに関連して，「大日本沿海輿地全図」に最も関係が深い人物を，次の①～④のうちから一つ選べ。

① 大隈重信　　② 徳川吉宗　　③ 伊能忠敬　　④ 大塩平八郎

2 次の文章を読み，下の問い（問1～10）に答えよ。

我が国においては，ⓐ基本的人権の尊重を基本理念の一つとする「ⓑ日本国憲法」（以下「憲法」という。）の下で，ⓒ国政の全般にわたり，人権に関する諸制度の整備や諸施策の推進が図られてきた。それは，憲法のみならず，戦後，ⓓ国際連合（以下「国連」という。）において作成され，現在，我が国が締結しているⓔ人権諸条約等の国際準則にものっとって行われている。また，我が国では，長年にわたり，国，ⓕ地方公共団体と人権擁護委員を始めとする民間のボランティアとが一体となって，地域に密着した地道な人権擁護活動を積み重ねてきた。その成果もあって，人権尊重の理念が広く国民に浸透し，基本的には人権を尊重する社会が築かれているということができる。

一方で，人権課題の生起がやむことはなく，近年の急速なⓖ情報通信技術の進展や外国人の入国者数の増加等による情報化や国際化に加えて，晩婚化や平均寿命の伸長その他の原因によるⓗ少子化や高齢化等により，我が国社会が急激な変化にさらされる中，ⓘインターネット上の人権侵害，外国人の人権問題，子どもの人権問題，ⓙ障害のある人や高齢者の人権問題等が関心を集めることとなっている。　　　　（令和元年版『人権教育・啓発白書』，法務省HPより一部抜粋）

問1　下線部ⓐに関連して，基本的人権に含まれる権利についての説明として誤っているものを次の①～④のうちから一つ選べ。

① 国民は，平等権により出身・身分・性別などによって差別されない。
② 国民は，参政権として選挙の投票に参加できる選挙権のみを持つ。
③ 国民は，自由権により宗教を信仰する自由，信仰しない自由を保障されている。
④ 国民は，請求権として裁判を受ける権利を持つ。

問2　下線部ⓑに関連して，次の(1)～(3)の問いに答えよ。

(1) 日本国憲法では国民の義務の一つとして「納税の義務」が定められているが，国税として納める税金のうち直接税であるものとして最も適当なものを，次の①～④のうちから一つ選べ。

① 消費税　② 酒税　③ 都道府県民税　④ 法人税

(2) 日本国憲法第96条で規定されている，憲法改正の手続きについて説明したものとして最も適当なものを，次の①～④のうちから一つ選べ。

① 提出された改正案は国会で衆参各議員の総議員の３分の２以上の賛成で発議する。
② 提出された改正案を裁判所が審査する。
③ 改正案が国民投票により承認された場合は内閣総理大臣により国民に公布される。
④ 成立の可否を問う国民審査で有効投票数の３分の２以上の賛成で成立する。

(3)　最高裁判所は法律や政令が憲法に合っているかを最終的に判断するため「憲法の番人」とも呼ばれるが，最高裁判所の持つこの権利として最も適当なものを，次の①～④のうちから一つ選べ。

①　領事裁判権　　②　違憲審査権　　③　憲法協議権　　④　国民審査権

問３　下線部ⓒに関連して，次の(1)・(2)の問いに答えよ。

(1)　次の図は国会において法律が制定されるまでの手順を示している。図中のＸ・Ｙに当てはまる組み合わせとして最も適当なものを，次の①～④のうちから一つ選べ。

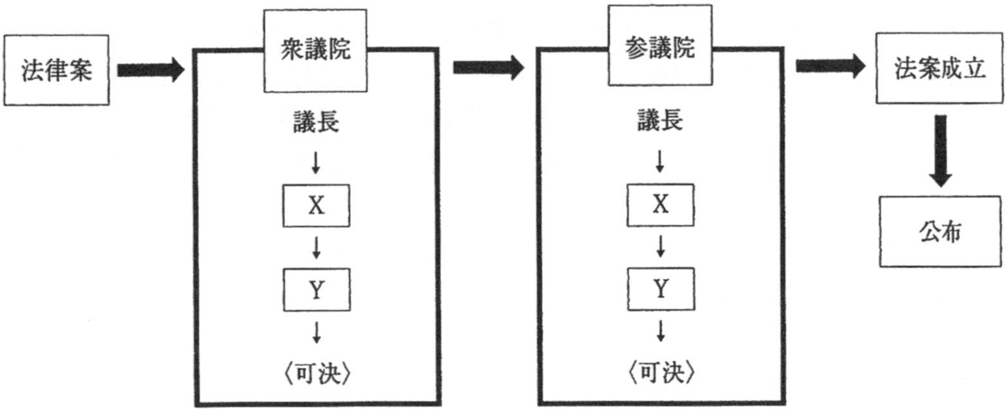

①　X-本会議，Y-委員会　　②　X-本会議，Y-審査会
③　X-委員会，Y-本会議　　④　X-委員会，Y-審査会

(2)　国の行政機関である内閣が，国会に対して連帯して責任を負う仕組みを何というか，最も適当なものを，次の①～④のうちから一つ選べ。

①　二院制　　②　議院内閣制　　③　大統領制　　④　首長制

問４　下線部ⓓに関連して，次の(1)～(3)の問いに答えよ。

(1)　国際連合に設置されている安全保障理事会では５か国の常任理事国と10か国の非常任理事国によって構成されているが，1946年に国際連合が成立された当時の常任理事国として誤っているものを，次の①～④のうちから一つ選べ。

①　フランス　　②　ソビエト連邦　　③　イタリア　　④　イギリス

(2) 国際連合にかかわる関連機関・専門機関のなかで，本部の拠点となる都市が国際連合本部と同都市にある組織はどれか，略称として最も適当なものを，次の①～④のうちから一つ選べ。

① WHO　② WTO　③ IMF　④ UNICEF

(3) 国連安全保障理事会はあらゆる空間での核実験を禁止する条約と各国に核実験を自制するよう求める決議を2016年９月23日採択した。この時採択された条約は1996年の国連総会にて採択されたものの未だ発効していない条約であるが，この条約の略称として最も適当なものを，次の①～④のうちから一つ選べ。

① CTB　② PTBT　③ CTBT　④ TTBT

問５　下線部ⓔに関連して，次の資料は1948年12月10日にパリで行われた国際連合の第３回総会において「すべての人民とすべての国とが達成すべき共通の基準」として採択された宣言を一部抜粋したものである。資料の宣言に法的拘束力を持たせるため，これを基に1966年に条約が採択され1976年に発効したが，66年に採択されたこの条約として最も適当なものを，次の①～④のうちから一つ選べ。

> 第一条
> すべての人間は，生まれながらにして自由であり，かつ，尊厳と権利とについて平等である。人間は，理性と良心とを授けられており，互いに同胞の精神をもって行動しなければならない。
> 第二条
> １．すべて人は，人種，皮膚の色，性，言語，宗教，政治上その他の意見，国民的若しくは社会的出身，財産，門地その他の地位又はこれに類するいかなる事由による差別も受けることなく，この宣言に掲げるすべての権利と自由とを享有することができる。
> ２．さらに，個人の属する国又は地域が独立国であると，信託統治地域であると，非自治地域であると，又は他のなんらかの主権制限の下にあるとを問わず，その国又は地域の政治上，管轄上又は国際上の地位に基づくいかなる差別もしてはならない。
> （中略）
> 第三十条
> この宣言のいかなる規定も，いずれかの国，集団又は個人に対して，この宣言に掲げる権利及び自由の破壊を目的とする活動に従事し，又はそのような目的を有する行為を行う権利を認めるものと解釈してはならない。
> （外務省HPより一部抜粋）

① 国際人権規約　② 世界人権宣言　③ 人種差別撤廃条約　④ 子どもの権利条約

問6　下線部ⓕに関連して，地方公共団体は地方自治体とも呼ばれるが，地方自治体の行う主な仕事として誤っているものを，次の①～④のうちから一つ選べ。

① 公園や道路を整備し管理を行う。
② 学校や図書館のほか病院などの施設を建設する。
③ 上下水道を整備したり，ごみの処理をして快適な生活が送れるようにする。
④ 議会で地域に適用される政令を制定する。

問7　下線部ⓖに関連して，江戸時代の情報伝達手段について，街道沿いを走って移動し荷物や手紙を運んだ人々の呼称として最も適当なものを，次の①～④のうちから一つ選べ。

① 狼煙　　② 足軽　　③ 飛脚　　④ 記者

問8　下線部ⓗに関連して，内閣府によれば高齢者一人当たりを支えている現役世代を調べると，1960年代には11.2人であったが，80年には7.4人，2014年には2.4人となり，現状の推移が続けば2060年には１人となるといわれている。このように高齢者と現役世代の人口が１対１に近づいた社会のことを表す言葉として最も適当なものを，次の①～④のうちから一つ選べ。

① シーソー社会　　② 肩車社会　　③ 荷車社会　　④ 縮小社会

問9　下線部ⓘに関連して，情報社会における情報の送り手・受け手として気を付けるべきこととして誤っているものを，次の①～④のうちから一つ選べ。

① 個人の情報や他人を傷つける内容の情報を流してはならない。
② 情報を発信する際には，著作権の侵害に注意する。
③ 多くの情報の中から自分にとって必要な情報を選んで，その正しさを自分で判断できなくてはならない。
④ インターネットでホームページなどを作るときには，情報の正確さよりもいかに広めるかを意識する必要がある。

問10　下線部ⓙに関連して，障害のある人が地域や各家庭において障害のない人と同様に生活できる社会を作ることを意味する言葉として最も適当なものを，次の①～④のうちから一つ選べ。

① ユニバーサルデザイン　　② ノーマライゼーション
③ バリアフリー　　④ ホスピタリティ

3 下の問い（問１～２）に答えよ。

問１　1964年，東京オリンピック前後の日本社会について，下記の語句を全て使用し100字以内で述べよ。なお指定語句には下線を引くこと。

語句　三種の神器　　高速道路　　新幹線　　高度経済成長

問２　現在の世界は平等か，否か。その理由とそれについて思うところを100字以内で述べよ。

（問題は以上です。）

２０２２年度
ＡＩＣＪ中学校　入学試験問題

本校入試１

理　科

（13：40～14：25）

【注　意】

１．試験開始の合図があるまで、この問題用紙に手をふれてはいけません。
２．問題用紙は８ページあります。これとは別に解答用紙があります。
３．試験開始の合図があってから、問題用紙のページ数を確かめなさい。
４．問題用紙のページが抜けていたり、破れていたり、印刷が不鮮明なところがある場合は、黙って手を挙げて試験監督に知らせなさい。
５．答えはすべて解答用紙に書きなさい。
６．試験終了後、問題用紙は表にして机の右側、解答用紙は表にして机の左側に置きなさい。

2022年度　理　科　（45分）答えはすべて別紙の解答用紙に書きなさい。　中一本校1

1　次の文を読んで各問いに答えなさい。

製造されてから長年空気にさらされた銅像の表面がさびて青みがかっていることがあります。また，銅の粉をステンレス皿にはかりとり，aガスバーナーで加熱すると，短い時間で黒みがかった酸化銅になります。これらの変化は，いずれもb銅が酸化することでおこります。

(1)　下線部ａについて，ガスバーナーの使い方を記述した以下の文章で誤りを含むものを①～⑤からすべて選び，記号で答えなさい。

①　ガス調節ねじ，空気調節ねじが開いていることを確かめる。
↓
②　コック，元せんの順に開ける。
↓
③　マッチの火を近づけ，ガス調節ねじをゆるめて火をつける。
↓
④　ガス調節ねじを回して，ほのおの大きさを調節する。
↓
⑤　空気調節ねじをゆるめて，青いほのおにする。

(2)　物が燃えることを燃焼といいますが，これも物が酸化することでおこります。下線部ｂについて，銅の酸化は燃焼といえますか，理由と共に答えなさい。

(3)　鉄の酸化について，酸化後に見られる性質として適当なものを次のア～エからすべて選び，記号で答えなさい。

ア　銀色をしている
イ　磁石につかない
ウ　電気を通す
エ　つやがある

様々な重さの銅の粉をガスバーナーで加熱して酸化させて酸化銅を得ました。下の図はこのときの銅と酸化銅の重さの関係をまとめたグラフです。

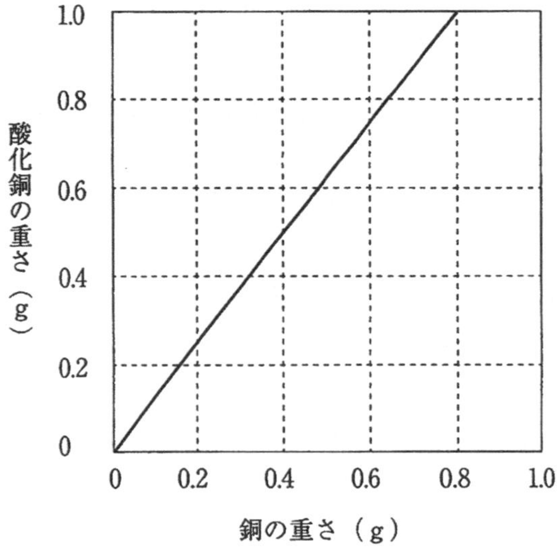

図

(4) 酸化銅の重さは，加熱前の銅よりも重くなります。これは，銅にある気体が結びつくためです。この気体の名しょうを答えなさい。

(5) 25 g の酸化銅を得るためには，何 g の銅が必要ですか。

(6) (4)の気体10 g と過不足なく反応する銅の重さは何 g ですか。

(7) (4)の気体が得られる反応を次のア～エから選び，記号で答えなさい。

ア　塩化アンモニウムと水酸化カルシウムを混ぜたものを加熱する。

イ　亜鉛にうすい塩酸を加える。

ウ　石灰石にうすい塩酸を加える。

エ　二酸化マンガンにオキシドールを加える。

2　次の文を読んで各問いに答えなさい。

心臓は全身に血液をおくるポンプの役目をしています。心臓の左心室が縮み，強い力で押し出された血液は，$_a$厚くてじょうぶなかべをもつ血管を通って全身に送られます。一方，心臓に戻ってくるときには，$_b$うすいかべの血管を通って戻ってきます。皮ふの上から透《す》けてみえる青い血管はこの血管です。

(1)　下線部 a のかべをもつ血管の名しょうを漢字で答えなさい。

(2)　下線部 b のかべをもつ血管の名しょうを漢字で答えなさい。

(3)　下線部 b の血管には「弁」がついています。この弁の役割を答えなさい。

(4)　酸素を多くふくむ血管と二酸化炭素を多くふくむ血管を，それぞれ図 1 のア～エからすべて選び，記号で答えなさい。

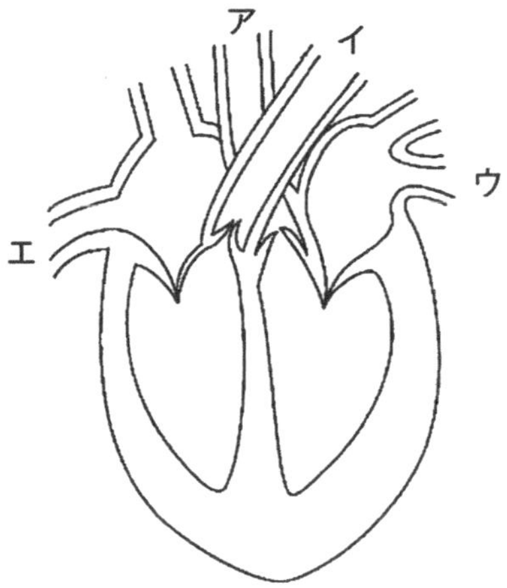

図 1

(5)　ヒトの血液の量は体重の $\frac{1}{13}$ 倍です。体重40kgのヒトの血液の量は何 g ですか。小数点以下は切り捨てて整数で答えなさい。

図２のＡ～Ｅはヒトの安静時と運動時の主な臓器（脳，肺，消化管，腎臓《じんぞう》，骨格筋）の１分あたりの血流量を示しています。

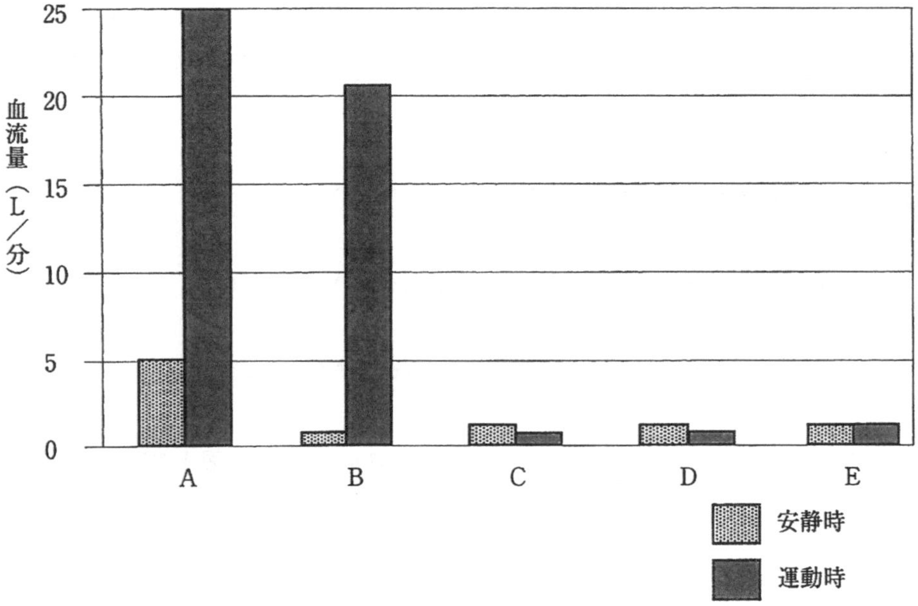

図２

(6)　図２のＢはどの臓器の血流量を示していますか。次のア～オから選び，記号で答えなさい。

ア　脳　　イ　肺　　ウ　消化管　　エ　腎臓　　オ　骨格筋

二〇二三年度　国語　解答用紙

受験番号

得点

※100点満点
（配点非公表）

中―本校1

一

問一
1
2
3
4
5

問二
1 漢字 意味
2 漢字 意味
3 漢字 意味
4 漢字 意味
5 漢字 意味

問三
1
2
3
4
5

問四
1
2
3
4
5

二

問一

問二
A
B

②

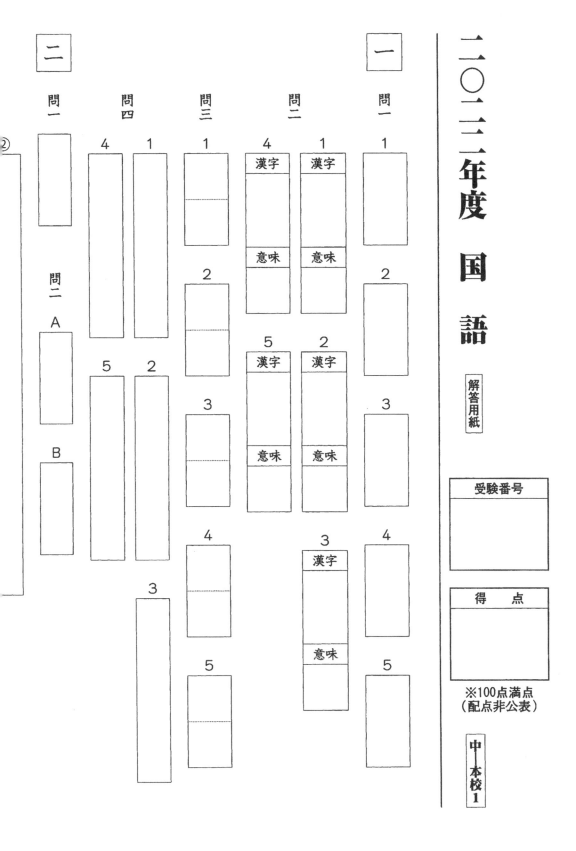

3

(1)	枚	(2)	本
(3)	本		

4

(1)	cm^2	(2)	cm^2
(3)	cm^2		

5

(1)	通り	(2)	通り
(3)	通り		

【解答欄は以上です】

問１

100

問２

100

（解答欄は以上です）

(5)	g	(6)	

小計

3

(1)	ゴムひもＡ　：　ゴムひもＢ　＝　　　　　　：						
(2)	g		(3)	①		②	
(4)	③	g	④	g	(5)	cm	

小計

4

(1)			(2)	ア		イ	
(3)							
(4)	角度	°	長さ	km			

小計

解答欄は以上です

※75点満点
（配点非公表）

2022年度　理　科　解答用紙

受験番号	得　点

中－本校1

1

(1)			
(2)			
(3)		(4)	
(5)	g	(6)	g
(7)			

小計

2

(1)		(2)	
(3)			

【解答用

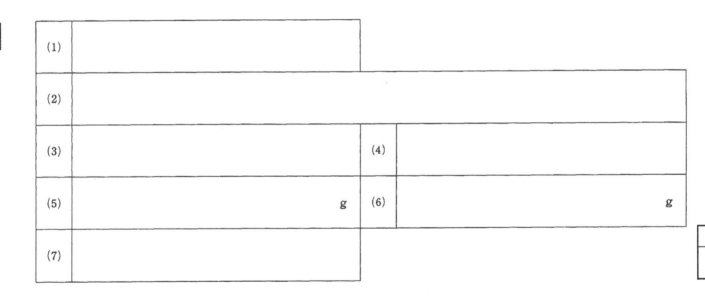

※75点満点
（配点非公表）

2022年度　社　会　解答用紙

受験番号	得　点

中－本校1

1

問1		問2		問3		問4		問5	
問6		問7		問8		問9		問10	
問11		問12		問13		問14		問15	

2

問1		問2 (1)		問2 (2)		問2 (3)		問3 (1)	
問3 (2)		問4 (1)		問4 (2)		問4 (3)		問5	
問6		問7		問8		問9		問10	

3

【解答用

2022年度　算　数　解答用紙

受験番号

※100点満点
（配点非公表）

得　点

中－本校1

1

(1)		(2)	
(3)	通り	(4)	g
(5)	枚	(6)	km
(7)		(8)	度
(9)	cm^2	(10)	cm^3

2

(1)		(2)	
(3)	番目		

問四

問五

問六

問七

問八

（解答欄は以上です）

3　次の文を読んで各問いに答えなさい。

3本のゴムひもA，B，Cがあります。おもりをつるしていないときのゴムひもの長さはAは35cm，Bは40cm，Cは45cmでした。図1は，ゴムひもA，B，Cにそれぞれおもりをつるし，おもりが静止したところでゴムひもの長さをはかり，「おもりの重さ」と「ゴムひもの伸び」との関係を調べたものです。

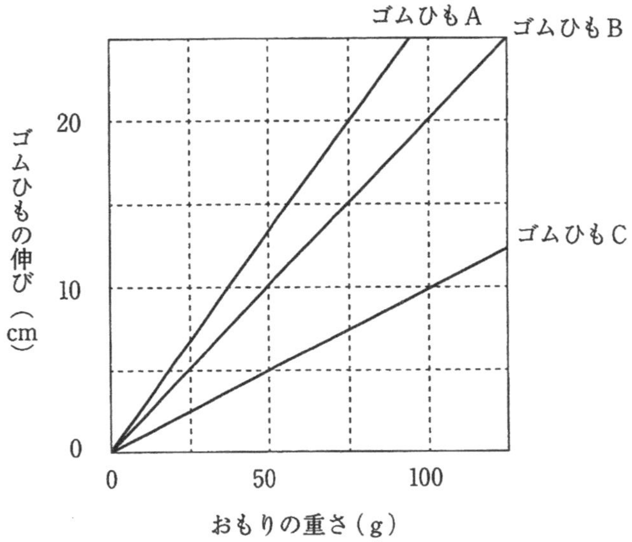

図1

(1)　同じ重さのおもりをつるしたとき，ゴムひもAとゴムひもBの伸びの比はいくらになりますか。もっとも簡単な整数比で答えなさい。

(2)　ある重さのおもりをゴムひもCにつるすと，その長さが62cmとなりました。つるしたおもりの重さは何gですか。

図２，３のように２つのおもりをつるしました。なお，①，②はゴムひもＡ～Ｃのいずれかです。おもりは静止しているものとし，棒およびゴムひもの重さは考えないものとします。

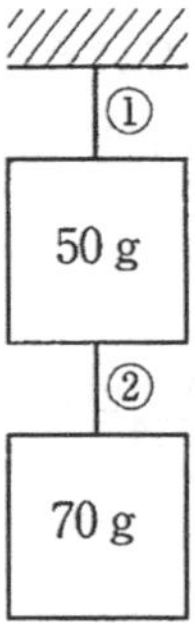

図２

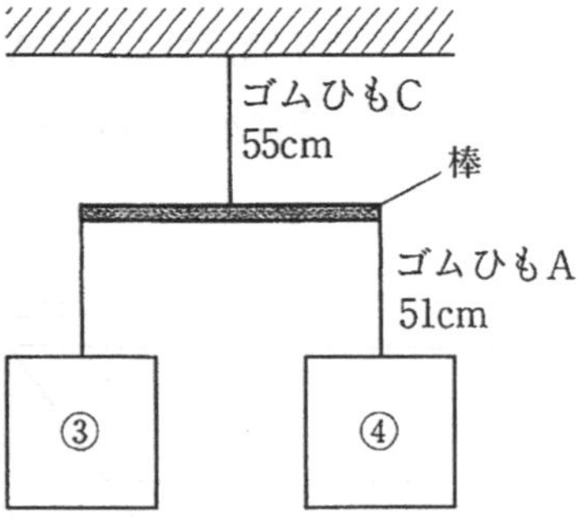

図３

(3)　図２のようにゴムひもにおもりをつるしました。①と②のゴムひもの長さはそれぞれ67cmと52cmでした。①と②はそれぞれゴムひもＡ～Ｃのうちどれか答えなさい。

(4)　図３のようにゴムひもと棒を使っておもりをつるしました。③と④のおもりの重さをそれぞれ答えなさい。

(5)　図３で，棒の長さが100cmのとき，ゴムひもＣを棒の右端《はし》から何cmのところに取り付けると棒が水平になるか答えなさい。

4　次の文を読んで各問いに答えなさい。

古代より人類は地球の形に興味を持っていました。紀元前6世紀ごろにピタゴラスたちが「地球は丸い」と唱えたと言われています。その後，アリストテレスは a 月食のときに月に丸い影ができるのは，丸い地球の影が映っているからだと説明しました。また，エラトステネスは，地球が球形であることを利用して，b 地球の大きさを計算しました。

(1)　地球が丸いためにおこることを，次のア～オからすべて選び，記号で答えなさい。

ア　北極星の高さは，北から南に行くほど低く見える。

イ　月が満ち欠けする。

ウ　より高いところから見ると，より遠くまで見える。

エ　海を見ると，水平線が弧をえがいて見える。

オ　太陽は，東から上って西に沈む。

(2)　下線部aに関して，以下の空らん（　ア　）と（　イ　）にあてはまる言葉を答えなさい。

月食とは太陽，地球，月が（　太陽　）→（　ア　）→（　イ　）の順番に一直線に並ぶときに起こる現象である。

(3)　夕方，南の空にみえる月を何というか答えなさい。

(4) 下線部bに関して，エラトステネスが地球の大きさを計算した時に利用した下の情報をもとに，図のAに当てはまる角度を求め，さらに地球の周りの長さを求めなさい。

エラトステネスが住んでいたアレキサンドリアでは，夏至の日の正午には，太陽が真上より7.2°南に傾いていた。一方で，アレキサンドリアから925km南にあるアスワンでは，夏至の日の正午に太陽の光がちょうど真上に位置した。

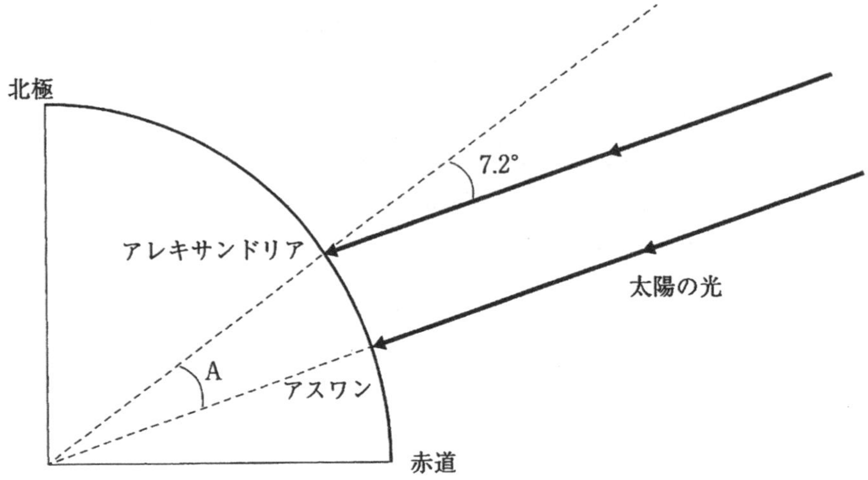

図

(問題は以上です)

二〇二二年度

ＡＩＣＪ中学校　入学試験問題

本校入試２

国語

（９時30分～10時30分）

【注意】

１、試験開始の合図があるまで、この問題用紙に手をふれてはいけません。

２、問題用紙は10ページあります。これとは別に解答用紙があります。

３、試験開始の合図があってから、問題用紙のページ数を確かめなさい。

４、問題用紙のページが抜けていたり、破れていたり、印刷が不鮮明なところがある場合は、黙って手を挙げて試験監督に知らせなさい。

５、答えはすべて解答用紙に書きなさい。

６、試験終了後、問題用紙は表にして机の右側、解答用紙は表にして机の左側に置きなさい。

二〇二二年度　国　語

（六十分）　答えはすべて 解答用紙 に書き入れること。

中—本校2

一　次の問いに答えなさい。

問一　次の——線部のカタカナを、漢字一字と送りがな（ひらがな）に直しなさい。

1　墓に花をソナエル。
2　オサナイふるまいをつつしむ。
3　つとめて平静をヨソオウ。
4　不足しがちな栄養をオギナウ。

問二　次の□にあてはまる色を漢字一字で答えなさい。

1　□の他人にも親切にしなさい。
2　昨夜から降った雪のために、辺り一面□世界だ。
3　兄は□筋を立てて怒っている。
4　図書委員長として、彼に□羽の矢が立った。
5　親切そうに見えるが、彼女は意外と腹□い。
6　歴史に名を残すような□字塔《とう》を打ち立てる。

問三　次の各文から、敬語表現として不適切なものをそれぞれア〜エの中から一つ選び、記号で答えなさい。

1　ア　お客さまが来られる。
　　イ　お客さまがおいでになる。
　　ウ　お客さまがお越しになる。
　　エ　お客さまがお見えになられる。

2　ア　私は昨日、先生の元をお訪ねした。
　　イ　私は昨日、先生の元へ参った。
　　ウ　私は昨日、先生の元へいらっしゃった。
　　エ　私は昨日、先生の元へ伺《うかが》った。

3　ア　父が上司にお菓子をくださった。
　　イ　父が上司にお菓子を差し上げた。
　　ウ　父が上司からお菓子をいただいた。
　　エ　父が上司からお菓子を頂戴《ちょうだい》した。

問四　次の故事成語の意味を後のア～カの中から選び、記号で答えなさい。

1　杞憂
2　蛍雪の功
3　推敲
4　蛇足
5　漁夫の利

ア　詩や文章を何度も練り直すこと。
イ　無用な心配のこと。
ウ　両者が争っているうちに、第三者がもうけなどを横取りすること。
エ　苦労して学んだ成果。
オ　肝心な最後の仕上げ。
カ　よけいなつけ足しをすること。

二　次の文章を読んで、後の問いに答えなさい。なお、出題の都合上、見出しを削除して表記しています。（句読点や記号も一字として数えます）

「世界で一番わかりにくいのは、日本語とアラビア語だ」と外国人はこんなふうに文句を言うらしい。まあ、たしかに日本語というのはかなり変わった言語体系ではあります。

じつは、日本以外の世界に住んでいるあらかたの人びとは※1バイリンガルだともいえます。ひとつに限らずいろんな言語を話せることが多い。たとえばアメリカだったら、英語だけじゃなく、［A］スペイン語のほうが通用する地域というのもある。同じように、どの国でもたいてい二カ国語くらいは通用することが多い。

それに引き換え、日本人は※2モノリンガルだといえるでしょう。日本語以外の言語が通用する地域というのは、まずありえない。日本語というのは言葉と国籍《こくせき》が直結した、いわば体質的な言語だということです。だから外国語を話すことが下手なんじゃないかと言われてしまう。

【１】

その考えはたしかに成り立つ。ただ私は、逆にこんなふうにも思うんです。「①日本語ほどバイリンガルな言葉はないのかもしれないな」と。

日本語には「かな」と「漢字」がありますよね。この二つは、姿も体系もまったく異なっている。「かな」から「漢字」へ、「漢字」から「かな」へ、私たち日本人はそのひとつひとつの切り替えを、読むときばかりでなく話すときも瞬時《しゅんじ》にこなしているんです。パソコンだったらこの変換《へんかん》は機械がやってくれるわけだけど、日常的なやりとりではそうはいかない。その膨大《ぼうだい》な量の変換を常に頭の中で行うことになる。そりゃあ疲れるはずですよね。

【２】

明治維新のとき、西洋文明の流入と同時に、それまでの日本語の概念《がいねん》になかった言葉も大量に入ってきました。日本人は、それらになんとか漢字をあてて訳して使ったわけです。たとえば「認識」とか「観念」だとかが代表的な例ですね。それを明治の初めのうちに見事にやってのけた。これは、皆さんが②ソウゾウしている以上に高度な作業なんですよ。

ちなみに今の中国語の中で、政治にかかわるものなど公的に使う言葉の多くは、日本が明治の頃につくった造語を適用しています。それこそ「政治」や「経済」、「民主主義」や「共産主義」といった言葉が良い例です。いうなれば、言葉の逆③ユニュウですね。もともと中国で生まれた漢字が、日本で進化を遂《と》げ、新しい姿で中国に流入している。これも大変おもしろい現象だといえるでしょう。

こんなふうに、かなと漢字という、まったく異なった姿のものを同時に使いこなしてきたのが日本人の特殊《とくしゅ》性であり特長ともいえるでしょう。これに対し、合理化が進む現代においては「こんな煩《わずら》わしいことはやめろ、［X］」という考え方もあります。実際、すでに社員全員に英語をしゃべらせている会社もあるくらいです。たしかに、外国人との伝達の際にはメリットがあるでしょう。しかし④母国語を失った国というのはじつに惨《みじ》めなものです。

伝統というのは、まさしく「言葉」なんです。その言葉を奪《うば》われてしまうということは、足場がない状態とまったく同じ。立つにも歩くにも走るにも、ただ外国の模倣《もほう》にたよることになる。［B］日本がこれまでの長い歴史の中で築いてきた伝統は、西洋の伝統とはずいぶん異なっています。その基礎《きそ》を捨て去って、今さらまるごと西洋から借りなければならないなんて、人間の文化にとってこれほど悲惨《ひさん》なことはない。

【３】

加えて、西洋の伝統からきた文明や技術の発展は、今や行き詰《づ》まりを迎えつつあるんです。年金問題も、核の問題も、すべて西洋で生まれた考え方に⑤ユライしています。日本は現代社会を形作るうえで、その文明を借りてきたはいいけれど、今になって行き詰まってしまった。そして残念なことに、西洋の文明の力では、この行き詰まりの※3是正《ぜせい》がなかなかできない。でも、東洋の文明――さらにいえば日本独自の伝統なら、その行き詰まりをやわらげるか、是正する力になるかもしれない。そう考えると、⑥伝統というのはそう簡単には手放してはいけないものだということがわかるでしょう。

ところが、日本語はどうもはっきりしない、意味をしっかり限定していないと批判される。これは外国人の多くが感じていることであると同時に、外国語のできる日本人も同様に思っていることのようです。

たしかに日本語という言語は、いくつかの難点も持っています。いうなれば、非常に※4悠長《ゆうちょう》な言語です。表現したい内容を強く限定して投げつけることが上手でない。それに、何か危機が起こったときに発する警告の言葉の力が弱い。他の国の言語に比べて命令形がそれほど発達していない。その命令形が動かす心情自体も強くない。そういう意味では、⑦大変やわらかな言語ともいえます。

【４】

それから先にいったように、漢字をかなに、かなを漢字に、頭の中で変換しながら話したり聞いたりしていることの※5弊害《へいがい》も挙げられるでしょう。もちろん咄嗟《とっさ》のことだから、僕らは意識していない。だけど大変な危機に瀕《ひん》したとき、ひと呼吸、ふた呼吸遅れる恐れはある。

その一方で、限定ばかりしていくと、こぼれ落ちてしまう事柄もたくさんある。日本語というのは限定しない代わりに、ふわふわと漂《ただよ》うあいまいな事柄も上手にすくいとることができる。ある程度の広がりをもっている言葉を、その広がりのまま捉《とら》えることが可能な言語なんです。

（中略）

そもそも日本人には、意味を一つだけに限定して、⑧タンジュン明快に論旨《ろんし》を組み立てるという習慣が薄《うす》かったともいえる。そういう技術は異国の人たちと交わるうちに学んで教えられたことで、時代が進むにつれてずいぶん慣れたものの、本来はやっぱり、苦手なのかもしれない。

ある事柄を、ある広がりのままに表現して伝える。聞く方も、ある広がりのままに聞いて答える。[C]その広がりを自分の中に留める。そういうやりとりのほうが、長い歴史の中で培《つちか》ってきた日本人のもともとの性分《しょうぶん》なのかな、という気がします。

【５】

しかしながら時代が移り変わり、[D]国際化が進むにつれて、言葉のあり方も変わってきている。もともとの性分と、後から流入した使い方との間で、現代の僕らの言葉は分裂《ぶんれつ》しているんですよね。これからは、少し悲しいことではあるけれど、⑨伝統をそのまま続けるのではなくて、今の時代に適《かな》ったかたちで言葉を使っていくことになると思います。とはいえ、むやみに変えればいいわけでもない。よその国はどうなっているのか、世界ではどういう形が求められるのか考えながら、日本語の意義を再認識することが必要になってくる。

（桐光学園＋ちくまプリマー新書編集部・編『考える方法　中学生からの大学講義２』所収
古井由吉「言葉について」より）

※１　バイリンガル――二カ国語を母語として話すこと。また、その人。
※２　モノリンガル――一カ国語を母語として話すこと。また、その人。
※３　是正――悪い点を改めて正しくすること。
※４　悠長――のんびりとして、急ごうともしない様子。
※５　弊害――害となる悪いこと。

問一　――線部②「ソウゾウ」、③「ユニュウ」、⑤「ユライ」、⑧「タンジュン」を、漢字に直しなさい。

問二　[A]～[D]に入る語として最も適当なものを次のア～エの中から選び、記号で答えなさい。

ア　むしろ　　イ　ますます　　ウ　あるいは　　エ　そもそも

問三　――線部①「日本語ほどバイリンガルな言葉はないのかもしれないな」とありますが、筆者がそのように述べるのは、日本語がどのような言葉だからですか。本文中の言葉を用いて三十字以内で説明しなさい。

問四　[X]に入る言葉として最も適当なものを次のア～エの中から選び、記号で答えなさい。

ア　英語の導入には慎重《しんちょう》になるべきだ

イ　いっそ標準語を英語にしてしまえ

ウ　かなか漢字のどちらかに統一しよう

エ　漢字の代わりにアルファベットを使うほうがよい

問五　――線部④「母国語を失った国というのはじつに惨めなもの」とありますが、その様子を比喩《ひゆ》的に示す表現を、本文中から七字で抜き出して答えなさい。

問六　――線部⑥「伝統というのはそう簡単には手放してはいけないものだ」とありますが、伝統を手放した場合、どうなりますか。「～することができなくなる。」という表現に続くように、本文に沿って三十字以内で説明しなさい。

問七　――線部⑦「大変やわらかな言語」という性質を最もわかりやすく言い換えた一続きの二文を本文中から探し、最初と最後の五字を答えなさい。

問八　本文からは、次の一段落が抜けています。これを補う位置として最も適当なものを、本文中の【１】～【５】から選び、番号で答えなさい。

そのぶん、翻訳《ほんやく》は非常にうまい。それから、外国から入ってきた技術を理解して覚えるのも大層うまいといえます。

問九　――線部⑨「伝統をそのまま続けるのではなくて、今の時代に適ったかたちで言葉を使っていくことになると思います」とありますが、複数の言語を使うことが一般《いっぱん》的となった時代において、私たちは日本語や外国語をどのように使っていくのがよいでしょうか。筆者の考えをふまえ、あなた自身の考えを百五十字以内で述べなさい。

評価基準

Ａ　設問に対する応答

「今の時代に適ったかたち」について自分なりの定義がなされている。

日本語と外国語をどのように使っていくかについて、論理的な考え方が示されている。

Ｂ　理解

筆者の考える「日本語の意義」を理解していることがうかがえる。

C　言語

正しく論理的な日本語で表現できており、語彙《ごい》力の高さもうかがわせる。

（問題は以上です）

２０２２年度
ＡＩＣＪ中学校　　入学試験問題

本校入試２

算　数

（10：50～11：50）

【注　意】

１．試験開始の合図があるまで、この問題用紙に手をふれてはいけません。
２．問題用紙は６ページあります。これとは別に解答用紙があります。
３．試験開始の合図があってから、問題用紙のページ数を確かめなさい。
４．問題用紙のページが抜けていたり、破れていたり、印刷が不鮮明なところがある場合は、黙って手を挙げて試験監督に知らせなさい。
５．答えはすべて解答用紙に書きなさい。
６．問題を解くために円周率が必要な場合は、3.14 を用いなさい。
７．試験終了後、問題用紙は表にして机の右側、解答用紙は表にして机の左側に置きなさい。

2022(R4) ＡＩＣＪ中　本校２
教英出版

2022年度　算　数 （60分） 答えはすべて別紙の解答用紙に書きなさい。

中一本校2

1　次の問いに答えなさい。

(1)　$50-(2+12\div3)\times5$ を計算しなさい。

(2)　$0.375\div\dfrac{1}{4}+\dfrac{1}{4}\times\dfrac{10}{3}$ を計算しなさい。

(3)　$5-(0.25\times\square+2)\div3=1$ の□にあてはまる数はいくつですか。

(4)　1から100までの整数の中に、3でも5でも割り切れない数は何個ありますか。

(5)　ある道のりを、行きは時速3 km、帰りは時速5 kmで往復しました。このとき、平均の速さは時速何kmですか。

(6)　子供たちを長いすに座らせることにしました。3人ずつ座ると5人が座れず、4人ずつ座ると長いすが1つあまり、最後の長いすには3人が座ることになります。子供の人数は何人ですか。

(7)　A君は持っているお金の $\frac{1}{3}$ より100円少ないお金を使って、家族におみやげを買いました。その後、残りのお金の20％より100円多いお金を使って、ジュースとおやつを買ったところ、700円残りました。A君が最初に持っていたお金は何円ですか。

(8)　右の図は、正方形ABCDと正三角形BCEを組み合わせた図形です。アの角の大きさは何度ですか。

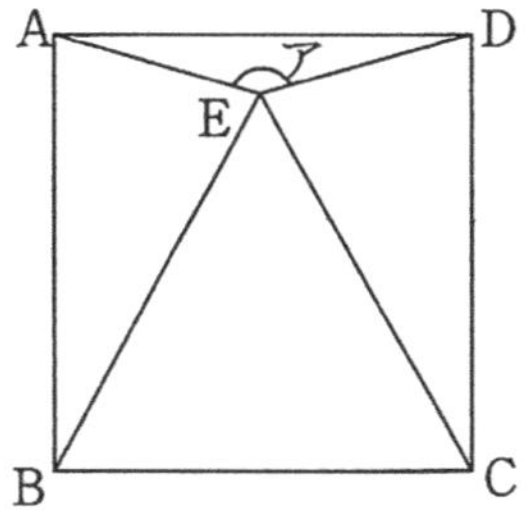

(9)　右の図の三角形EDCは、三角形ABCを頂点Cを中心に時計回りに90°回転させた図形です。このとき、辺ABが通った部分の面積は何 cm^2 ですか。ただし、円周率は3.14とします。

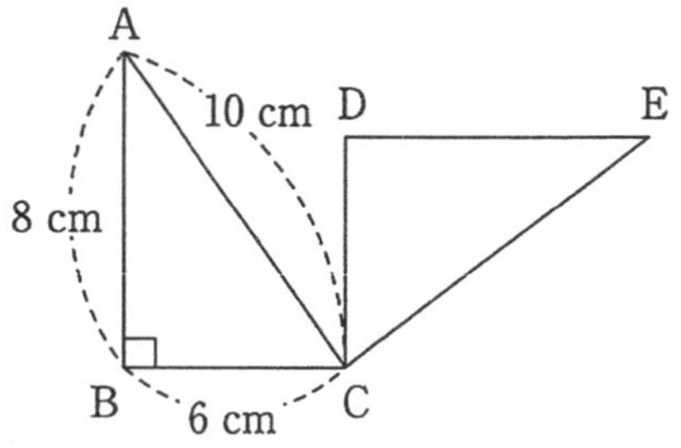

(10)　右の図は三角柱をある平面で切断した立体です。この立体の体積は何 cm^3 ですか。

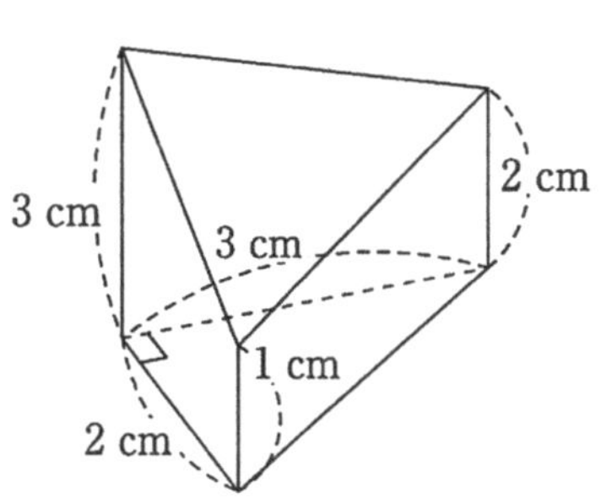

2

ある年の1月1日は日曜日です。また、この年はうるう年でないことがわかっています。このとき、次の問いに答えなさい。

(1) この年の12月31日は何曜日ですか。

(2) この年の3月1日は何曜日ですか。

(3) この年の30回目の日曜日は何月何日ですか。

3 1より大きい整数で、1とその数自身以外に約数を持たない整数を素数といいます。
素数を小さい方から順に並べると　2，3，5，7，……　となります。
このとき、次の問いに答えなさい。

(1) 小さい方から10番目の素数を求めなさい。

(2) 素数を小さい方から順に並べたとき、となり合う2つの素数の積のうち、初めて2000をこえる2つの素数を求めなさい。

(3) $\dfrac{1}{43\times44}+\dfrac{1}{44\times45}+\dfrac{1}{45\times46}+\dfrac{1}{46\times47}$ を計算しなさい。

4　下の図は立方体と、その展開図を表したものです。

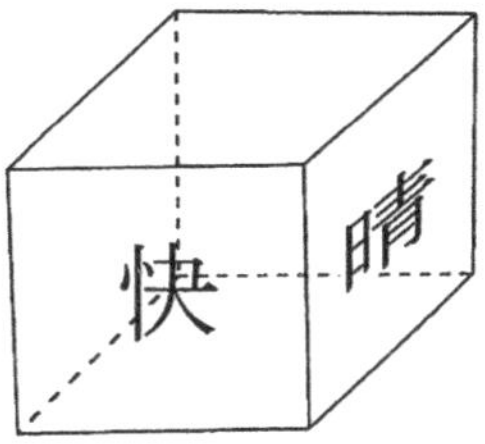

(図1)

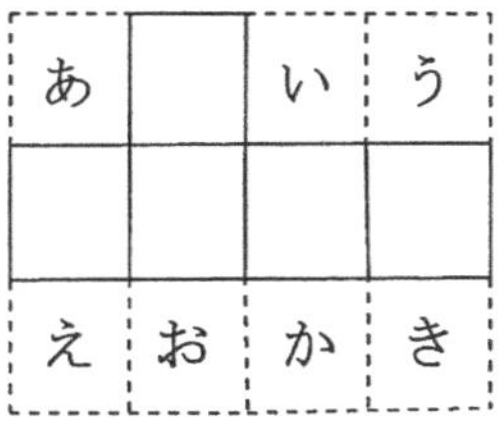

(図2)

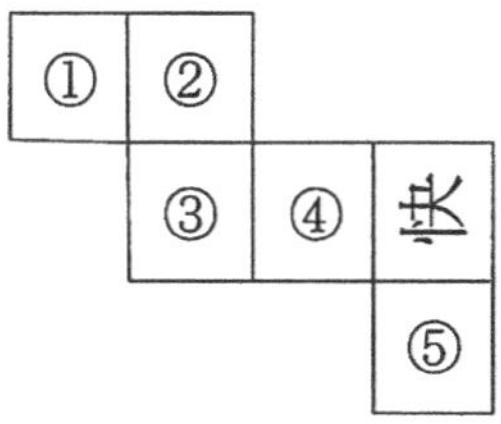

このとき、次の問いに答えなさい。

(1)　立方体を展開したときに 5 つの面は、(図 1) のようになりました。残り 1 つの面になる可能性がある面を (図 1) の記号ですべて答えなさい。

(2)　立方体の展開図が (図 2) のようになりました。⑤の面に平行な面の数字を答えなさい。

(3)　立方体の展開図が (図 2) のようになりました。晴の文字を向きに注意して展開図の中に書き入れなさい。

5　６つの文字 あ，い，う，ア，イ，ウ を左から順に並べます。
このとき、次の問いに答えなさい。

(1)　並べ方は全部で何通りありますか。

(2)　あとイが両はしとなる並べ方は全部で何通りありますか。

(3)　ひらがなとカタカナが交互《こうこ》になる並べ方は全部で何通りありますか。

【問題は以上です】

２０２２年度
ＡＩＣＪ中学校　入学試験問題

本校入試２

社　会

（12：35～13：20）

【注　意】

１．試験開始の合図があるまで、この問題用紙に手をふれてはいけません。
２．問題用紙は13ページあります。これとは別に解答用紙があります。
３．試験開始の合図があってから、問題用紙のページ数を確かめなさい。
４．問題用紙のページが抜けていたり、破れていたり、印刷が不鮮明なところがある場合は、黙って手を挙げて試験監督に知らせなさい。
５．答えはすべて解答用紙に書きなさい。
６．試験終了後、問題用紙は表にして机の右側、解答用紙は表にして机の左側に置きなさい。

2022年度　社　会　（45分）答えはすべて別紙の解答用紙に書きなさい。　中一本校2

1　次の資料A～Eを読み，下の問い（問1～15）に答えよ。

資料A

右の図は⓪中国地方のある都市を中心とした空中写真である。中央の6本の川からなる大変美しい（　b　）があり，ここから発展した歴史がある。また南西に見える隣市の大きな島には世界遺産があり，例年多くの©観光客でにぎわっている。南部には多島海が広がり，波が（　d　）ため養殖業が盛んである。

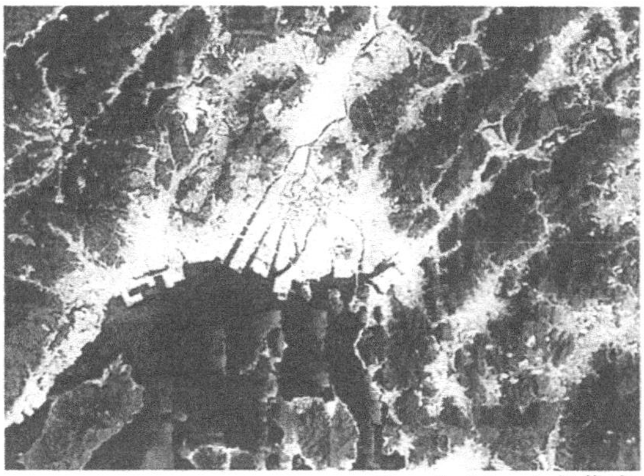

Google Mapより作成

問1　下線部ⓐに関連して，関ケ原の戦いのあと，毛利氏に代わってこの地を治めたが，幕府に無断で城の普請（修理など）を行ったため，転封された武将として最も適当なものを，次の①～④のうちから一つ選べ。

①　福島正則　　②　浅野長政　　③　水戸光圀　　④　鍋島直正

問2　資料Aの（　b　）と（　d　）に当てはまる語句の組合せとして最も適当なものを，次の①～⑧のうちから一つ選べ。

	b	d
①	河岸段丘	穏やかな
②	河岸段丘	激しい
③	リアス海岸	穏やかな
④	リアス海岸	激しい
⑤	三角州	穏やかな
⑥	三角州	激しい
⑦	洪積台地	穏やかな
⑧	洪積台地	激しい

問３　下線部ⓒに関連して，近年（2019年まで）の観光事情として最も適当なものを，次の①～④のうちから一つ選べ。

①　訪日外国人観光客は近隣の中国よりも，同盟国であるアメリカ合衆国のほうが多い。
②　欧米からの訪日観光客は，自国には少ない寺社仏閣などの観光施設が多い都道府県を訪れる傾向がある。
③　韓国や香港などからの訪日観光客は，自国から遠い都道府県を訪れる傾向がある。
④　東京国際（羽田）空港は住民の意向を受けて24時間の離発着ができないため，今後規模は縮小され，その機能は成田国際空港へ引き継がれることになった。

資料B

右の写真はⓔ1675年に英国王チャールズ２世によってロンドンの郊外グリニッジに設立されたグリニッジ王立天文台である。グリニッジは経度とともにⓕ世界の時刻の基準ともなった。各国は標準時を定めるが，一つの国に複数の時間帯や，また季節によってⓖサマータイムなどを導入している国もある。

問４　下線部ⓔに関連して，このころの日本やその周辺の様子として最も適当なものを，次の①～④のうちから一つ選べ。

①　琉球では北山・中山・南山の３王国の中から中山の王，尚氏によって首里を都とした琉球王国が成立し，東アジアの中継貿易基地として栄華を極めた。
②　堺の豪商，千利休はわび茶を完成し茶の湯を茶道へと高め，狩野永徳らは唐獅子図屏風など金箔を使った豪華な屏風やふすまなどを描いた。
③　大阪の町人であった井原西鶴は仮名草子よりも娯楽性を強め，当時の風俗や人情を描いた『好色一代男』などの浮世草子を出版し，好評を得た。
④　鎖国により日本独自の文化として，近松門左衛門は役者絵や美人画などの浮世絵を数多く残し，後世の画家に影響を与えた。

問５　下線部ⓕに関連して，ホノルル（ハワイ・西経150度）を２月20日の８：00に出発し，９時間後，関西国際空港に到着した日付と時刻として最も適当なものを，次の①～⑥のうちから一つ選べ。（サマータイムなど特別な事情は考慮しないものとする）

①　２月19日の12:00　　②　２月19日の17:00　　③　２月20日の12:00
④　２月20日の17:00　　⑤　２月21日の12:00　　⑥　２月21日の17:00

問６　下線部ⓖに関連して，サマータイムについて最も適当なものを，次の①～④のうちから一つ選べ。

①　アメリカ合衆国やヨーロッパ各国で導入している事は有名だが，アジアの国でもほとんどの国が採用している。
②　標準時を１時間程度進めることで，涼しい時間帯の有効活用を促し，エネルギー消費を抑える効果がある。
③　標準時を１時間程度遅らせることで，分散出勤，登校など，人の流れを抑制する効果が見込まれる。
④　地軸の傾きにより南半球との時刻の差を縮めることができるため，北半球の国々は積極的に導入し，今後広がることが予想される。

資料C

右の写真はベルリンの壁崩壊直前の様子である。冷戦時代に築かれた壁だが，（　h　）によりソ連の（　i　）が実行され，東ヨーロッパの民主化が進んだ結果である。ⓙ冷戦終結後，ソ連は解体され新しい国際秩序が構築されるまで不安定な時期はあったが，現在はⓚロシアとして世界に対して非常に強い影響力を持つ国として再生した。

問7　資料Cの（　h　）と（　i　）に当てはまる語句の組合せとして最も適当なものを，次の①～⑧のうちから一つ選べ。

	h	i
①	エリツィン	ペレストロイカ
②	エリツィン	ニューディール
③	クリントン	ペレストロイカ
④	クリントン	ニューディール
⑤	ゴルバチョフ	ペレストロイカ
⑥	ゴルバチョフ	ニューディール
⑦	プーチン	ペレストロイカ
⑧	プーチン	ニューディール

問8　下線部ⓙに関連して，冷戦について**誤っているもの**として最も適当なものを，次の①～④のうちから一つ選べ。

①　冷戦中は資本主義陣営と社会主義陣営とに分かれ，米ソの代理戦争も数多く勃発した。朝鮮戦争やベトナム戦争はその例と言えるものである。

②　キューバ危機により核戦争へのカウントダウンは始まったが，米ソ交渉により解決したことで緊張緩和へと向かった。

③　1989年，米ソ首脳による地中海マルタ沖で行われた会談により，東西冷戦構造の終わりを宣言するとともに米ソ関係も協調の時代へと大転換を果たした。

④　第一次世界大戦後，アメリカ合衆国を中心とする資本主義国とソ連を中心とする社会主義国の，砲火を交えない，戦争にも近い厳しい対立状況を冷戦という。

問9　下線部ⓚに関連して，明治時代に勃発した日露戦争について**誤っているもの**として最も適当なものを，次の①～④のうちから一つ選べ。

① 東郷平八郎率いる日本の海軍がロシアのバルチック艦隊を破り戦いを有利に進めた。
② 戦争が長引き，両国が疲弊する中，アメリカ合衆国の仲立ちで講和会議が開かれた。
③ 日本代表の小村寿太郎とロシア代表のウィッテの間でポツダム宣言が結ばれた。
④ 日本は講和条約でリアオトン半島南部の租借権をロシアから譲り受けた。

資料D

右の写真は2018年にⓛ世界文化遺産に登録された，大浦天主堂である。ここでは2世紀以上にわたる潜伏キリシタンの歴史に終わりを告げる「信徒発見」という出来事が起こったところとして構成遺産の一つとされる。その他，複数の関連遺産より成り立っており，ⓜ禁教時代のⓝ長崎と天草地方において，既存の社会・宗教とも共生しつつ信仰を密かに継続した潜伏キリシタンの伝統を物語る稀有な物証である。

問10　下線部ⓛに関連して，世界遺産には自然遺産，文化遺産，複合遺産とあるが，自然遺産として適当なものを，次の①～⑧のうちから二つ選べ。

① 小笠原諸島
② 紀伊山地の霊場と参詣道
③ 厳島神社
④ 富士山－信仰の対象と芸術の源泉
⑤ 日光の社寺
⑥ 白川郷・五箇山の合掌造り集落
⑦ 白神山地
⑧ 北海道・北東北の縄文遺跡群

問11　下線部ⓜに関連して，下のア～エはこの時代付近の歴史的出来事である。古い順から並べたものとして最も適当なものを，次の①～⑧のうちから一つ選べ。

ア：杉田玄白らが『解体新書』を出版し，洋学が急速に発達した。。
イ：ウィリアム＝アダムズとヤン＝ヨーステンが豊後に流れ着いた。
ウ：新井白石が正徳の治とよばれる財政改革にあたった。
エ：天草四郎らに率いられ，島原・天草一揆が起こった。

① イ→ウ→エ→ア　② イ→エ→ウ→ア　③ イ→ア→ウ→エ　④ イ→エ→ア→ウ
⑤ エ→ウ→イ→ア　⑥ エ→イ→ウ→ア　⑦ エ→ア→ウ→イ　⑧ エ→イ→ア→ウ

問12　下線部ⓝに関連して，長崎県について最も適当なものを，次の①～④のうちから一つ選べ。

① 長崎県は多くの島や入り江，対馬海流など恵まれた漁業環境がありイワシ，アジ，サバなどの遠洋漁業やブリ，タイなどの養殖業が盛んである。
② 長崎市や佐世保市には大きな造船所があり，造船業は江戸時代から続く主要な産業であり，その技術も世界トップレベルである。
③ 阿蘇山の一つである普賢岳は1990年代前半に大きな噴火とともに火砕流の被害にあった。
④ 長崎は異国情緒あふれる雰囲気を利用して，オランダ村，ハウステンボスやユニバーサルスタジオジャパンなど多様なテーマパークがあり，九州で一番観光客が多い。

資料E

	人口（千人）	昼夜間人口比率（%）
ⓞ横浜市	3650	91.7
ⓟ大阪市	2584	131.7
福岡市	1514	110.8

※昼夜間人口比率…夜間人口を100人に対する昼間人口

『2021データブックオブザワールド』より作成

問13　資料Eについて正しく読み取り分析したものとして最も適当なものを，次の①～④のうちから一つ選べ。

① 横浜市は人口が多い割に昼夜間人口比率が低いのは，近隣の大都市への通勤，通学者が多いためである。
② 大阪市の昼夜間人口比率が高い背景には，日本で一番多くの企業が集まるからである。
③ 福岡市の人口増加の最大要因はリモートワークの普及である。
④ 横浜市の昼間人口はおよそ2347（千人）である。

問14　下線部ⓞに関連して，横浜市について最も適当なものを，次の①～④のうちから一つ選べ。

① 1853年にアメリカよりペリーの艦隊が来航し，翌年結ばれた条約で開港が約束された。
② 輸送用機械産業が盛んで，京浜工業地帯としての輸出金額は全国１位である。
③ 明治時代，日本で初めて鉄道が開業した区間は新橋－横浜間である。
④ ポートアイランドやモザイクなどウォーターフロントとして再開発が進められた。

問15　下線部ⓟに関連して，下の表の①～④は沖縄県，大阪府，愛知県，山形県の各指標による一覧である。大阪府に当てはまるものとして，最も適当なものを一つ選べ。

	出生率（‰）	農業産出額（億円）	製造品出荷額（億円）	面積（㎢）
①	6.0	2391	25631	9323
②	10.2	1025	5500	2281
③	7.8	3154	461948	5173
④	7.3	353	168508	1905

※‰…千分率のことである

『2021データブックオブザワールド』より作成

2　次の資料A～Cを読み，下の問い（問１～15）に答えよ。

資料A

民主政治とは，民主主義の考えに従ってつくられた政治制度のもとで行われる政治のことをいいます。その民主政治の目標の一つ目は，個々の人間を尊重し，国民の（　a　）や権利を保障していくことです。二つ目の目標は，国民が自主的に政治に参加していくことによって実現される，としています。また民主政治の原則では，人間尊重の政治つまり，一人ひとりの（　a　）を認め，すべての人が人間として（　b　）にあつかわれなければならない，としています。

国民主権とは，国を（　c　）最高の力（主権）は，国民にあるということをいいます。また，政治の進め方を決めるには話し合いが必要で，その上で多数決によって決める事が大切です。ただし，結論を出す前に（　d　）も尊重することが必要とされています。

問１　資料Aの（　a　）と（　b　）に当てはまる語句の組合せとして最も適当なものを，次の①～⑥のうちから一つ選べ。

	a	b
①	義務	福祉
②	義務	平等
③	自由	福祉
④	自由	平等
⑤	責任	福祉
⑥	責任	平等

問２　資料Aの（　c　）に当てはまる語句として最も適当なものを，次の①～④のうちから一つ選べ。

①　納める　　②　収める　　③　治める　　④　修める

問３　資料Aの（　d　）に当てはまる語句として最も適当なものを，次の①～④のうちから一つ選べ。

①　多数の意見　　②　少数の意見　　③　リーダーの意見　　④　威圧的な意見

問４　資料Aの中の，民主政治をうまく表現したものには，「人民の，人民による，人民のための政治・・・」が有名です。この言葉が発せられた場所として最も適当なものを，次の①～④のうちから一つ選べ。

①　南北戦争の始まりの地　　②　アメリカ独立戦争の始まりの地
③　アメリカ独立戦争における最大の激戦地　　④　南北戦争における最大の激戦地

資料B

> 国民の代表者（国会議員）が，議会（国会）で（　e　）をつくったり，予算を決め，それにもとづいて政治が行われ，政府を監視したりしています。
>
> 三権分立とは，政治を行う権力を，（　f　）権，行政権，（　g　）権に分け，たがいに抑制しあって，一つの権力だけが強くならないようにして，国民の自由と権利を守るしくみのことです。この考え方は，ⓗ18世紀のフランスの思想家によって確立され，（　i　）憲法にはじめて取り入れられました。（　f　）権は，国の（　e　）をつくる権力。わが国ではこの権力は，国会に属しています。
>
> 行政権は，法律にもとづいて実際に政治を行う権力。わが国では内閣に属しています。行政権をもつ内閣を政府ともいいます。
>
> （　g　）権は，憲法や国会で決められた（　e　）がよく守られているかどうかを裁判によって決める権力。この権力は裁判所に属しています。

問５　資料Bの（　e　）と（　f　）に当てはまる語句の組合せとして最も適当なものを，次の①～⑥のうちから１つ選べ。

	e	f
①	条例	内閣
②	条例	立法
③	法律	内閣
④	法律	立法
⑤	政令	内閣
⑥	政令	立法

問６　資料Bの（　g　）に当てはまる語句として最も適当なものを，次の①～④のうちから一つ選べ。

①　検察　　②　司法　　③　視察　　④　監視

問７　下線部ⓗの示した考えとして最も適当なものを，次の①～④のうちから一つ選べ。

①　各権力間の人事交流を活発にして，活性化を図ろうとした。
②　各権力を相互の独立した国家機関に置き，権力の集中を防ごうとした。
③　行政権に最も権力を持たせ，政治の即時性を図ろうとした。
④　国家元首に権力を監視させ，指導しようとした。

問８　資料Bの（　ｉ　）に当てはまる国として最も適当なものを，次の地図の①～⑥のうちから一つ選べ。

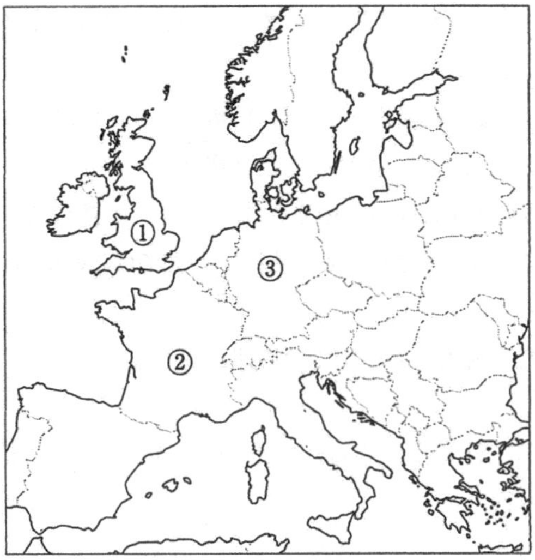

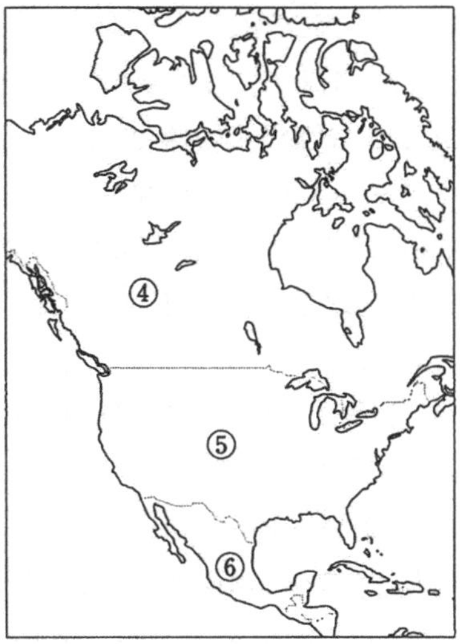

資料Ｃ

法律にもとづいて，政治を行ったり，裁判を行うことを（　ｊ　）主義といいます。よい政治を行うには，国民の願いを受け入れて，よい法律をつくらなければなりません。

第二次世界大戦後日本政府は，（　ｋ　）宣言を受諾して，民主的で平和な国家をつくる義務を負いました。そして，ⓛ連合国軍総司令部が大日本帝国憲法の改正を指示してきました。そこで政府は，連合国軍総司令部の憲法改正の案をもとに，大日本帝国憲法を全面的に改めた憲法改正案を作成しました。日本国憲法は，1946年（　ｍ　）に公布され，翌年（　ｎ　）から施行されました。日本国憲法は，国民主権・ⓞ基本的人権の尊重・（　ｐ　）が３つの大きな柱となっています。

問９　資料Ｃの（　ｊ　）に当てはまる語句として最も適当なものを，次の①～④のうちから一つ選べ。

①　民本　　②　民主　　③　独裁　　④　法治

問10　資料Ｃの（　ｋ　）に当てはまる都市がある国として最も適当なものを，問８の地図の①～⑥のうちから一つ選べ。

問11　下線部ⓛに関連して，連合国軍総司令部が設置された場所として最も適当なものを，次の①～④のうちから一つ選べ。

①　厚木　　②　ワシントンD.C.　　③　ニューヨーク　　④　日比谷

問12　下線部①に関連して，その最高司令官が発した有名な言葉として最も適当なものを，次の①～④のうちから一つ選べ。

① 開国しなければ，攻撃する。
② 生まれたときから，肌の色や育ち，宗教で他人を憎む人などいない。
③ 私は戻ってくる。
④ 忍耐がどんな難問にも，解決策になる。

問13　資料Cの（　m　）と（　n　）に当てはまる語句の組合せとして最も適当なものを，次の①～⑥のうちから一つ選べ。

	m	n
①	11月３日	５月３日
②	11月３日	11月３日
③	２月11日	８月11日
④	８月11日	２月11日
⑤	８月15日	２月15日
⑥	２月15日	８月15日

問14　下線部ⓞとして**誤っているもの**を，次の①～④のうちから一つ選べ。

① 自由権　　② 平等権　　③ 統帥権　　④ 社会権

問15　資料Cの（　p　）に最も関連が深い文章を，次の①～④のうちから一つ選べ。

① 天皇は，日本国の象徴であり日本国民統合の象徴であつて，この地位は，主権の存する日本国民の総意に基く。

② 何人も，現行犯として逮捕される場合を除いては，権限を有する司法官憲が発し，且つ理由となつてゐる犯罪を明示する令状によらなければ，逮捕されない。

③ 天皇又は摂政及び国務大臣，国会議員，裁判官その他の公務員は，この憲法を尊重し擁護する義務を負ふ。

④ 日本国民は，正義と秩序を基調とする国際平和を誠実に希求し，国権の発動たる戦争と，武力による威嚇又は武力の行使は，国際紛争を解決する手段としては，永久にこれを放棄する。

3　下の問い（問１～２）に答えよ。

問１　次の資料１～３から読み取れるインターネットにかかわる社会の現状について明らかにしながら，あなたがインターネットの利用についてどのように考えるかを100字以内で答えよ。

資料１

インターネット利用率の変化

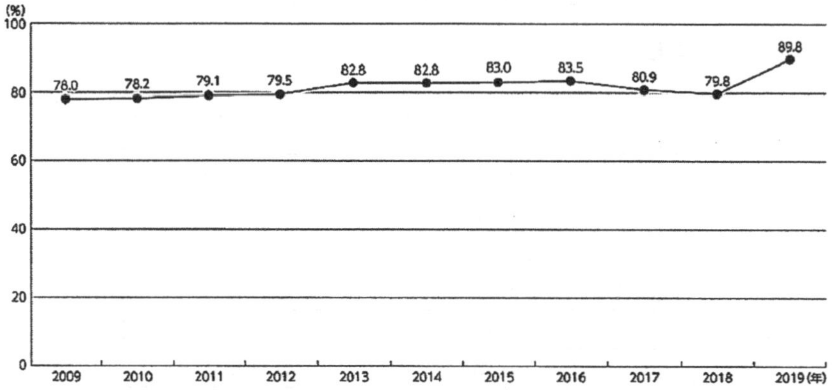

（総務省「通信利用動向調査」）

資料２

情報通信機器を所持している世帯ごとの割合の変化

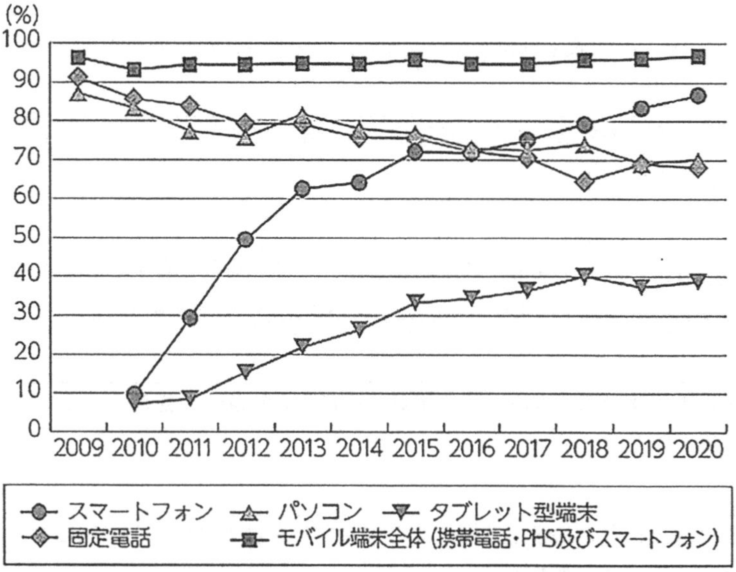

（総務省「令和３年版　情報通信白書」）

資料3

サイバー犯罪の検挙件数

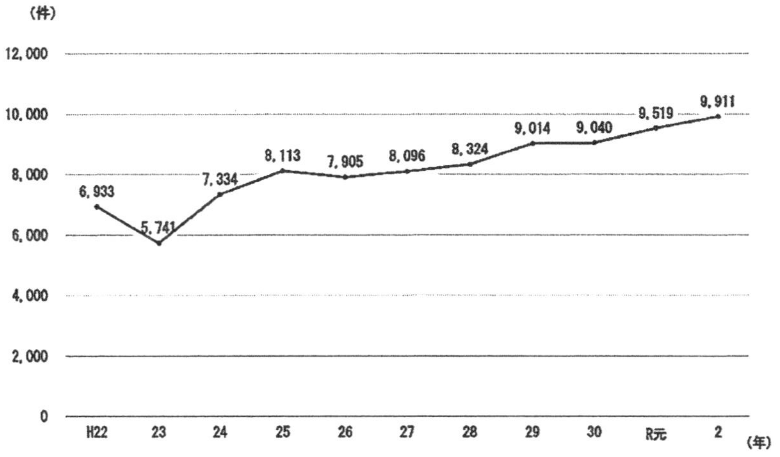

※サイバー犯罪…コンピューターやインターネットを悪用して，コンピューターやその
ネットワーク，またはそこに接続された端末を標的とした犯罪行為

(警察庁「令和２年　犯罪情勢」)

問２　「モノのインターネット」とはあらゆる物をインターネットに接続する技術のことであり，これにより例えば外出先からスマートフォンで自宅にある電化製品や電子機器を操作するといったことも可能となっている。これらは私たちの生活を大変便利にしているが，あなたが新たにインターネットのネットワークに接続できるようにすることで生活が便利になると考える物は何か，その理由もあわせて100字以内で答えよ。

２０２２年度
ＡＩＣＪ中学校　入学試験問題

本校入試２

理　科

（13：40～14：25）

【注　意】

１．試験開始の合図があるまで、この問題用紙に手をふれてはいけません。
２．問題用紙は８ページあります。これとは別に解答用紙があります。
３．試験開始の合図があってから、問題用紙のページ数を確かめなさい。
４．問題用紙のページが抜けていたり、破れていたり、印刷が不鮮明なところがある場合は、黙って手を挙げて試験監督に知らせなさい。
５．答えはすべて解答用紙に書きなさい。
６．試験終了後、問題用紙は表にして机の右側、解答用紙は表にして机の左側に置きなさい。

2022年度　理　科 （45分）答えはすべて別紙の解答用紙に書きなさい。　中一本校2

1　次の文を読んで各問いに答えなさい。

ろうそくは光や熱を出して燃えます。このようにものが燃えることを（　①　）といいます。ものが燃えると，（　②　）気流が生じ，まわりから空気が入りこみ，空気の流れができます。ものが燃え続けるためには「(①)の３要素」という３つの条件があり，そのいずれか１つを取り除くと消火できます。これらは消火の３要素といい，除去効果，窒息《ちっそく》効果，冷却《れいきゃく》効果の３つです。

(1)　本文中の空らん①と②に適する語句をそれぞれ漢字２文字で答えなさい。

(2)　消火の３要素ついて，以下の表の空らん③と④に適する語句を答えなさい。

表

消火の要素	説明
除去効果	（　③　）を取り除いて消火する方法。
窒息効果	（　④　）の供給を絶って消火する方法。
冷却効果	熱をうばい消火する方法。

(3)　消火の要素とその具体例の組み合わせとして正しいものを次のア～エから１つ選び，記号で答えなさい。

	消火の要素	具体例
ア	除去効果	ローソクの火をふいて消す。
イ	冷却効果	砂などの固体でおおって消す。
ウ	除去効果	水をかけて消す。
エ	冷却効果	アルコールランプにふたをして消す。

地下駐車場，美術館や電気室などでは，二酸化炭素を放出して部屋いっぱいに充満させる消火設備があります。これは消火するときに汚れにくく，a 電気絶縁性《ぜつえんせい》があるためです。また，b 放出された二酸化炭素は酸素の濃度を低くし，炎から熱をうばい温度を下げます。また，この設備では c 容器内に液体の二酸化炭素が保存されていて，放出されて気体になるときにまわりの熱を吸収し，火災がより冷却されるため，消火剤としてより効果的に作用します。

(4) 下線部aについて，電気絶縁性がないものを次のア～オからすべて選び，記号で答えなさい。

ア 輪ゴム　　イ 鉄くぎ　　ウ 割りばし

エ 銅線　　オ ペットボトル

(5) 下線部bについて，適当なものを次のア～エからすべて選び，記号で答えなさい。

ア 二酸化炭素による消火では窒息効果はない。

イ 二酸化炭素による消火では窒息効果はある。

ウ 二酸化炭素による消火では冷却効果はない。

エ 二酸化炭素による消火では冷却効果はある。

(6) 下線部cについて，物質には固体，液体，気体の３つの状態があり，氷が溶けて液体の水に，さらに蒸発して水蒸気となるように，物質の状態は変化します。この状態変化では，熱が物質に吸収されたり放出されたりします。熱が物質に吸収されておこる状態変化を次のア～ウからすべて選び，記号で答えなさい。

ア やかんの口から湯気が出ていた。

イ 手に持っていた氷がすべて溶けた。

ウ 液体のエタノールを入れて口を閉じたふくろに熱湯をかけるとふくらんだ。

2　次の文を読んで各問いに答えなさい。

下の図のように，カエルは卵から生まれると水中で泳ぐオタマジャクシとなり，やがて変態してカエルの姿形になります。

図

(1)　オタマジャクシからカエルになるときの様子について，次のア～ウを順番に並べなさい。

ア　後ろ足が出る　　イ　尾がなくなる　　ウ　前足が出る

(2)　カエルと同じように呼吸の方法が変わる生物はどれか，次のア～エからすべて選び，記号で答えなさい。

ア　イルカ　　イ　クジラ　　ウ　イモリ　　エ　トンボ

ヒトの血液型には，A型，B型，O型，AB型の4種類があり，同じ血液型であれば輸血できますが，別の型の血液を輸血すると血液が固まる凝固《ぎょうこ》反応をおこすことがあります。たとえば，A型の血液はA型とAB型の人には輸血できますが，それ以外の血液型の人に輸血すると凝固反応をおこします。他にも，B型の血液はB型とAB型の人に輸血でき，O型の血液はすべての血液型の人に輸血でき，AB型の血液はAB型の人に輸血できます。それ以外の輸血では凝固反応がおこります。

(3)　病院で100人の血液検査をしたところ，A型の人に輸血できない血液型の人が30人，B型の人に輸血できない血液型の人が50人，どの人にも輸血できる血液型の人が30人いました。血液型がAB型の人は何人いますか。

生物の特徴《とくちょう》は親から子へと遺伝します。その特徴を親から子に伝えているものが遺伝子です。血液型は両親から血液型の遺伝子を受け継ぐことで決まります。血液型の遺伝子にはＡ遺伝子，Ｂ遺伝子，Ｏ遺伝子の３種類があり，表のような２つの遺伝子の組み合わせで血液型が決まります。

表

血液型	遺伝子の組み合わせ
A型	AA，AO
B型	BB，BO
O型	OO
AB型	AB

つまり，Ａ型の人はＡ遺伝子を２つ持つAAの組み合わせの人と，Ａ遺伝子とＯ遺伝子を１つずつ持つAOの組み合わせの人がいます。BBの組み合わせのＢ型の母親とAAの組み合わせのＡ型の父親の子供は，母親からＢ遺伝子を，父親からＡ遺伝子を受け継いで，ABの組み合わせのAB型になります。もし，母親がBOの組み合わせのＢ型で，父親がAAの組み合わせのＡ型の場合には，子供はABの組み合わせのAB型か，AOの組み合わせのＡ型となります。

(4)　AB型の母親と，Ｏ型の父親の子供は，どのような血液型となりますか。考えられるものをすべて答えなさい。

(5)　AOの組み合わせのＡ型の母親と，AB型の父親の子供は，どのような血液型となりますか。考えられるものをすべて答えなさい。

図はある家系図と血液型を示しています。

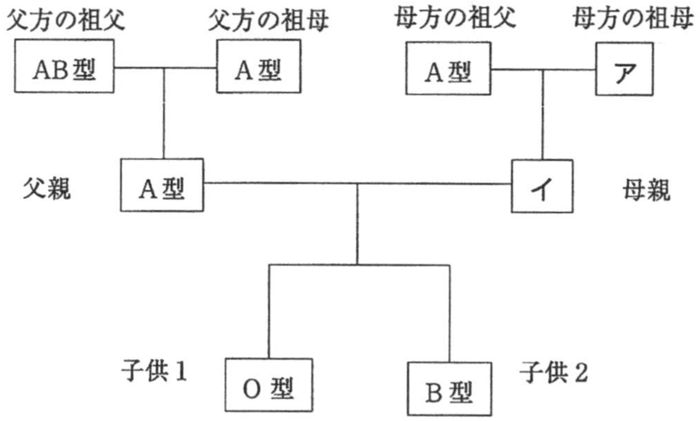

図

(6)　母方の祖母の血液型 ア は何型ですか。考えられるものをすべて答えなさい。

(7)　母親の血液型 イ の遺伝子の組み合わせを答えなさい。

二〇二二年度　国語

解答用紙

受験番号

得　点

※100点満点
（配点非公表）

中—本校2

一

問一　1　2　3　4

問二　1　2　3　4　5　6

問三　1　2　3

問四　1　2　3　4　5

二

問一　②　③　⑤　⑧

問二　A　B　C　D

問三

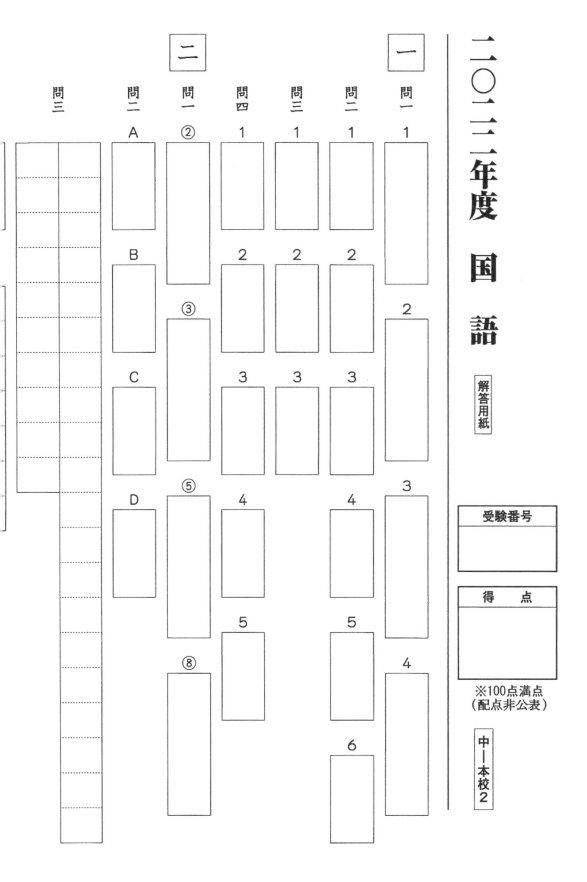

3

(1)		(2)	
(3)			

4

(1)		(2)	
(3)	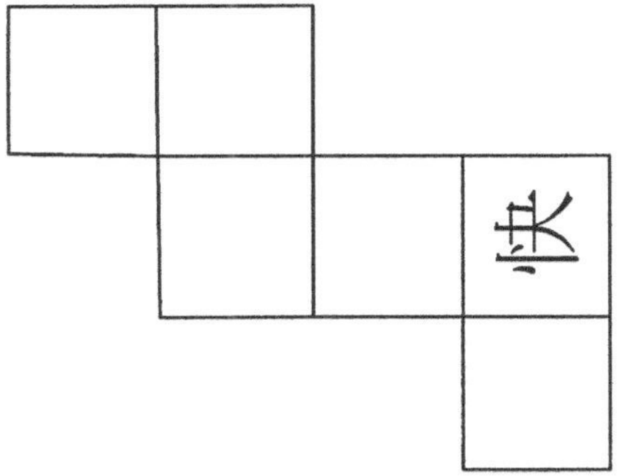		

5

(1)	通り	(2)	通り
(3)	通り		

【解答欄は以上です】

問１

100

問２

100

（解答欄は以上です）

3

(1)				(2)			
(3)							
(4)	b		d	f		j	
(5)							

小計

4

(1)		(2)	
(3)		(4)	
(5)		(6)	
(7)		(8)	

小計

解答欄は以上です

※75点満点
（配点非公表）

2022年度　理　科　解答用紙

受験番号	得　点

中－本校2

1

(1)	①		②	
(2)	③		④	
(3)			(4)	
(5)			(6)	

小計

2

(1)		(2)	
(3)	人		
(4)			
(5)			
(6)			

小計

※75点満点
（配点非公表）

2022年度 社 会 解答用紙

受験番号

得 点

中－本校２

1

問１		問２		問３		問４		問５	
問６		問７		問８		問９		問10	
問11		問12		問13		問14		問15	

2

問１		問２		問３		問４		問５	
問６		問７		問８		問９		問10	
問11		問12		問13		問14		問15	

3

【解答

※100点満点
（配点非公表）

2022年度　算　数　解答用紙

受験番号	得　　点

中－本校２

1

(1)		(2)	
(3)		(4)	個
(5)	時速　　　　km	(6)	人
(7)	円	(8)	度
(9)	cm^2	(10)	cm^3

2

(1)	曜日	(2)	曜日

【解答

問六

することができなくなる。

問七

～

問八

問九

3　豆電球と乾《かん》電池に関する各問いに答えなさい。

(1)　豆電球と乾電池を直接つないで明かりをつけます。下の図１のどの部分に導線をつなぐと良いですか。組み合わせとして正しいものを，次のア～ケからすべて選び，記号で答えなさい。

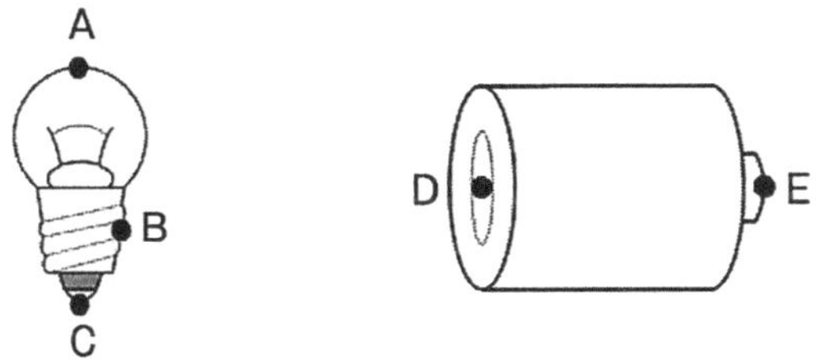

図１

ア　AとD　AとE　　イ　AとD　BとE　　ウ　AとE　BとD
エ　AとD　CとE　　オ　AとE　CとD　　カ　BとD　BとE
キ　BとD　CとE　　ク　BとE　CとD　　ケ　CとD　CとE

(2)　豆電球と乾電池をつなぐときは，ふつう豆電球を何に入れてつなぎますか。名しょうを答えなさい。

豆電球と乾電池をつないで，下の図２～６のような回路をつくりました。このとき，次の問いに答えなさい。なお，豆電球と電池はすべて新品であり，すべて同じであるものとします。

図2

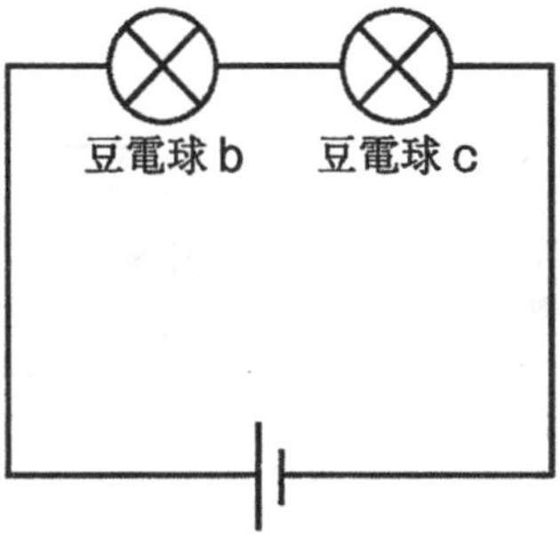

図3

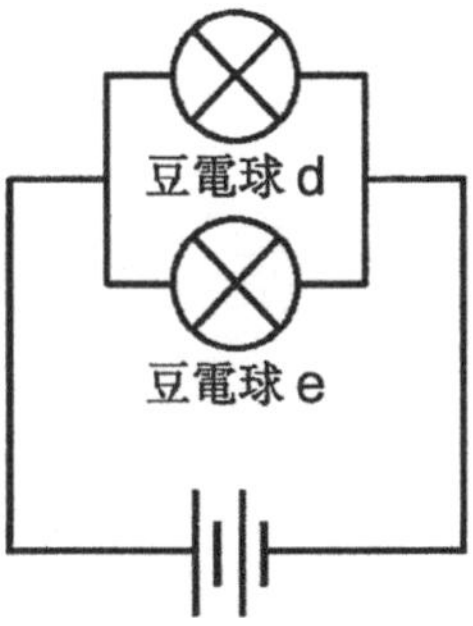

図4

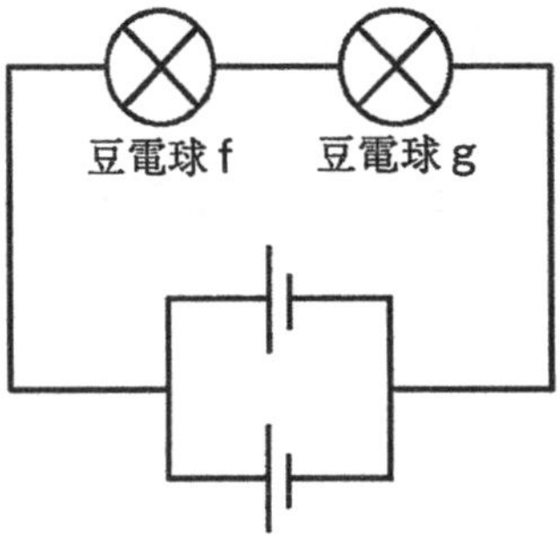

図5

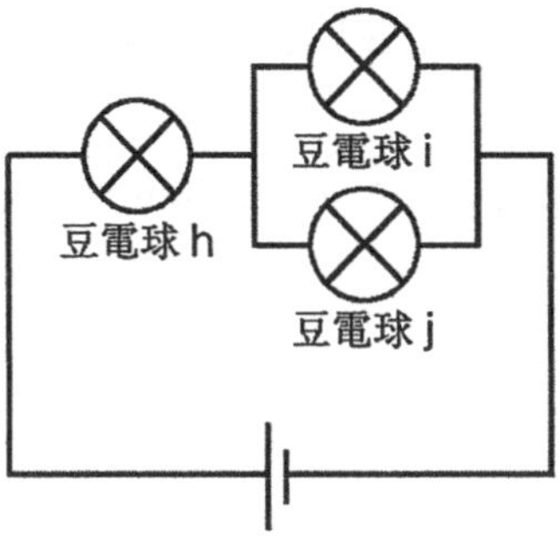

図6

(3) 図２の回路で電流の流れる向きはアとイのどちらか答えなさい。

(4) 豆電球aに流れる電流の大きさを１とすると，豆電球b，d，f，jに流れる電流はいくらか答えなさい。整数または分数で答えなさい。

(5) 電池が最も長持ちするものを図２～６から１つ選び，答えなさい。

4 次の文を読んで各問いに答えなさい。

星座早見を用いて12月15日の19時頃の広島の星空の様子を調べました。下の図は星座早見をかん単に表したものです。

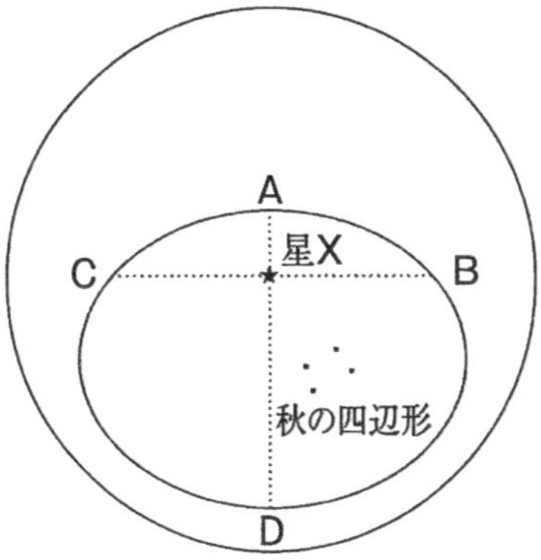

図

(1) 北の方角を表すのは，図のA～Dのうちどれですか。A～Dから選び，記号で答えなさい。

(2) 西の方角を表すのは，図のA～Dのうちどれですか。A～Dから選び，記号で答えなさい。

(3) 星座早見は２枚の円ばんを回転させて日時を調節します。その円ばんの中心となるのは星Xです。星Xの名しょうを答えなさい。

(4) 北の空を観察するとき，A～Dのどの部分を下に向けて，星座早見を空にかざせばいいですか。A～Dから選び，記号で答えなさい。

(5) 秋の四辺形はアンドロメダ座のアルフェラッツともう１つの星座の星から成り立っています。もう１つの星座の名しょうを答えなさい。

(6) ２ヶ月前，同じ位置に(5)の星座が見えるのは何時頃ですか。ア～エから選び，記号で答えなさい。

ア 21時　　イ 22時　　ウ 23時　　エ 24時

(7) 星座早見には太陽や月は描かれていません。この他に，星座早見に描かれていないものをア～オからすべて選び，記号で答えなさい。

ア 火星　イ シリウス　ウ 天の川　エ 流れ星　オ すばる(プレアデス星団)

(8) この星座早見を使って星座を観察できるのは，どの都市ですか。次のア～オからすべて選び，記号で答えなさい。ただし，(　) 内は国名です。

ア キャンベラ (オーストラリア)

イ ナポリ (イタリア)

ウ ケープタウン (南アフリカ共和国)

エ ブエノスアイレス (アルゼンチン)

オ 北京 (中国)

(問題は以上です)

2022(R4) ＡＩＣＪ中　本校２
K 教英出版